シリーズ こころとからだの処方箋

非行――彷徨する若者、生の再構築に向けて

監修●上里 一郎

編●影山 任佐（東京工業大学大学院人間環境システム専攻・保健管理センター）

ゆまに書房

監修にあたって

二十一世紀は心の時代だと言われる。いわゆる先進国では、物質的には充足されているが、生きる意味や目標を見つけることができずにいる人々が少なくない。

グローバル化や科学技術の著しい進歩により社会は激しく変動しており、将来を予測することが困難になっている。例えば、労働環境一つを取ってみても、企業は好収益を上げていても、働く者個々で見るとその労働環境は著しく厳しいものになっている。それは、過重な労働条件・リストラの進行・パート社員の増加などに見ることができる。極端な表現をすれば、〝個人の受難の時代〟の到来と言えるかもしれない。労働・地域・社会・家族など、私たちの生活の中に、このようなめまぐるしい変化は影を落としている。自殺者・心身症・うつ・犯罪の若年化や粗暴化などといった社会病現象の増加はその影の具現化でもある。

このシリーズ「こころとからだの処方箋」はこれらの問題に向き合い、これを改善するため、メンタルヘルスの諸問題を多角的に取り上げ、その解決と具体的なメンタルヘルス増進を図ることを主眼として企画された。

テーマの選定にあたっては、人間のライフサイクルを念頭に、年代別（青少年期、壮年期、老年期など）に生じやすい諸問題や、ドメスティック・バイオレンスや事故被害、犯罪被害といった今日的なテーマ、不眠や抑うつなど新たな展開を見せる問題などを取り上げ、第一線の気鋭の研究者、臨床家に編集をお願いした。一冊一冊は独立したテーマであるが、それぞれの問題は相互に深く関連しており、より多くの巻を手に取ることが、読者のより深い理解へと繋がると確信している。

なお、理解を助けるため、症例の紹介、引用・参考文献などを充実させ、また、専門用語にはわかりやすいよう注記を施すなどの工夫をした。本書は、医学・心理学・看護・保健・学校教育・福祉・企業などの関係者はもとより、学生や一般の人々に至るまでを読者対象としており、これら各層の方々に積極的に活用されることを願っている。


上里一郎（あがり・いちろう　広島国際大学学長）

はじめに

少年の凶悪犯罪は激増しているのか？　少年法の厳罰化は果たして、少年犯罪の防止などに有効かつ抜本的解決になるのであろうか？

本書は少年や少年犯罪を取り囲む社会情勢や法制度が大きくかつ急速に変動しつつある現在の日本において、非行をも含めた現代若者と現代日本が抱える問題、とりわけ、犯罪や非行のみならず虐待やいじめ、ひきこもりなど現在深刻となっている問題について、世界的動向と日本全体というマクロ的視点と現場サイドからというミクロ的視点から、しかも種々の職場、機関において、多様な職種、専門領域の方々の視点からという多面的に、しかも歴史的展開をも踏まえて、現状を分析し、問題点を指摘し、有効な実践活動を具体的、個別的に紹介し、将来への有効な実践的積極的提言を行うという大変欲張った企画を立てた。この分野の第一線で活躍している方々に執筆をお願いし、編者として大変満足のいく内容で、この分野について真摯に考え、あるいは問題を抱えている方々にとって有益なものになっていると確信している。

本巻編者は、最近追随する研究も増えてきているが、一五年も前から、最初は単独で、後には共同研究者と共に、国際および国内の専門学会などや学会機関誌において、次いで、研究書や啓蒙書において、わが国の殺人、強姦などの暴力犯罪、凶悪犯罪は発生件数のみならず発生率においても世界でも類を見ないほどに昭和中頃から一貫して減少し、とくに青少年においてその減少の程度は著しいことを実証し、発表してきた。さらには先進国において希有な発生率のこの低下の原因を、戦争や徴兵制度のないわが国の戦後の平和の存続による男子の攻撃性の変化によるという仮説を提示し、この仮説を支持する研究成果を紹介してきた。

したがって問題は量的変動ではなく、質的変化であり、その根底には少年を中心とした若者の心理や行動の質的変化があり、さらにこの背景には、家族の変質、情報化社会、物質文明という、現代文明、社会の抱える問題、本質が存在していることを主張してきた。本書でも紹介しているように、この現代型犯罪・非行の代表を「自己確認型」と名付け、その特徴を明らかにしてきた。

児童虐待防止法も改正され、行政当局の介入を強化する内容となっている。このことの重要性は否定できないにせよ、児童虐待防止にとって早急にすべきことが他にもある。例えば本書でも紹介していることで、学会発表もし、既に全国紙の一面で、昨年秋に報ぜられてもおり、ご存じの方もいらっしゃると思うが、最近一〇年余りのわが国における我々の子殺し、虐待死の研究において明らかにしているように、これらは地域によって内容、発生率が異なる。子殺しでも地方中心に、母子無理心中の発生率（被害者率と加害者率、以下同）が高く、この比率の大きい県もあれば、大都市近県を中心として、虐待死の発生率が高く、この比率が大きい府県があり、さらには嬰児殺中心の特徴を示す県もある。つまり自殺防止の観点から母子や家庭支援を対策上重点に置く県と、虐待防止の観点から家庭支援、介入を重点に置く県がある。しかも発生率のとりわけ高い府県には、府県の人口比に応じた対策上の予算配分ではなく、より密度の濃い予算配分、人的投入を重点的に、しかも早急に行うべきであるというのが、我々の研究成果に基づいた提言である。

犯罪や非行、虐待やひきこもりなどの社会問題や社会病理現象についても予防医学的観点が戦略的には有効である。即ち、問題発生以前の防止、問題が生じたときの早期発見、早期介入、処遇。治療後の社会復帰支援と問題再発防止である。この戦略に欠かせないのは個人と社会双方への目配りであろう。個人精神療法、精神病理学と社会精神医学、個人心理学と社会心理学、微視的観点と巨視的観点、そして国際的視点と歴史的観点、これらの総合的観点がいまほど必要とされている時代はない。有効な実践の基盤になるのは学問、科学である、科学には実証性（Evidence）が重要であることは言うまでもない、Evidence Based Medicine である。また倫理（Ethics）もそうであろう（Ethics Based Medicine を提唱するものもいる）。なによりも臨床においても学問においても重要なのは相手に対する共感（Empathy）である。そして編者は最近「共感に基づく医学、精神医学、精神保健」Empathy Based Psychiatry（Medicine,Mental Health）の概念を提唱している。Evidence, Ethics, Empathy、これら三つの頭文字、トリプルEが今後の実践、研究活動の重要な指導理念である、と信じている。

影山任佐

【目　次】

第1章　総論　現代日本と少年非行——暴力犯罪をめぐって——

1　はじめに

我が国は戦後、明治以降、近代国家設立を目標に、富国強兵の旗印の下で、若者に死の重圧を押しつけてきた徴兵制や参戦がなくなり、国家による死の強制から若者が解放された。他方、乳児死亡率も医学、医療の進歩で減少し、若死の象徴、死の病であった労咳、肺結核もほぼ撲滅され――ＡＩＤＳという、これはこれで若者の性行動に大きな影響を与える新たな問題が派生してきているものの――、若者は死の影からも解放された。現代の若者では事故死と自殺が死因第一位を争っている。大学生においても同様で、われわれの調査している国立大学法人の大学院生でも同様の結果が出ている。戦前に比較し、平均寿命は約二五年ほど伸びて、人生七〇年、八〇年を予想し、生き抜く時代となった。青年期は間延びし、誰でもが長い老年期を生きる覚悟を必要とする時代である。

しかも、少なくとも表面上の物質的、情報の豊かさを謳歌する一方、資本主義経済の宿命といえる好不況の波を避けられず、現に、花見酒に酔ったバブル経済破綻以降ここ十年来のリストラ不況、若者にとってはなんとも理不尽な長期就職困難時代が続き、つらい大氷河時代をようやくの想いでくぐり抜けてきたところである。

現代日本に生きる青少年、とりわけごく普通の若者にとって、これから先長いこと、この社会に生きていくということは、随分苦労がともなうもののように感じられるであろう。これからの日本は、先行き不透明で波瀾万丈だからこそ面白い、と考えるような、強い生き方ができる逞しい若者が望まれるのだろうが、現代日本社会が果たしてこの基準を満たす若者をどれほど輩出できるのだろうか？　若者だけが大変なのではなく、中高年の自殺数もここ数年急増している。日本全体で自殺既遂数が従来の年間二万件台から三万件を突破し、これが続いてきている。年間自殺者数は総人口が日本の倍もある米国を抜いてしまっている。一〇万人あたりの自殺者率で比較すると日本は約20、米国は約12と倍近く違う。米国は殺人大国、日本は自殺大国であると言ってよいだろう。後年歴史家によって、小泉内閣時代は、行財政改革における評価よりも、自殺とさらには少子化対策にまったく無力で、なんら有効な政策を打ち出せず、放置した内閣として厳しい評価を受けることになりかねない。近年増大した自殺者の多くが中年男性であり、彼らは長引く経済不況とリストラのしわ寄せの犠牲者たちであると言われている。こんなことが幾年も続き中年男性が社会から喪失していくという現象において、彼らを社会的資源として見た場合、経済活動の低下、一家の大黒柱の喪失による家族や子どもたちへのしわ寄せなどの影響が想定され、中・長期的にもボディブローのようにジワジワと効いてきはしないだろうか。

一方若者にも出口のなかなか見えない就職困難が続いてきた。二〇〇四（平成一六）年春のＮＨＫの特集番組では、若者のフリーター人口が現在四〇〇万人を超えており、これが将来は減少するどころか増え続け、二〇五〇年には正規の社員とフリーターがほぼ同じ構成比になるという、われわれの世代からはおよそ想像を絶する労働市場予測が報じられていた。若者が自由で縛られない仕事を好む、ということかもしれないが、フリーターの七割は正規社員としての勤務を望んでいるのだという。経済不況と雇用の減少を逆手にとった雇用者、企業側の目前の利潤拡大のための若者の情け容赦のない使い捨てである、と言える。市場原理に基づく国際競争が厳しいとはいえ、中年も若者も、弱者切り捨ての過酷な時代に生きている。このようなフリーター時代の労働観、生活観、人生観は現代とは大きく様変わりし、日本社会そのものをあらゆる方面で根本からゆさぶり、変動させる大きな要因の一つになるに違いない。

一方世界に目をやれば、また歴史を繙《ひもと》けば、現在の我が国以上に過酷な時代を生き抜いてきた例は数多くある。戦争の惨禍、大不況がそうであり、外国ではこれに内戦が加わる場合も少なくない。政府のまずい経済政策の影響もさることながら、資本主義社会において好不況の波、経済変動は宿命である。長短や軽重の違いはあっても不況は当然到来する。戦後いろいろあったが、基本的には経済成長と繁栄を謳歌し続けた我が国は「花見酒」に酔い、この基本的原理を大なり小なり忘却していただけにすぎない。このような事態は今後も常態的に、程度の差はあれ反復出現するということを再確認し、生き方、覚悟を決めなくてはならない。しかし今のままの社会で良いわけがない。市場経済と資本主義社会の制度の是非、長所と欠点を真剣に考え、欠陥を克服した、われわれが現在まで果たしえなかった理想的未来社会を探る絶好の機会の到来とも言える。

この困難な時代を生き抜く若者はわれわれ以上に逞しい世代となるかもしれない。この世代においても、他者に寛容で、弱者に優しく、社会的に活躍できる若者は情緒面においても能力的にも、人間力に勝れたきっと素晴らしい人物に違いない。

以下本論、および最終章では、筆者の従来提唱、主張してきたいくつかの鍵となる概念、キーワードを手がかりに、現代若者、青少年非行、とりわけ殺人などの暴力犯罪についての理解と対応、さらには現代社会、現代文明についての考察をしてみたい。以下随所で触れる青少年の犯罪や非行、社会病理に、その時代の若者の心理や行動の時代的特徴が顕著に現れているとすれば、これを手がかりに若者の心理や行動の時代変遷と現在的特徴が明確に把握可能であると考える。

2　現代日本の青少年にはどのようなことが起きているのか
――穏和になった男子――

(1)　青少年の攻撃性と暴力犯罪の中性化現象

一五年以上前からによるわれわれの一連の研究などで明らかになったことだが、我が国における殺人、強姦などの凶悪犯罪の総数および発生率は、ごく最近まで数十年来一貫して減少してきた。特にこの傾向は男性青少年における暴力犯罪において著しく、殺人がこの好例である（図1）。一方、女性全体の暴力犯罪も男性同様に発生率が低下している。しかし一〇歳代の女性だけは暴行、傷害の発生率がそれぞれ2から10程度、5から20程度と急増している（図2）。つまり一〇歳代では殺人を除く暴力犯罪に関して男性と女性とが接近する傾向を示し、「中性化現象」が認められる。男子若者による暴力犯罪の長期にわたる顕著な減少は、欧米諸国やアジアの主要な国々にはない我が国特有の、世界にも希有の現象である。したがって、よく言われるように、日本の戦後教育が致命的欠陥を抱えているからとか、テレビの俗悪番組・雑誌の悪しき影響ということをわれわれが明らかにした暴力犯罪統計からは支持するものはない、と私は考えている。しかしコンピュータゲーム、インターネットなどの影響は今後の課題である。ちなみに筆者は拙著『エゴパシー――自己の病理の時代』［1997 c］などで現代若者の非行、犯罪の特徴は「トリプルⅠ（アイ）」

であると述べてきた。つまりはインターネットと情報（Internet & Information）、この情報を基にした模倣（Imitation）、そしてこの後に触れる「空虚な自己」などの「自己の病理」の自己を示す英語の主格のI、以上の頭文字をとって三種のI、トリプル・アイである。

さらには、暴力犯罪、いじめや校内暴力などの社会病理現象から見た日本の若者攻撃の対象は弱者に向かう傾向が強くなってきている。少年たちの集団によるホームレス襲撃事件がそうであり、校内暴力も昔のような対教師よりも対生徒が増大し、弱い生徒へのいじめも増大してきている。男子の弱者への容赦のない攻撃ということが現代的特徴であると筆者は考えている。

筆者はこのような攻撃性の大きな変化の原因として、国家成立以降連綿として続いてきた軍隊、徴兵制などの軍事・兵隊モデルに基づいた男性の成人化過程が戦後六〇年の長期平和な社会において基本的に崩壊したことなどが重要ではないかと考えている。問題は特に男性の旧来の兵隊モデル（「産業人予備軍」などというのもこの旧来モデルに属する発想であり、平和な時代においても「企業戦士」などという言葉が飛び交うように、このモデルの桎梏《しっこく》は根強いものがある）が崩壊した後の、これに代わる新たなモデルの提示である。しかしこれは、安易な戦前モデルへの復古では断じてない、と思う。攻撃性をどのように建設的に社会化されたエネルギーに転換するかという観点に立った、現代日本における大人となる社会的、心理的モデルの新たな創造が不可欠である、と考えている。戦後日本社会に欠けていたものは大人になる過程の新たな平和的モデル、攻撃性の建設的、創造的活動への転換モデルであったと言えよう。

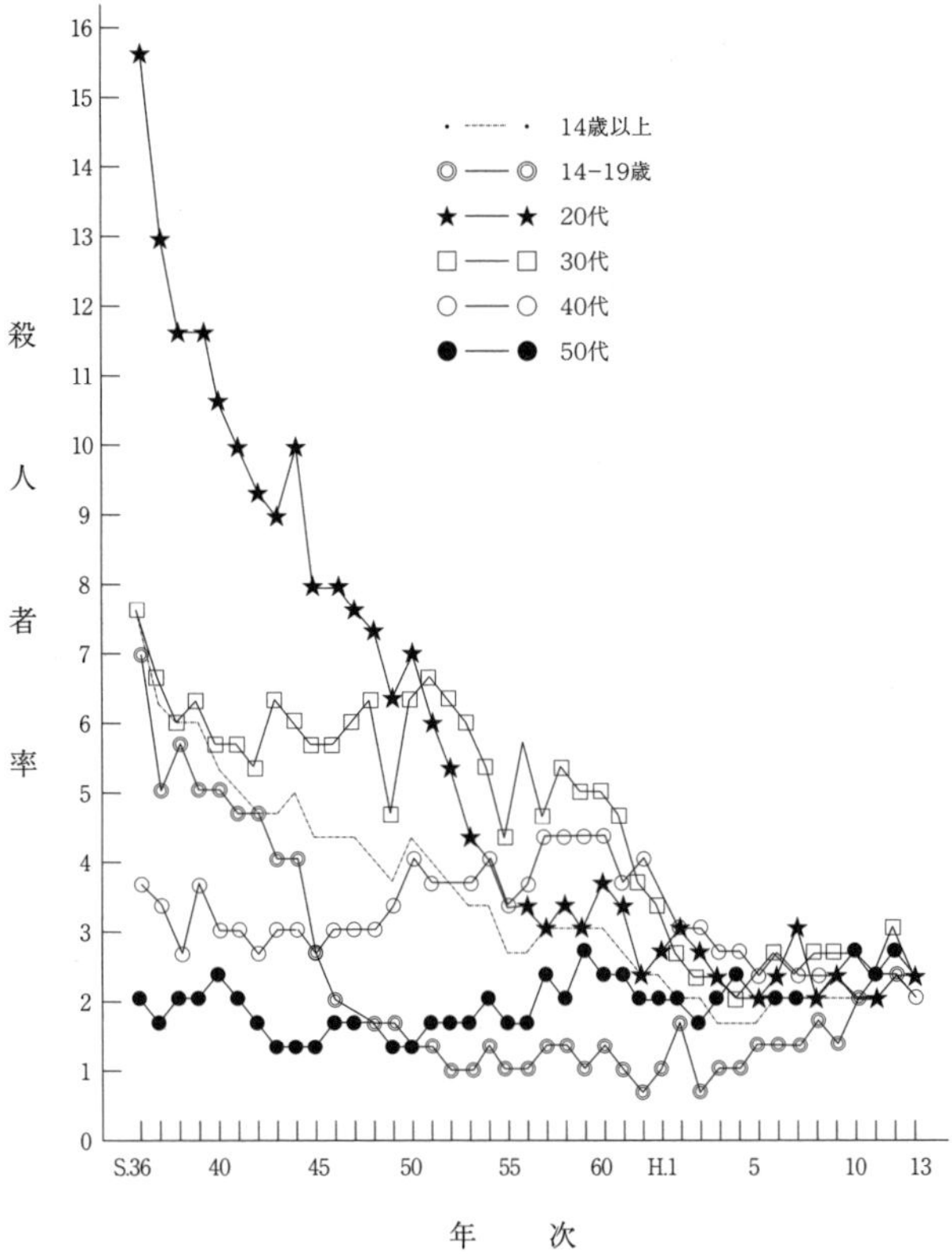

図1　男性における殺人者率の年齢層別年次推移（対人口10万）［石井・影山、2002］

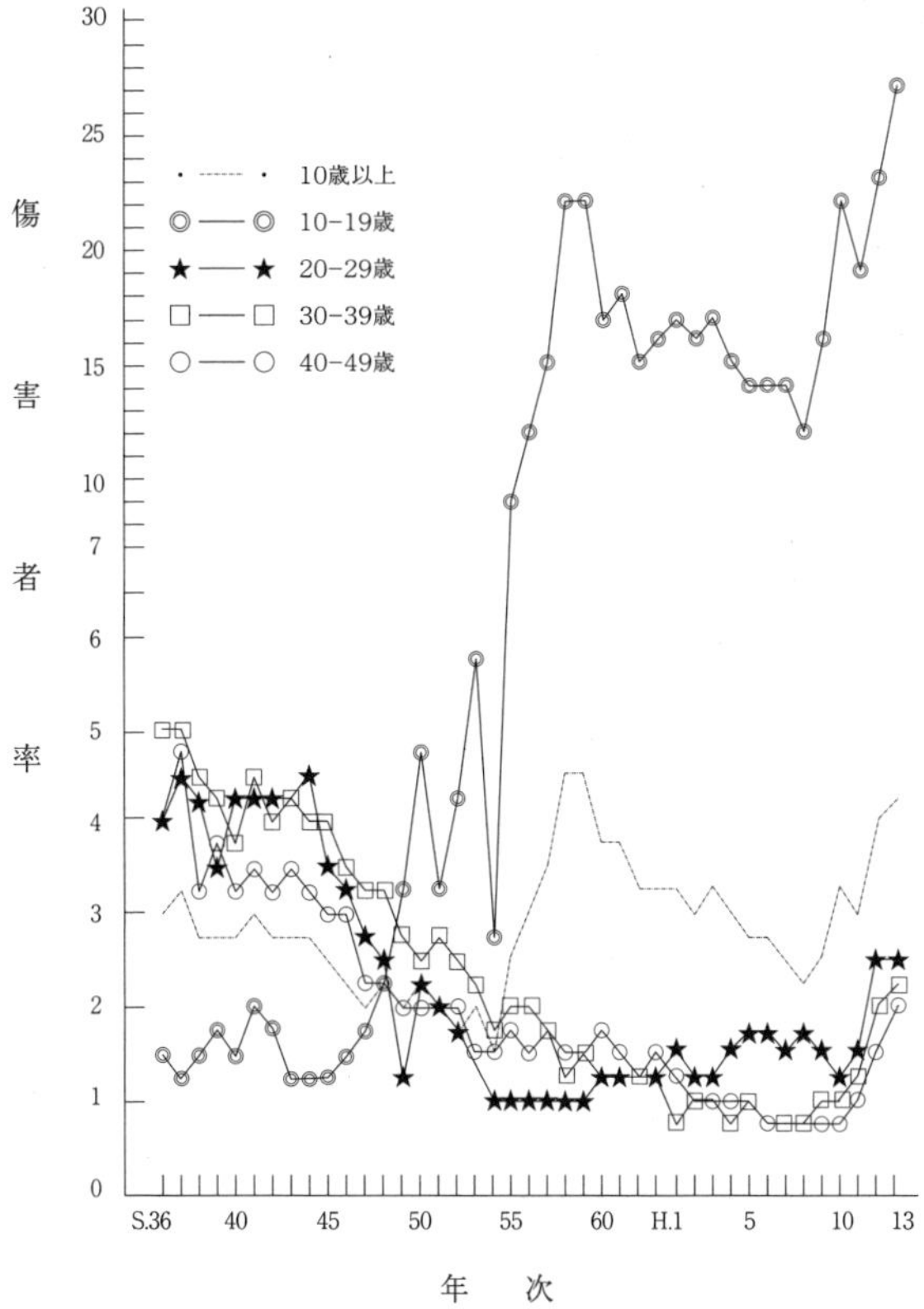

図2　女性における傷害者率の年齢層別年次推移（対人口10万）［石井・影山、2002］

(2) 超のび太症候群
——幼児的万能感とハイテク機器依存、「生活ソフト欠乏症」——

一人っ子が多く、母子一体型の過保護と過剰な期待により、幼児的な万能感を大人になるまでひきずっている。このため現実の壁に突き当たり、幻想的な自己の万能感を傷つけ、手痛い挫折や幻滅を味わったり、等身大の現実の自己の姿を見つめることを、現代の若者は一昔前に比較して、極度に回避したがる傾向が強くなってきている。

自室をあてがわれ、友人も少なく、パソコンゲームに耽溺し、ホームページ、電子掲示板、eメールや携帯電話などによる表面的な交際、対人関係のネットワークの形成に躍起となり、軽い会話とジョークを流しながら、お互いの本音や心の深みには立ち入らない。自己愛的な傷つきやすさを守るために、他人に対する心理的、物理的境界、バリアーが広く、深くなっており、いきなり他人の面前などで叱るということは神聖にして不可侵なこの領域への強烈な侵襲になり、受けた側のパニック状態をひきおこしやすい。自己の存在の無視など、このような過度に肥大した自己愛が傷つけられる事態に遭遇すると、本人も周囲も予想していないような激しい怒りと攻撃性が爆発しやすい。

二〇〇〇（平成一二）年の五月の連休に起きた佐賀発の西鉄高速バスジャック事件*など、昨今の重大な少年による暴力事件には、このことが顕著に認められる。また米国で多発している高校生などによる「学校乱射事件」、学校などでの大量無差別殺人においてもこのような心理機序が作動している。学童、生徒など若者を相手にするときにはこの点を特に念頭に置いて対応する必要がある。

傷ついた自己の万能感を癒し、自己を誇示するための手段として、さまざまなアイテム

西鉄バスジャック事件
二〇〇〇年五月三日、九州の佐賀市から福岡市に向かう西日本鉄道の高速バスを、刃渡り約四〇センチの牛刀を持った一七歳の少年がバスジャックした事件。女性客一人が刺殺され、乗客四人が重軽傷を負った。

が利用される。昔はこの自己の分身のようなアイテムは高性能のスポーツカーなどであったが、最近では最先端のコンピュータなどのハイテク機器に移行している。モデルガンやナイフなどはこの種のアイテムとしては古典的なものだが、テレビの影響もあり、バタフライナイフがブームとなっていた時期があった。数年前のマスコミ報道によれば、この年代の少年たちの五人に二人、あるいは一〇人に一人がモデルガンやナイフを所持していた。言うまでもなくナイフには本人が所有していない幻想的な万能感が込められており、力の象徴なのだが、当然そこには当人の弱さが隠されている。このようなアイテム、ハイテク機器などにより、傷ついた幼児的万能感を回復し、保持し、増進させる現代若者を、この世代に圧倒的な支持を得た人気マンガ『ドラえもん』の主人公にちなんで「のび太症候群」と筆者は名づけている。科学万能の時代、ハイテク機器の家庭への進出がこの傾向を助長させていることが、現代の特徴となっている。

一方現在の青少年は過熱する受験戦争の下で、受験専用ソフトのみ磨きをかけることを余儀なくさせられ、他の重要な基本的ソフト、特に対人関係やコミュニケーションのソフトが不足している。いわば表計算ソフトのみでワープロをしようとしているようなものである。筆者は「生活ソフト欠乏症」と言うべき事態である、と指摘した。必要なのは統合型ソフトへのバージョンアップなのである。現代の若者には、のび太のようにジャイアンやスネ夫にもまれ、しずかちゃんに慰められ、といった濃密な人間関係が希薄で、むしろこのような関係を避けて、ドラえもん代わりのゲーム機やパソコンとの「二人」遊びの世界に浸りきっている場合が少なくない。のび太のように人間関係にもまれる体験が欠如している。むしろのび太を突き抜け、超えてしまったと言える。この意味では「超のび太症候群」、あるいはのび太以降ののび太たち、「ポストのび太症候群」と言った方がよい。とくに最近の凶悪事件を起こした少年たちにはこの希薄な人間関係が特徴的である。

(3) 少年院での実態調査——孤独で人間関係が希薄な非行少年たち——

一九九七（平成九）年一月から翌年三月末日までの少年院新収容者のうち、殺人、殺人未遂、強盗致死、強姦致死の少年三七人（うち女子七人）の実態調査を法務省矯正局が行った。情緒性欠如やわがまま、自己中心性、などの従来から指摘されていた性格行動面の第一位（67.5％）、第二位（62.1％）を占める特徴で、対人接触の不得手が行動面の第一位（62.1％）を占める特徴であった。さらに自己中心的に次いで、孤独的が第三位（48.6％）、感情的、忍耐力の欠如に続いて、自己顕示的が第六位（40.5％）を占めていた。リーダーシップを発揮し、反抗的で粗暴な番長タイプの悪よりも、孤立し、孤独で人間関係が希薄で、未熟で自己顕示の強い非行少年の姿が濃厚に浮かび上がる結果となっている。

青少年たちには、過度の期待で眺め、成果を性急に求める親や大人よりも、等身大の自分をみつめ、仮面を脱いで本音で語り合ってくれ、成長を待てる親や大人が必要なのである。これは全般的なモラトリアム的傾向の強い現代にあっては、社会人、会社人になって以降の青年についても言えることである。

受験戦争と管理教育、中産階級が成長すれば避けて通れない「社会の学校化」、「教育」ママと姿の見えない父親という時代にあって、子どもたちは学校でも家庭でも自分の居場所を失っている。仮面をかぶり続けることに子どもは悲鳴をあげている。いま「普通の子」でいること自体が子どもたちには相当なストレスになっていると言ってよい。これと関連して気になることは小学校から大学と学年が進むにしたがって、子どもたちの表情も心の弾力性も次第に豊かさを失い、同じ仮面をかぶったかのように没個性的となってしまうことである。

親や周囲の大人たちの子どもたちへの過剰な期待そのものが、大人たちのうまく解決できていない幼児的万能感のなせる技なのだが、当の大人たちが、このことに気が付いていないことが多い。このような過剰な期待が子どもたちのこころを傷つけ、心を閉ざさせ、いつかは大人へ身体的暴力となって跳ね返る。期待にそえないと感じる子どもは、理不尽な要求をはねつけず、逆に無用な劣等感から自責的となり、自己破戒的、自傷行為へと走ることもある。あるいはひきこもりの一因ともなり、突然、生徒、学生、社員が登校、出社してこないという事態が起こりやすい。

二〇〇〇（平成一二）年六月に『朝日新聞』で犯罪が続出した一七歳を中心に、メールの特集を載せた。編集部の呼びかけに五〇〇通を超えるメールが寄せられ、これらの一部が三回にわたって連載された。

そのなかの一文をつぎに紹介してみよう。投稿者は神奈川在住の一九歳の女性である。

> 自分がいやで、傷つけたくて、刃物に手が伸びた。他人が作り上げた「自分」という枠。常に私は「すごく」なくてはいけなかった。本当は全然すごくないのに。そのギャップに強烈に自己嫌悪を感じた。ただの「よい子」なら自分でなくてもいい。ロボットやパソコンでいい。自分に存在価値なんてあるのか。ある日突然、すべてを壊したくなった。自分を「リセット」したかった。最低な自分を傷つけることで安心を得た。

まわりの過剰な期待に応え、演じることに疲れ果ててしまう。そのような親の期待に応えない「悪い子」は親の愛情を失ってしまう。子ども以上に幼児的万能感に支配されているのび太症候群状態にある親にとって、子どもは親自身の万能感を増進させるアイテム、勲章にすぎない。よその子より優れていて、いい子でいる、人よりいい学校に入る、いい会社に入ることが良いとされる学歴社会では、親にとって子どもが勲章になることにほかならない。そうでない子は文字通り「我が子ではない」のである。

私は両親に愛されていないという確かな思いがありました。抱きしめてほしかったのに、払いのけられた記憶ばかりです。いつしか私は母に触れることそのものを恐れるようになりました。そしてそれが自分を愛せなかったことの原因だということも知りました……。私は毎日、こんな言葉を待ち続けているような気がします。「悪い子でもいいよ。なにもできなくていいよ。役になんて立たなくていいよ。生きていさえしたら、それだけで愛してあげるよ。見ていてあげるよ」（東京都一六歳女性）

文明評論家のマンフォードの次のような言葉を、われわれはいま一度噛みしめてみる必要がある。

「極度に客観的であることを誇りにしているこの非個性的で規律的すぎる機械文明のなかでは、自発的行為とはたいてい犯罪行為の形をとるものであり、独創性はその主なはけ口を破壊の中にみつけることになります」

知的教育偏重の一元的価値に縛られた社会や文明は脆弱である。会社や企業についても同じことが言える。ギリシャの都市国家の覇者となったスパルタの滅亡は早く、そのライバルで、軍事的に敗北し、その軍靴に蹂躙《じゅうりん》されたアテネに匹敵するような文化的遺産をスパルタはなにも残せなかった。その最大の理由はスパルタ教育として後世名を残すような、体力的弱者や文弱者に対する蔑視と排除という、あまりにも一面的な価値に基づく教育制度であったと言われている。近代社会特有の効率性、即効性を求めるあまり、一元的な価値と規律で管理し、縛りつけることによって、独創性を閉じこめ、弱者を排除し、攻撃性を歪めるようなシステムを、家庭でも、教育でも、企業や職場、一般社会でも構築してしまったのではないか、と思わざるをえないことが多々あるのではないだろうか。

(4)「空虚な自己」――自己確認的行動と心理――

青少年の攻撃性、暴力犯罪は、冒頭で述べたように量的な問題もさることながら、主として質的に変貌してきている点に焦点を当てるべきであることを筆者は主張してきた。際立った事件や犯罪、非行のみならず、最近急速に変貌し、一見解りにくくなってきている現代若者の心理や行動を理解するためには、時代的、文化、社会的変化と、これにともなう若者の心理の変化を念頭に入れておくことが重要である。

時代は物質的欲求不満や性的葛藤、生物学的、身体的欲求を満たす生活型犯罪(「古典型犯罪」)から、スリルや快感、心理的欲求を満たすための「遊び型犯罪」へ、さらには自己を受容してくれる他者不在から生み出され、「自己」をめぐる問題が先鋭化しつつある時代にふさわしい、自己確認を求めての現代型犯罪(「自己確認型犯罪」)となった、というのが筆者の提唱であり、基本的認識である。二一世紀にはこの傾向はますます強まり、「自己の病理(エゴパシー)の時代」となる、というのが前世紀末からの筆者の基本的立場であった。なかでも自己の存在感の薄さ、不安定さ、空虚感、さらには幼児的万能感が大きな問題となってきている。この自己の病理の中核を占める「空虚な自己」（empty self）が、現代の若者の心理や行動に大きな影響を及ぼし、さまざまな現象を引き起こしている。

特に、動機がつかみきれないといわれる最近の若者の非行・犯罪には「自己の病理」、「空虚な自己」、「幼児的万能感」がさまざまに関与していると考えている。とりわけ筆者が提唱している「自己確認型」犯罪においては、これらの問題が端的に現れている。つまりは物質的欲求不満や性的葛藤という身体的、生物学的、「生活型」や、スリルや快楽という心理的欲求、「遊び型」というよりも、空虚で、希薄となった自己の存在、空虚な自己、傷ついた幼児的万能感を犯罪によって埋めたり、回復することを求めての犯罪が現代型犯罪の主要類型となっている。犯罪によって自己の存在を社会に映し、力を誇示し、万能感を確認しようというものである。生物学的、心理的欲求を超えた、いわば大衆化された実存的欲求、「自己確認」的心理や行動は、犯罪や非行だけでなく、若者一般の、いや現代人に特徴的なものと言ってよい。

(5)「空虚な自己」の実態

日本全国の一四歳、一、九〇〇人のアンケート回答をまとめた『14歳・心の風景』［ＮＨＫ「14歳・心の風景」プロジェクト（編）、2001］には受験や学校生活、友人や家族関係などにおいて少年たちが感じているさまざまなストレスや悩みなどが率直に語られており、その絶望と苦悩の泥沼のような深さ、深刻さは、読者の心痛を激しく呼び起こすものばかりである。

この回答のなかでも「空気みたいに生きているオレ」という記述が目にとまった。

趣味はただ寝ていること。いつもいつも眠い。ずっと寝ていて、記憶が戻らないといい。ふだんの生活も、ブラーッと腑抜けで生きているだけです。生きるよろこびなんて、別にない。毎日の生活で一番楽しさを感じるのは、飯を食べているときくらいかな。女の子にも、おしゃれにも関心はない。親友と呼べる友達もいない。でも寂しいとは思わない。だって、自分の気持ちを分かってもらったところで、友だちもどうしていいか分かんないだろうし、逆に親友から打ち明けられてもうざったい。幼稚園のときは、将来は消防士になりたいと思っていたけど、今の学校にいると、もう夢も希望もなくなって、とりあえず生きているだけで、ただ息をしているだけで十分みたいになってしまう（中略）そして、自分の考えを言葉ではっきりいえる人間は、やがて淘汰されていく。

自己の空虚感、時間感覚の喪失、自己の将来や目的の喪失、虚無感などが漂っている。後述する「空虚な自己」についての基本的症状がここには揃っている。注目すべきは最後の言葉で、自己の意見や本音を明確に出すことの躊躇や諦念、恐怖が端的に述べられていることである。

筆者らは現代の若者が日常的にどの程度空虚感を抱いているのか、都内の私立文系大学と国立理工系大学の大学生について調査を行ったことがある。その結果、理系、文系男子学生の約三割弱、文系女子学生の三割強、つまりは学生のおおよそ三割が自己の存在の希薄・空虚感を抱いていることが判明した。これは一九九七（平成九）年当時の調査であるから、現在はもっと増えているかもしれない。比較的多くの学生に、「空虚な自己」と関係した事態が発生していると考えられるのである。

ではこれまでの若者の犯罪類型とはどのようなものがあって、それがどのような時代背景とともに、いかに変化してきたのであろうか。すでに触れたように、筆者は「古典型」、「遊び型」、「自己確認型」の主要な三型に分けることを主張してきた（**表1**）。

①「古典型」犯罪＝「生活型」犯罪

物欲や性欲を満たす欠乏からの犯罪は根強くあり、決して完全には消滅することはない、「古典型」の犯罪である。食、性、住居などという人間の生物学的、生活の上での基本的欲求の不満からくる犯罪で、「生活型」と言ってもよい。これは社会的には富が偏在し、階級差が歴然とした社会、発展途上国、福祉制度が不十分な初期工業、産業社会において典型的に認められ、かつ中心的、主要な位置を占めていたものである。

犯罪発生以来、つまりは有史以来、国家成立以降長らく続いてきている犯罪でもある。戦後に限って言えば、日本では敗戦後から一九六〇年代までに相当する。『第三の波』［1980］のトフラーの言う第一と第二の波の文明（前者が農業文明、後者が産業文明）を代表する犯罪である。リースマンが『孤独な群衆』［1950］で展開した、第一次産業（狩猟、農業、鉱業）と第二次産業（工業）時代、社会性格的には身分制度と因習に縛られた「伝統指向」、初期産業社会における仕事中心の勤勉的倫理観に拘束された「内部指向」を特徴とした時代におおよそ相当する。

②「遊び型」

これに対し、「遊び型」非行、つまり「享楽型」犯罪は遊びやゲーム感覚で、スリルや冒険を楽しむためになされるもので、一九六〇年以降、高度経済成長期時代に顕著になっ

表1　犯罪・非行の類型と時代背景［野山、1999］

	『古典型』	『遊び型』	『自己確認型』
動　機	物欲・性欲の満足 怨恨などの激情・熱情	スリル・ 刺激・快楽追求	犯罪による自己の 鏡映力の確認
集団性	不　定	主として集団	個　人
心　理	欠乏・不満	自由・甘え	「エゴパシー」「空虚な自己」
社会背景	前近代・近代社会	高度産業化社会	脱産業化社会
トフラーの分類	第一の波	第二の波	第三の波
リースマンの分類	伝統指向	内部指向	他人指向

てきた。生活の困窮、物欲や性欲の不満を動機としたものではない。犯罪はほかでは得がたいスリルと快感、仲間との連帯感を得させ、強化してくれる。強い罪悪感なしに、遊び感覚で犯罪がなされる。社会、心理的背景としては、鍵っ子どうしの、満たされぬ家族愛、甘えの問題が指摘された。これが目立ち始めた時代は社会的には消費型、高度産業社会ということになろう。国民の多くが中流意識を持ち始めた時代、消費とサービス産業が主流を占める、前述したトフラーの「第三の波」、リースマンの「第二革命」の初期におおよそ対応する。勤勉な生産よりも消費が重視され、貯蓄よりも浪費が美徳と称賛されかねない風潮が本格的なテレビ時代のコマーシャルにのって、国中に蔓延、氾濫するようになっていた。日本では家庭電化用品の三種の神器、洗濯機、冷蔵庫、テレビがどこの家庭でもあるのが当たり前のようになり、郊外でのマイホームを購入し、車を所有し、母親が住宅ローン返済のためパート勤務となり、仕事中毒と接待、会議、日曜ゴルフに明け暮れる父の姿が目立ち、家族の空洞化が徐々に進行しはじめ、鍵っ子の塾通いによって深夜まで小学生の姿がマクドナルド店で目立つようになった時代でもある。管理社会とも呼ばれ、その代表の管理教育の網の目をかいくぐるように、子どもたちは万引き、他人の自転車の乗り捨てなどの比較的軽微な少年犯罪が増大した。昭和二六（一九五一）年、三九（一九六四）年に続いて昭和五八（一九八三）年には少年犯罪は戦後第三のピーク、しかも最大のピークを示し、少年の刑法犯も検挙人員で二六万を超え、成人犯罪数を超え、刑法犯の少年比が五割を初めて超えている。

「遊び型」は「自己確認型」と一部重なり、「古典型」と「自己確認型」との中間的、移行期的存在と位置づけられる。このことは「遊び型」が「古典型」と「自己確認型」との間に見られるようになったという時代的、発生的な観点からだけでなく、心理学的にも言えることである。なぜなら笑いとは、パニョルによれば、勝利の歌、勝者の劣者に対する優越感の証だからである。そして自己の力の確認には勝利の歌が感情的にともなう。つまり自己確認型には勝利の歌としての笑いがともなう。一方、ホイジンガも述べるように、「遊び」には「笑い」が含まれる。この意味で「笑い」を共通項として、「遊び型」と「自己確認型」とは一部の例では理論上重なり合うことになる。

理論上というだけでなく、事例においても両者混在する場合が希有ではない。佐賀のバスジャックの少年が車内で勝利に酔いしれ、笑いを漏らし、威嚇だけでなく、遊び半分に乗客を傷つけていたことは記憶に新しい。

「遊び型」犯罪・非行は、米国では第三次産業に従事する人口が、第一次、第二次産業従事者を上回った一九五〇年代に主流となった。我が国では高度経済成長時代の一九七〇〜八〇年代に顕著になり、現在まで尾を引いているものである。一部は若者のドラッグ、薬物乱用とも重なる現象である。この種の犯罪には罪悪感が乏しいのも特徴的である。享楽や遊び、ゲーム感覚には深刻な葛藤や罪責感は似つかわしくない。遊びとは元来責任や葛藤から解放された自由な空間でなされる無邪気さが不可欠なのだから。しかも遊ぶ金や贅沢には限りがない。

③「自己確認型」

「自己確認型犯罪」は「エゴパシー」、自己の病理が関与した現代型犯罪で、その基盤には「空虚な自己」や「幼児的万能感」が横たわっているのが特徴となっている。日本ではおおよそ一九八〇年以降から現在に至るもので、西洋近代文明を基盤とした社会の機能不全と家族の機能不全によって生み出されたものである。

時期的には脱産業化社会、post－industrial world に相当するものだが、ＩＴ革命により本格的な社会の情報化が急速に進行し、映画、テレビの時代からマルチデジタル通信、電脳時代に移行し、電脳空間、「サイバースペース」において人間関係がますます希薄になり、自己が拡散され、空虚化される。コンピュータ社会、情報化社会、ＩＴ革命によって、いっそう自己の空虚化が促進され、脱産業化社会の中でも現代は新たな一段階を迎えつつある。

リースマンは成熟した資本主義社会、第三次産業時代、後期産業社会の社会的性格を「他者指向」と特徴付け、内部指向的性格、フロンティア開拓精神、独立独歩のジャイロスコープ型人間から、他人からの評価を重視する「レーダー」型人間へと変化したことを指摘した。この種の犯罪では従来のような物欲、性欲、憎悪や憎しみ、怒りや復讐といった陰性感情や感情の爆発が関与してないか、関与していても副次的なものにとどまっているので、動機や目的は一見見えにくい構造になっているのも特徴となっている。「ゲーム感覚」的色彩を帯び、「遊び型」と一部重なるものもある。

(6) 「自己確認型」犯罪の三型

「空虚な自己」のみの自己確認型犯行の典型が筆者の言う「現代型ストーカー」であり、これを「自己確認型」犯罪の第一型、純型タイプとすると、「幼児的万能感」、自己の力や支配力を犯行によって確認するようなものは「自己確認型」犯罪の第二型と称して良いだろう（表2）。この場合には自己の力、幼児的万能感の犯罪による社会的確認が、世間から注目される存在として現れることがある。この場合には後述する「自己顕示」的色彩を帯びてくる。「現代型ストーカー」では恋愛感情も、熱情も乏しいままに他者不在の希薄

表2 「自己確認型」犯罪の主要3型

	1型	2型	3型
基本心理	「空虚な自己」	「幼児的万能感」	1と2混合
犯行動機 目的	自己の確認	力・万能感の確認 自己顕示・劇場型	自己顕示・劇場型

な人間関係の中で、密かに追尾するという形で、人間関係をかろうじて保持したり、嫌われても、相手の心に住みついて、自己の存在を投影し、自己の存在を確認するもので、「空虚な自己」の時代を鮮明に刻印した対人関係様式とも言えよう。

繰り返すが、自己確認型非行・犯罪は現代若者の時代的、文化的刻印を受けた彼らの一般的行動、心理の顕著な例にすぎず、これは現代若者に拡散しながらも遍在していることで、犯罪、非行に限ったことではない。

では「自己確認型」犯罪・非行の原因、有効な対策とは一体何があるのだろうか？　これらの問題は将来的展望とともに最終章で述べることにする。

（影山任佐）

引用・参考文献

法務省矯正局（編）　1999　『現代の少年非行を考える―少年院・少年鑑別所の現場から―』　大蔵省印刷局

法務省矯正局（編）　2000　『家族のきずなを考える―少年院・少年鑑別所の現場から―』　大蔵省印刷局

影山任佐　1997a　「空虚な自己―エンプティ・セルフ」『こころの科学』 第76号　2-8p.

影山任佐　1997b　「ストーカー？―愛と憎しみの病理」『こころの科学』 第72号　9-16p.

影山任佐　1997c　『エゴパシー・自己の病理の時代』 日本評論社

影山任佐　1997d　『仮面をかぶった子供たち』 ごま書房

影山任佐　1997e　「『空虚な自己』と攻撃性―現代日本の若者の暴力とはなにか」『児童心理』特集号
影山任佐　1998a　『普通の子がキレる瞬間』ごま書房
影山任佐　1998b　『テキストブック殺人学―プロファイリングの基礎』日本評論社
影山任佐　1999　『空虚な自己の時代』ＮＨＫ出版
影山任佐　2000a　『超のび太症候群』河出書房新社
影山任佐　2000b　『犯罪精神医学研究　犯罪精神病理学の構築をめざして』金剛出版
影山任佐　2001a　「大学精神保健―アセスメントの場面」『精神科臨床サービス』第1号　235-239p.
影山任佐　2001b　「大学メンタルヘルス―治療計画の立て方」『精神科臨床サービス』第1号　411-414p.
影山任佐　2002　『自己を失った少年たち―自己確認型犯罪を読む』講談社選書メチエ
影山任佐　2003　「青年期の自殺：生きる力の再生―大学生を中心に」樋口輝彦（編）『自殺企図：その病理と予防・管理』弘文堂　19-33p.
Kageyama, J. 2005 Violent and juvenile crime in Japan-New type of modern crime: Self-validation type. ***XXIXth international congress on law and mental health.*** Springer. 546p
影山任佐・石井利文　1995　「イジメ考―攻撃性と新人類」『こころの科学』第62号　9-15p.
Kageyama, J. & Ishii, T. 1997 Comparisons of pre-and postwar suicide and homicide rates in Japan—Aggression and social problem—. ***Acta Criminogiae Meddicinae Legalis Japonica,*** 63, 122-132.
国立大学等保健管理施設協議会・メンタルヘルス委員会「大学院生実態調査」研究班（安宅勝弘・高山潤也・齋藤憲司・小林 彬・影山任佐（班長））2004『大学院における休学・退学・留年学生に関する調査―第1報（平成一四年度集計結果）』
文部省高等教育局学生課（編）　1998　「学生のメンタルヘルス―21世紀に向けての展望」『大学と学生』第400号
ＮＨＫ「14歳・心の風景」プロジェクト（編）2001『14歳・心の風景』日本放送出版協会

Sampson,E.E. 1988 Indigenous psychologies of the individual and their role in personal and societal functioning. *American Psychologist.* 43, 15-22.

第2章　日本の非行と防止対策——外国との比較——

1 外国の非行

非行の質は国により、時代により、どんどん変わっている。一般に諸外国では、少年事件の多さ、悪質さに悩んでいる。こうした中で、現在、理想的な少年法はないし、確実な少年の治療法や対策もない。

少年法は諸外国ではどんどん変っており、とどまるところを知らない。例えば、オーストラリアは六つの州と首都圏で計七つの少年法があるが、頻繁にどこかの州で改正がなされている。

少年としての扱いも、国ごとに違いがある。オーストラリアだけでも少年の上限は一七歳か一八歳までであるが、下限は州により七歳、八歳、一〇歳とまちまちである。

少年審判の方式も国ごとに違っていて、多くの国は少年裁判所をもつが、北欧では児童福祉委員会で扱う。イギリスでもイングランドとウェールズ、北アイルランドは少年裁判所だが、スコットランドは児童委員会が扱い、観察官に相当する職はケースワーカーである。オーストラリアでも、タスマニア州やウェスターン・オーストラリア州は、少年福祉法である。

イギリスではアプルーヴド・スクール（認可学校）という旧教護院相当の施設やボース

タルという少年院相当の施設は、再犯が多いということで廃止された。その後も労働党が政権を取ったり、保守党が政権を取るときにその質と名前を変えてきている（前者はコミュニテイ・ホーム、後者は少年拘禁センター、さらに少年犯罪者施設）。しかし、それで再犯が少なくなったわけではない。

2　海外の非行対策

深刻な非行事情に対して、諸外国では種々の対策を重ねてきた。

アイヒホルン［Aichhorn, 1925］が、家庭状況が満足でなく、親との深刻な葛藤があり、愛情に欠け、いつも不合理な厳しさ、残忍さの中で育ち、手に負えない行動をしてきた少年を、施設で気持ちよい環境と、親切と、話し合いで指導して成果を得た治療実験は、古典的な有名事例である。これは熱意のある個人がいなければできない話である。

(1)　社会奉仕

イギリスで一九七〇年代に始まった社会奉仕命令という制度がある。これは施設に収容された者が、出所後にさらに再犯を重ねるばかりでなく、収容処遇に対する経費がばかにならないところから案出されたものである。自由刑に処する代わりに仕事の合間に一定時間、地域社会のためになる仕事をするというもので、違反すれば収容が待っている。その後一六歳以上の少年にも適用できるようになった。

問題は、教会、私立の保育所、老人施設などはよいが、公的なものは一般の労働者の仕事を奪うのでできないし、お年寄りなどの家の手伝いなども、犯罪傾向の高い者が出入りすることは嫌われるだろう。したがって社会奉仕といってもやたらに仕事があるわけではない。ロンドンでは、しかたなく、コミュニティ・センターの塀とか、壁に絵を描き、何度も塗り替えて上書きするような場面を目撃した。また、保護観察などと併用するもの（結合命令）もでてきた。なお、無職の者は、時間があっても奉仕はできないので、出頭所命令というのがある。

社会奉仕は、欧米各国に広がり、内容も特色を見せている。例えば、スポーツ選手などが特技を子どもに無料で指導するとか、考古学の発掘作業、麻薬撲滅運動への参加、私営のバスやバス停の落書き消しなどがある。ドイツでは検察官段階のものもある。

(2) 修復的司法

犯行があったとき、できるだけ犯行前の状態に回復できること、つまり損害賠償がなされ、被害者と加害者の間に和解が生ずることが好ましい。修復的司法は、ドイツ、フランスなどで一九八〇年ころから行われている。損害賠償だけというのはかなり前からあったが、被害者と加害者との和解は損害賠償を通じてなされたものと考えがちであった。

被害者と加害者の関係回復を主とする試みは、ニュージーランドの家族集団会議がある。ニュージーランドでは、少年事件に限られるが、非行を行った少年の処分を、裁判ではなく、家族や被害者を交えた会議で解決しようとするものである。これは、オークランド市のマオリ族出身の著名判事によって導入されたもので、マオリ族の風習がもとになっている。少年が、罪を認めた場合はそのまま会議に付されるが、否認の場合は事実認定ののち会議にまわされる。この会議は、青年司法調整官の音頭とりで、少年とその親や親族、被害者のほか、警官やケースワーカー、弁護人などが加わって話し合う。この中で少年にふさわしい処遇が合意によって決められる。警察から直接会議にまわされた場合は、社会奉仕、弁済、謝罪、教育プログラム参加などがあり、裁判所からまわされた場合は、上級裁判所への送致、監督命令、罰金、社会奉仕などがある。創始者の判事に会ったときの話では、会議を通じて加害者には恥と償いの感情を、被害者は当初怒りや傷心から抵抗があっても、許し、癒しが生ずるようになり、良い結果が得られるという。

この制度はサウス・オーストラリア州でも採用され、さらに欧米でも一部地区で試みられるようになった。アメリカ・テキサス州では、死刑囚が判決決定後に被害者家族に謝罪することが認められている。イギリスではコミュニティの修復命令では、非行少年に再犯防止プログラムに契約させることができ、謝罪、損害賠償、接近禁止などの他、調停も順守させられることがある。

(3) ティーン・コート（Teen Court）

ティーン・コートとは、仲間の影響で非行に陥るのと同様に、非行から立ち直るのも同世代の若者だという考えによるもので、裁判官こそ退職判事が就任するが、非行をした少年と同世代の現役の高校生ボランティアのほか、かつて非行をした者が検察官や弁護人、廷吏、書記官、陪審員を勤めて処遇を決定する試みで、一九八三年にテキサス州のオデッサ市に始まったとされる。対象少年は一六歳以下、比較的軽い犯罪をし、非行事実を認めた者である。処分は社会奉仕や非行再発防止（薬物や交通など）セミナーの出席などがある。これは、低コストで少年の再非行を防ぐ効果もあるという。再非行防止の効果が認められ、アメリカ各州でも法律が定められ、広がりつつある。

(4) ビジョン・クエスト（Vision Quest）

ビジョン・クエストとは、アメリカインディアンが一人前になるために、一二歳前に何も持たずに荒野に出され、生き抜く試練の旅をするという通過儀礼のことである。

アメリカの矯正施設で教官をしていたインディアンの血が四分の一まじっているボブ・バートンら三人の青年が、高い塀とカギで閉じ込められ、監視と罰で処遇した施設の少年が、再犯で施設に戻ってくることがあまりにも多いのをみて、一九七三年に自分で非行回復の会社を設立した、裁判所の委託を受けて更生させる民間企業である。本部はアリゾナ州ツーソンにある。経営は、委託費によって成り立つ。

ここでは、少年に罰を与えず、少年との相互信頼によって更生させようとする。山中の野生キャンプ、海でのヨット訓練などが行われているが、有名なのはアメリカ開拓時代のような幌《ほろ》馬車を使って長期の旅をするというものである。これはアメリカ建国二〇〇年祭で、西部開拓時代を偲んで、北米大陸横断の大幌馬車隊に、スタッフと非行少年が参加した経験から始まった。

幌馬車をひくのはミュールというロバと馬のあいのこの動物で、幌馬車で隊を組んで移動し、途中はインディアンのティーピーというテントを設立し、野営をしながら八ヶ月に六、〇〇〇キロの旅をする。

スタッフは、ひと月幾らということで雇われた者で、会社の精神を理解した退役軍人、カウボーイ、元非行少年などさまざまの三〇人ほどで、旅の間に勉強を教えたり、働いたり、悩みをきき、一緒に考えたりする。非行少年はアリゾナなど幾つかの州の裁判所から委託された者で、酒、マリファナ、性、脱走などの禁を守れる五〇人ほどからなり、基礎訓練を経て参加する。

「スタッフの間違いはわれわれの責任だ、お前たちの責任はスタッフを信ずる事だ」というポリシーがある。ミュールは扱いが難しく、丁寧に扱わなければ蹴られたり、踏まれたり、手痛い反撃を食らう。少年は、動物との関係でも誠実と信頼関係を学び、助けたり、助けられたりの協力がなければ旅ができないことを体験できる。旅の後は、グループ・ホームとラーニング・センターで仕上げられる。

更生率は悪くはないが、スタッフにとっても過酷な旅で、スタッフの定着率は良くなく、しょっちゅう怒鳴ってばかりいるような不慣れなスタッフがいる。そのためか少年が死んだり、怪我をしたりなどの事故があって、委託を控える裁判所がでたりしている。

(5) 心理療法

非指示的カウンセリングや心理療法の効果については、施設の少年、在宅の少年の双方とも、受けた者と受けなかった者の予後を調査したものがあるが、ほとんどは差がないという結果である。施設の少年に関するものは、**表1**のとおりである。

在宅少年のものでは、ホッジスら、メイヤー（女児のみ）、クレイクらなどによるものがあるが［Feldman, 1977］、同様にほとんど差がない。

なかでも一九三七～一九四五年にかけて行われたケンブリッジ・サマービル少年研究［Feldman, 1977］では、家庭問題、学業成績問題、精神医学的問題がある、非行をやりそうな五歳～一三歳の六五〇人の少年を、非行予測スコア、IQ、年齢、人種、家庭背景をマッチさせて二組に分け、精神分析ないしカウンセリングで五年間に平均月二回家庭訪問した治療グループと、片方を無処置のグループとし、八年追跡したが、差が見られなかっ

表1　収容者の心理療法の効果（[Feldman, 1977] より森が表作成）

（T：治療グループ　C：無治療グループ）

研究者（年）	名称	対象・人数など	方法	結果
Adams (1962)	The Pico project	少年犯罪者 200人	週1～2回心理療法	釈放後3年の判決記録によると非改善者はTとC差なし。改善者については基準不明確のため何とも言えない。
Empey ら (1964)	The Provo experiment	15～77歳 固執的犯罪者	4～7ヶ月のインテンシィブ・カウンセリング	差なし
Jessness (1965)	The Frico Ranch study	特定タイプの少年	宿舎で職員との親密関係をつくり、仲間の影響を少なくする	15ヶ月の追跡。少人数小舎では大人数小舎に比し神経症タイプは良好。他は差なし。3年後はいずれも差なし
Warren ら (1966)	The community treatment project	IIレベルの成熟の少年	インテンシィブ・トリートメント	コミュニティの少年と施設の少年の比較。15ヶ月の追跡では前者の神経症タイプが良好
Persons (1967)		矯正施設青年 41人	20週に20回の心理療法	Tの方が施設内の行動がよく、パロール違反少なく、職歴もよい
Weeks (1962)	Highfields project	少年	治療的雰囲気の施設	非治療施設との比較は、再犯率では白人は差なく、黒人は良好
Miler (1970)	Southfields	少年	治療的雰囲気の施設	非治療施設と再犯率で差なし
Cornish & Clarke (1975)	Kingswood	少年	1日2回の治療的雰囲気	伝統的タイプの少年院との比較で差なし

表2　カリフォルニア処遇実験

	対象者の対人成熟型	援助者のパーソナリティ	失敗率	
			E	C
成熟度低い非行者	非社会攻撃型 Aa 非社会受動型 Ap	親しみやすい、ざっくばらんな人柄 庇護的役割をとる父親代理 不信感をぬぐい、基本的安心感を与える	18	55
他人指向型の成熟中度の非行者	受動的同調型 Cfm (認められたい、ノーが言えない型)	過大な要求をおしつけたり罰でびくつかせたりしない。力ある者に対する恐れと盲従を減少させる。無口でおっとりした人、感情起伏のない人、依存できる人	18	58
	文化的同調型 Cfc (良い悪いは分かるが、自分は悪いと思わぬ)	はっきりした態度 物のはっきり言えるつよい人	15	46
	反社会的煽動型 Mp (タフな非行者、やりたいことをやる)	機敏で行動的な人	32	48
	神経症不安型 Nx (内的葛藤をもつ)	少年のネガティブな側面を動ぜずに受容する能力、本当の感情をつかめる人。少年のニード、アチーブメントを意味あるものとして認める、少年の同一化するに足る魅力的な人柄。時に非暗示的、友人的、父的	41	48
	神経症行動化型 Na (活動的、周囲に敏感、時に衝動的)	機敏でタフで頼りがいのある人 サッと考え、パッと行動する人	23	71
	状況性情緒反応型 Se (特定の人とつきあい、家族、環境との葛藤を処理しきれない非行者)		20	17
	副文化同一化型 Ci		57	22

(California Youch Authority)

た。ところがマッコード［McCord, 1978］は、これらの少年を三〇年後にそれぞれ二〇〇余人ずつ見つけだし、裁判所記録、精神病院記録、結婚死亡記録、精神病などの社会不適応にまで記録を追って調査したところ、ほとんど差がないものの、非行あり、犯罪あり、二回以上の犯罪、アルコール多飲、高血圧、精神的診断、ストレス傾向、離婚・別居、再婚、未熟練職などの項目で治療を受けた者の方の成績が悪かった。おそらく、治療援助は、少年の自ら問題解決しようとする力をそいでしまったとも考えられる。

カリフォルニアでの処遇実験では、少年を対人成熟度で分類し、分類に応じた援助者のパーソナリティを選択したところ、無差別に援助者を選ぶより再犯率が低くなった（**表2**）。これは、心理療法はやればいいというのではなく、対象者との相性も大事ということを暗示する。ただ、マッコードの研究と合わせると長期的にはどうなのか、疑問は残る。

（6） 非行危険因子を減らすプロジェクト

飲酒行動、児童虐待、学業不振などは非行危険因子であり、早期介入でこれを弱める事は、非行化の危険性を減らすことになる。アメリカでは児童虐待に介入する家庭訪問のプログラム、就学・学習のためのメタリング・プロジェクト、犯罪の機会から救い出すプロジェクトなどがある。イギリスでも少年犯罪（防止）チーム（ＹＯＴ）という児童福祉、薬物乱用防止のプロジェクトがある。

以上は資料に古いものがあるが、今でも活用されているものである。

この他デンマークでの帆船を使っての訓練（フルトン・プロジェクト）、一九八〇年ころ、アメリカやイギリスでオートバイを通じての訓練などを耳にしたことがあるが、その後のことはわからない。

一般にオーストラリアでの施設処遇は、集団処遇というよりは、個室で、その子にあった特別処遇をし、しかもできるだけ早く社会に戻すといった方針が見られた。ただ原住民のアボリジニは、個室での自殺が多いので、例外的に相部屋になっている。

多くの治療例を分析したアンドリュウスら［Andrews et al., 1990］のメタ分析による研究では、厳しい制裁や不適切な処遇は、再犯率を増加させるし、行動変容を求めた集団行動や、非指示的療法や精神分析、集団の雰囲気を変えるための集団技法、施設収容のショック体験、犯罪性の低い者への集中的処遇などは効果がないとしている。したがってまだ改良の余地のあるものが残っている。

3　日本の非行・刑法犯の動向

日本の戦後の非行（刑法犯）の検挙数（量）を見ても、いくつかの山（波という言い方もある）が見られる。過去に三つの大きな山があり、今は四つめが問題になっている。実は、このいくつもの山を作っている曲線は、窃盗事件の曲線ときわめて一致している。この山に関連して、窃盗、その他の非行の内容や形態は時代とともに変化し、その質が論ぜられてきた。質は時代の社会背景と関連したもので、必ずしも山と対応したものではない。しかし、山を構成している期間が長いので、その期間の非行には他の期間とは違う特色がある。

詳細は前章にあるので、重複を避け、質的な特異点を取り上げてみる。

戦後第一の山での非行の特色は、生活条件悪化による貧困や飢餓があり、統計でも両親の揃っていない者が多く、貧困層も多かった。また教育も低く、習慣化された、悪質な非行が多かった。

一九五五（昭和三〇）年ころから始まる第二の山は、第一次ベビーブーム世代の少年によるもので、特需景気に端を発する経済の高度成長により、非行者の出身家庭も両親が揃い、中流化、核家族化した。中学卒業の無職者の非行が多く、繁栄の落とし子とされた。万引きはかつての柿泥棒説がでた。

一九七〇（昭和四五）年ころから始まる第三の山は、第二次ベビーブームに乗っかり、消費文化もあって非行はそれ以上に増大した。中学生が増えて年少化し、それに高校中退者が増えた。

この世代はテレビとともに生まれ、コミック・劇画文化で育った新人類である。普通の家庭の子まで非行をして一般化が問題になり、過保護、過干渉に注目が向けられた。校内暴力が増え、暴走族、シンナーなど遊びのような非行が増え、ギャング・エイジが遅れて出たなどの説や、「赤信号、皆で渡れば怖くない」思想があった。また、キレやすさについては、インスタント食品の影響や、睡眠不足が問題になった。

一九九五（平成七）年ころから始まる第四の山は、数を支える未成年層の増加がないのに増えているのが特色である。ＩＴ機器とともに育った新・新人類といわれる若者が、目標を見つけにくくなり、ゲームや携帯を使い、テレクラ、伝言ダイヤル、ツーショットダイヤルにはまったり、数は少ないが自分の存在価値、自己確認を主題とする非行や、高度の遊び＝仮想現実的非行が目につくようになった。ＩＴによる脳の破壊が疑われ、学級崩壊が話題になった。前歴のない普通の子が、いきなり型の非行をして、しばしば重大な結果をもたらした。現実感が薄く、罪意識が弱く、共感性が乏しく、性格に二面性があって、突然影の人格が表に出て行動化するといった特徴の少年が見られるようになった。若者の

「人を殺してなぜ悪い」という主張が表面化した。コミュニケーション不全を反映してか、仲間集団による非行は確実に減少しつつあり、単独犯が増えてきた。

ここで見るように、非行の量とともに質も変化してきており、これら質の違いに対して、いつまでも同じ処遇方法をするわけにはいかないだろう。例えば、あるときは手に職をつけることに重点が置かれたり、交通マナーを身につけることが必要だったりする。

4　日本の非行対策

戦後まもなくは、施設での処遇に「お母さんが泣いている」と情に訴えていた。家庭裁判所でも「家庭には光を、少年には愛を」というスローガンを掲げていた。その後はいろいろな科学的手法が導入された。一般に、日本の非行対策は官制が主流である。

警察段階では、非行の予防として、早期発見、早期治療ということで、積極的に街頭にでて、家出、不良交遊、喧嘩、飲酒、喫煙、深夜徘徊などのように、ぐ犯にも引っかからない不良行為少年を補導し、少年センターなどで相談にのっている。一八歳未満では（非行は一四歳未満）、児童相談所を経て、児童養護施設や児童自立支援施設*などに措置されることもある。

裁判所段階では、日本の特色は、家庭裁判所では家事事件とともに少年事件を扱うことである。これは少年問題には家庭の問題がつきものだという理念から生まれた世界でもまれなものであるが、必ずしも有機的、有効に機能していない。

家庭裁判所は主として一四歳以上の犯罪少年とぐ犯少年*を扱い、それ以下の触法少年の他、不登校少年、被虐待少年などは原則では行政機関の児童相談所で扱う。イギリス・ア

児童自立支援施設
↓261ページ。

ぐ犯少年
↓213ページ。

表 3　家庭裁判所の処分と予後［森、2006］

対象地域	対象年度	再調査対象	分類	不開始	不処分	検察官送致	保護観察	少年院	研究者
名古屋	1952	1954.10 14歳—17歳	500人 { 窃盗 窃盗外刑法犯 道交 道交外特別法犯	24.3 24.3 25.0 26.0 } 24.8	25.5 28.9 10.5 25.0 } 27.7	42.9 50.0	53.5 34.8 66.7 } 47.8	30.0 60.0	日野原
徳島	1953 1954	—	448人 { 初回不処分 保護処分中のため不処分	— —	11.8 48.0	— —	— —	— —	細岡
東京	1954	1953. 8 16歳、道交外不処分	91人 { 在宅事件 身柄付事件	— —	53.3 21.3 } 31.8	— —	— —	— —	津末
広島	1954	1957. 9 { 初犯175人　再犯117人 事後良136人　事後不良69人　処分時18.5歳未満		24.4	36.6	—	—	—	畠山
全国	1954 1955	1957.10 14歳—19歳	95人	—	25.3		41.5	25.5	最高裁
全国	1957・11以前	20歳後	139人	16.7	18.9	83.2	10.5	64.9	小野
東京	1960	20歳後 18歳、19歳	476人 { 初回不処分 択一処分 1960年度処分	33.8 19 27.3	31.3 38.4	— 70 76.6	73.7 36 63.6	80.0 71 72.6	桜井ほか
神戸	1962	1964. 9 14歳—19歳	4924人 { 日本人 外国人 簡易送致 年齢超過	27.4 27.8 15.1 4.9 } 21.4					蒲田ほか
京都	1959 | 1965	1945年生れ20歳まで	男子1607人 女子 275人 { 男子日本人 男子朝鮮人 女子日本人 女子朝鮮人	21.2 45.3 12.2 20.9		— — — —	42.6 70.7 16.7 0	41.7 100.0 20.0 0	岡本ほか
名古屋	1991 | 1992	14歳—19歳	男子　19.9 女子　13.8	16.6 10.8	34.2 13.9		47.7 47.6	50.0 0	

（注）択一処分とは各人全処分を通じて、検送、少年院、保護観察、不処分、不開始の順に１つを択一したものである。（なお一部は原論文をもとに再計算した値を示しているし、サンプル数の極端に少ないものは省いてある。）

この表は森作成の原表［岩井ほか（編）、1970］に加筆したものである。

メリカに見られるようにこれら全部を少年裁判所で扱うのとは違う。

家庭裁判所に送致された犯罪少年やぐ犯少年などの審判は非公開で、一部をのぞき付添人や検察官は必要条件ではない。ぐ犯（少年法第三条の要件を備えた少年特有の規定）は犯罪予備軍で、早期発見、早期治療の理念から扱われ、民間からの通報も受け付ける。

家庭裁判所の処分は、審判不開始、不処分、保護観察、児童相談所送致、児童養護・自立支援施設送致、少年院送致、検察官送致などがある。少年院には、初等少年院（短期・長期）、中等少年院（短期・長期）、特別少年院、医療少年院がある。短期処遇には、一般短期（六ヶ月）と特修短期（四ヶ月）がある。家庭裁判所の処分とその効果（再犯率）は**表3**の通りである。一般に重い処分ほど再犯が多い。他の特色は処分前に家庭裁判所調査官（以下調査官）による試験観察決定（少年法二五条）があることである。試験観察は、処分が決められないときとか、まだ調査の必要があるときなど幾つかの場合があるが、ただちに少年院に送る決断のできないときなど、在宅で調査官が少年の動向を観察したり、個人、または施設、団体に補導委託して指導監督してもらい、その間の動向を調査官が観察する（長くても六ヶ月程度）ことができる。これらの場合、大学生のＢＢＳが参加することもある。また、試験観察中に老人や障害者の施設などで社会奉仕させることが試みられている。

法務省段階では、保護観察（保護観察決定のあった者の他、少年院仮退院、少年刑務所仮出所の者）には、保護観察官とともに民間の保護司が、観察、指導、支援、相談を担当する。矯正に関しては、少年院や少年刑務所があり、集団処遇が重視され、正式の個別処遇は影が薄いように思われる。矯正施設での薬物事件、性事件や交通事件の対象者には、教育プログラムが定着しつつある。その他種々の科学的手法が導入されているが、職員の個人的努力によるため流動的であり、定着性はない。社会奉仕は、保護観察や少年院でも試みられている。

修復的司法に関しては、示談が主流で、その多くは弁護士が仲介して、加害者家族、被害者家族が顔を合わせることは滅多にない［藤岡、2005］。検察庁や裁判所では、被害者は、ようやく加害者の情報や、事件の内容、限定的な裁判（審判）結果の情報を得られるようになった。

一般には、まだまだ加害者が被害者に直接会うことや、会って謝罪する段階ではない。しかし、厚生労働省では、マオリ族流の家族会議を虐待された子どもの保護に適用することを手がけようとしている。また、問題生徒に対してティーンコート的手法をとる学校が出てきた。警察では犯罪被害者ホットラインなどを開設している。

民間・その他の段階では、犯罪被害者やその家族の心理的支援（カウンセリング）や、レイプ・クライシス・センターが広がってきている。また、家庭内暴力の被害児童の支援組織（CAP）は全国的にできている。不登校などでは合宿して集団治療する試みが見られる。しかし、非行少年に対しては、市や区の教育相談の他は、各カウンセリング・ルームが対応するくらいである。かつての戸塚ヨットスクールでは、非行も不登校も閉じこもりも一所に受け入れた合宿で、ひっくり返りやすいヨットを用いた訓練で治す試みがなされた。これはスパルタの多用と、指導側の無理解で死者を出し、裁判沙汰になった。また、日本製の心理療法といわれる吉本伊信師の内観法は少年院などでも試みられたが、定着するには至らなかった。

常習化した非行少年の立ち直りはそう簡単ではない。

（森　武夫）

引用・参考文献

Aichhorn, A.　1925　*Verwahrloste Jugend.*（三沢泰太郎（訳）　1953　『手に負えない子供』日本教文館）

Andrews, D. A. et al.　1990　Does correctional treatment work? A clinically relevant and psychologically informed metaanalysis. *Criminology*. 28（3）

荒木伸怡　1988　「ビジョン・クエストの基礎キャンプ」『青少年問題』第35巻第11号

有本美幸　1996　「少年非行の抑制および福祉的側面からみたＴＥＥＮ　ＣＯＵＲＴ」『法と政治（関西大学）』第49巻第2、3号

Brown, P. F.　1993　Pre-sentence reports. Freckelton et al(Eds.), *Expert evidence.* The Law Book Co.

Feldman, M. P.　1977　*Criminal behaviour. A psychologycal analysis.* John Wiley & Sons.

藤本哲也（編）　2004　『諸外国の修復的司法』中央大学出版部

藤岡淳子（編）　2005　『被害者と加害者の対話による回復を求めて』誠信書房

平尾　靖（編）　1974　『非行―補導と矯正教育』有斐閣双書

平尾　靖ほか（編）　1981　『矯正教育学入門』大成出版

日立みらい財団機関誌　1998　『犯罪と非行』第115号

岩井弘融ほか（編）　1970　『日本の犯罪学』東京大学出版会

小宮信夫　2005　『犯罪は「この場所」で起こる』光文社新書

McCord, J.　1978　A thirty year follow up study of tretment effects. *Am. Psychologst.* March.

森　武夫　1986　『非行少年の研究』一粒社

森　武夫　1987　「英・米の犯罪処遇関係機関探訪」『専修大学法学研究所紀要』第13号

東京新聞特報部　1982　『トラブルド・キッド西へ　―非行少年を乗せた現代の幌馬車隊』大成出版

山口直也（編） 1999 『ティーンコート　少年が少年を立ち直らせる裁判』 現代人文社

第3章　少年犯罪

――現状と課題、将来への展望――

1　はじめに

私は三〇年近く弁護士として、少年事件の付添人として、また保護司として活動してきた。

少年事件において、少年の権利擁護、健全育成を目指し、あるいは更生保護の分野において少年の立ち直りを目指してきた。法律家とは言われても法律学者という研究者ではなく、あくまで現場の第一線で闘う実務家である。したがって少年法制の法理論や少年非行の原因や非行少年の人格を特に研究しているわけではない。

しかし、「少年法により少年は保護されすぎている」、「非行少年は甘やかされている」という「甘やかし論」や重罰化論が声高に叫ばれ、少年法制の重罰化、刑事訴訟化がますます進行しつつある現在、一実務家として沈黙を守り、傍観していることはできない。

私は、非行少年と呼ばれている子どもたち、特に凶悪な事件を犯してしまった子どもたちは、甘やかされた子どもたちではなく、愛されているという感じを与えてもらえなかった子どもたちであると考えている。

人間は、良くわからない相手には恐怖や敵意を感じやすい。人々が子どもたちに必要以上の恐怖や敵意を持つのは、人々には「凶悪」な少年たちの行動や人格が理解されず、残虐な行動や結果だけに目が向いているからではないだろうか。このまま少年に対する重罰化が進行していったとしても、決して少年らの「凶悪」な非行事件は根本的に解決されることはないというのが実務家としての直感である。

あまり科学的で精密な議論をする能力も資格もない私であるが、私が日頃感じている「非行少年」と言われている子どもたちの実像、子どもたちが置かれている家庭、学校、社会の問題点を率直に述べることにより、読者が少年非行問題を考える際の一助となれば本望である。

二〇〇五（平成一七）年末、子どもたちの状況を西條八十作詞の『かなりや』の歌のカナリヤになぞって、『歌を忘れたカナリヤたち』［野口、2005］を出版した。

本稿の中には、同書をそのまま引用した部分もあり、本稿では紙幅の都合上論じ切れなかった面もあるので、同書も併読していただければ幸いである。

2　少年法誕生とその変遷

(1)　少年法の誕生

諸外国の例を見ても、いたいけな幼児は大人のようには処罰しないという考え方や制度は古くから存在している。しかし、罪を犯した少年全体を大人の処罰とは区別するという考え方や制度は少なくとも近代以降に生まれてくる。体がある程度大きくなってきた子どもは、もはや大人と同じように取り扱うというのが中世においては一般的な考え方であったと思われる。かつては一〇歳程度の子どもでも死刑に処せられていたと言われている。

ところが、文明が発達し、社会が複雑になると、いくら体が大人になっても精神的な発達が未熟であれば、大人とは別個に取り扱うべきだという考えが出てくる。また、判断力の低い者を通常人と同様に処罰しても、刑罰の効果はあまり期待できず、人道的でもないという考えも生まれてくる。

一八九九年アメリカのイリノイ州シカゴで初めての少年裁判所が誕生したと言われている（もっとも近時、この裁判所は「現実に新しい裁判所を設立したというよりは、子どもに関する事件の審理にあたって裁判所が依拠する実体的・手続的ルールを整えたものにすぎ」ず、『「少年裁判所」』はラベルにすぎ」ないとも言われている［リン・ワードル、2001］）。

少年全体を大人と同様に処罰するのではなく、教育、保護していこうという法制度は、この頃から本格的に整備され始めたと言える。

このイリノイ州の少年法は、法理的には英国のエクイティ（「衡平法」と訳され、コモンローに比べて、より柔軟で多様な決定が許されるとする）や、パレンス・パトリエ（「国親思想」と訳され、国が少年に対して親代わりをするという考え）に基づくなどと言われてきた。

この法改革実現のエネルギーとなったのは、当時のキリスト教的革新思想などとともに、ケースワーク、プロベーションの実績であったろう。少年は可塑性に富んでおり、大人が愛情と理解を持ち、人間として少年に接すれば、刑罰に処さなくとも少年は立ち直っていくという考えがこの少年法の根底であったと言えよう。

(2) 旧少年法

このイリノイ州の少年法は、急速に諸外国に広まっていった。

日本では一九二二（大正一一）年に少年法が制定され、現在、同法は一般的に旧少年法と呼ばれている。同時に現在の少年院法にあたる矯正院法も制定された。それらは少年すべてではなく、一八歳未満の少年が対象とされた。重罪（死刑、無期または短期三年以上の懲役、禁固）の少年や一六歳以上の少年については、検察官が保護処分相当と判断した場合にのみ少年審判の対象とされた。

保護処分としては、矯正院、感化院（現在の児童自立支援施設の前身とも言うべきもの）送致や保護観察だけでなく、訓戒や寺院、教会、保護団体などへの委託、病院への送致など九種の処分が定められていた。

審判を行うのは裁判所ではなく、司法省に属する少年審判所という行政機関であった。この法律は「愛の法律」と呼ばれた。

しかし、この少年法に対しては、保護処分的性格をより強調する人々から厳しい批判がなされ、財政難もあり、当初は大都市を中心に施行され、全国に施行されたのは一九四二（昭和一七）年になってからであった。

(3) 現行少年法

現行少年法は、一九四八（昭和二三）年に成立し、一九四九（昭和二四）年より施行された。

旧少年法との主要な差異は以下のとおりである。

・少年審判は、行政機関の少年審判所ではなく、家庭裁判所という司法機関が行う。

・すべての事件は、一旦家庭裁判所に送致され、少年が一六歳以上で、家庭裁判所が保護処分より刑事処分が相当と判断した場合にのみ、検察官は刑事訴追を行う（現行少年法のように保護処分にすべきか、刑事処分にすべきかを家庭裁判所が判断する制度を家裁先議、検察官が判断する制度を検察官先議という）。

・二〇歳未満の少年はすべて家庭裁判所の審判の対象となる。

・保護処分の内容は整理され、次の三種となった。

a．保護観察

b．教護院（現在の児童自立支援施設）又は養護施設送致

c．少年院送致

・家庭裁判所に調査官を置き、社会的調査を行わせるとともに、試験観察という名のプロベーションを行わせ、家庭裁判所にケースワーク機能を持たせることとなった。

・保護処分の決定については、抗告という不服申立ができる。

(4) 少年法「改正」の系譜

①「少年法改正要綱」

現行少年法は、旧少年法と比べて家裁先議をとったので、検察官の役割はきわめて小さくなった。現行少年法の成立当初から検察サイドからは不満の声があがっており、検察の復権を目指し、旧少年法への復帰ともとれる現行少年法「改正」の声は絶えることがなかった。

日本弁護士連合会はその度ごとに、「改正」反対の意見を明らかにしてきた。一九六六年五月、法務省は「少年法改正に関する構想」を発表した。そこには少年非行の増加と悪質化が指摘されている。

「改正」構想の要点は、一八歳以上の少年を青年層とし、これらの少年の犯罪事件については、検察官に先議権を与え、検察官らに意見陳述権を与え、検察官らに家庭裁判所の処分について不服申立権を与えるというものであった。

一九七〇年に、法務省は、ほぼ前記「構想」の主要な内容を引継いだ「少年法改正要綱」を発表し、法制審議会に諮問した。

同要綱は、少年が供述拒否権の告知を受けること、国選、必要的付添人制度の新設など、若干の「人権保障」制度を提案している他、以下が主な内容である。

a. 一八歳以上二〇歳未満の少年を青年とする。
b. 青年の事件については、保護事件とせず、すべて刑事事件の手続きとする。
c. 少年の刑事事件は家庭裁判所が扱う。
d. 少年の刑事事件に判決前調査の制度を新設する。
e. 現行の検察官がすべての少年事件を一旦家庭裁判所に送致するという全件送致主義を改め、送致、不送致の選択権を与える。青年については成人と同様、起訴、不起訴の選択権を与える。
f. 司法警察員にも不送致権限を与える。
g. 少年審判への検察官の立会いと家庭裁判所の処分に対する検察官の不服申立を認める。

この「要綱」に対し、最高裁判所も日本弁護士連合会も「刑罰から教育へ」と向かっている世界的動向に逆行し、検察官の権限を拡大強化し、刑罰を強化しようとするものとして強く反対し、法務省の「改正」の意図は実現しなかった。

②「植松試案」

法務省は青年層の設置は諦めることとなったが、一九七五年には「植松（当時の法制審議会少年法部会長）試案」と略称される「中間報告」案が提案された。

この時、今まで「改正」に反対していた最高裁判所は賛成に回った。

一九七七年六月、法制審議会は「中間報告」の内容をそのまま答申した。

その内容の主なものは次のとおりであった。

a．検察官に審判出席ができるようにするとともに、決定に対する抗告権を与える。

b．一八歳以上の少年に対しては、一八歳未満の少年と異なる特別の取り扱いをする（死刑または無期もしくは短期一年以上の懲役、禁固にあたる罪にかかわる事件については、検察官は家庭裁判所の要請または許可がなくても出席することができる。刑事処分相当を理由とする抗告を認めるなど）。

c．一定の範囲の軽微な事件については警察または検察官かぎりで処理する。

d．補導委託の期限を制限する。

e．短期少年院など保護処分の種類を増やす。

しかし、少年法「改正」に対する世論の反対は大きな盛り上がりを見せ、またしても法の「改正」は実現しなかった。しかし、短期少年院の制度は、法の改正を待たず裁判官の処遇勧告という形で実務上制度化されてしまった。

③ 二〇〇〇年少年法「改正」

二〇〇〇（平成一二）年六月、多くの国民の反対にも関わらず、ついに少年法は大きく「改正」され、少年への重罰化がなされてしまった。その「改正」に至る経緯は次のとおりである。

一九九三（平成五）年に発生した山形マット死事件（中学生が学校内でマットに巻かれて殺害された）の審判で一部の少年に非行事実なしの判断がなされたことから、少年審判事実認定のあり方、審判の構造などが問題にされるようになった。ことに、現場の裁判官から検察官が出席していない少年審判では、付添人（弁護士）が非行事実を争った場合、審判官としては付添人の主張に反論することは困難であり、もし反論しようとすれば、自らを検察官の立場に置くことになり、少年にかえって不公平になるとの主張がなされた。

法制審議会では以上のような事実認定のための審判の構造の問題が主として議論されていたが、一九九七（平成九）年に発生した神戸連続児童殺傷事件など、マスコミを騒がせる少年による殺人事件がいくつか連続的に発生した。そのことから被害者保護と並んで少年に対する重罰を要求する世論が強まっていった。

そして、議員立法という形で以下の「改正」がなされてしまった。

a. 一定の重大な事件（故意の行為で人を死亡させる、など）について、争いがあるなどの場合に裁判所は検察官を審判に出席させることができるようになった（少年法二二条の二）。

b. 被害者のために、被害者、遺族からの意見聴取の制度を導入（同九条の二）、記録の閲覧、謄写を許す規定（同五条の二）を置いた。

c. 一四歳以上であれば刑事処分を可能とした（同二〇条一項）。

d. 一六歳以上の少年が故意の犯罪行為により人を死亡させたときは、検察官送致を原則とした（同二〇条二項）。

法制審でも議論されていなかったc、dの二点は、少年に対する刑罰化、重罰化を実現したものと言える。

④　二〇〇七年少年法「改正」

二〇〇七年六月一日、日弁連などの反対にもかかわらず、少年法などの「改正」は成立、公布された。その主要な内容は以下の通りである。

a．現行の少年院法では、収容対象年齢を一四歳以上としているのを、年齢の下限を「おおむね一二歳」とする。

b．一四歳未満の少年がなした刑罰法規に反する行為（触法行為）についても警察が調査を行う。

c．少年が保護観察の遵守事項に重大な違反をし、警告に従わず、重大な違反を続けたとされると、少年院収容などの新たな保護処分がなされる。

特にa項は問題である。二〇〇〇年の少年法「改正」で一四歳、一五歳の少年も刑罰に付せられることになり、少年院での処遇を、刑の執行とすることもできることになった。ということは、一二歳前後の小学生まで、刑の執行場所とも言い得る少年院に送致されることになる。

3　少年非行の実状

(1)　少年の「凶悪事件」が激増しているという幻想

二項で見てきたように、これまで一貫してなされてきた少年法「改正」の動きは基本的

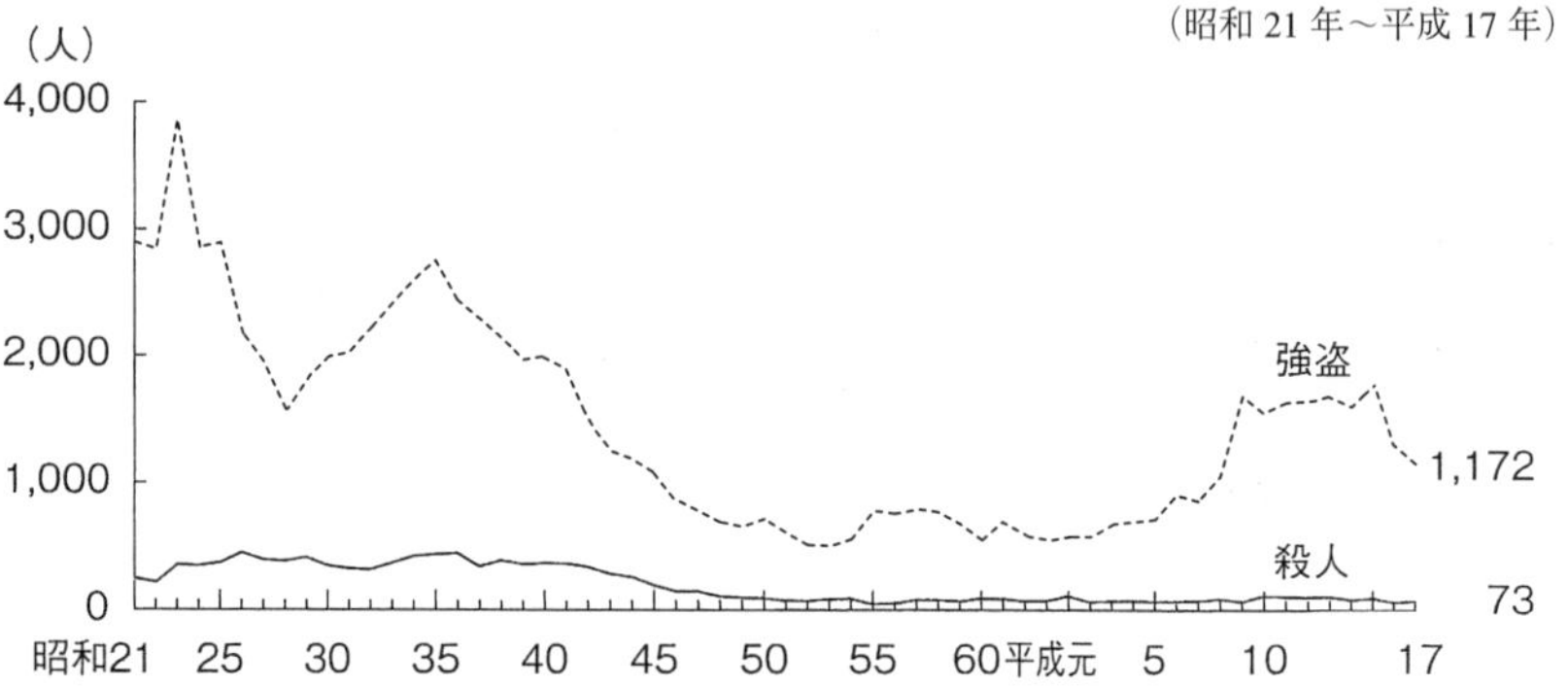

図1　殺人・強盗の少年検挙人員の推移

『平成 18 年版　犯罪白書』より［法務省法務総合研究所（編）、2006］

注　1　警察庁の統計による

2　触法少年の補導人員を含む。

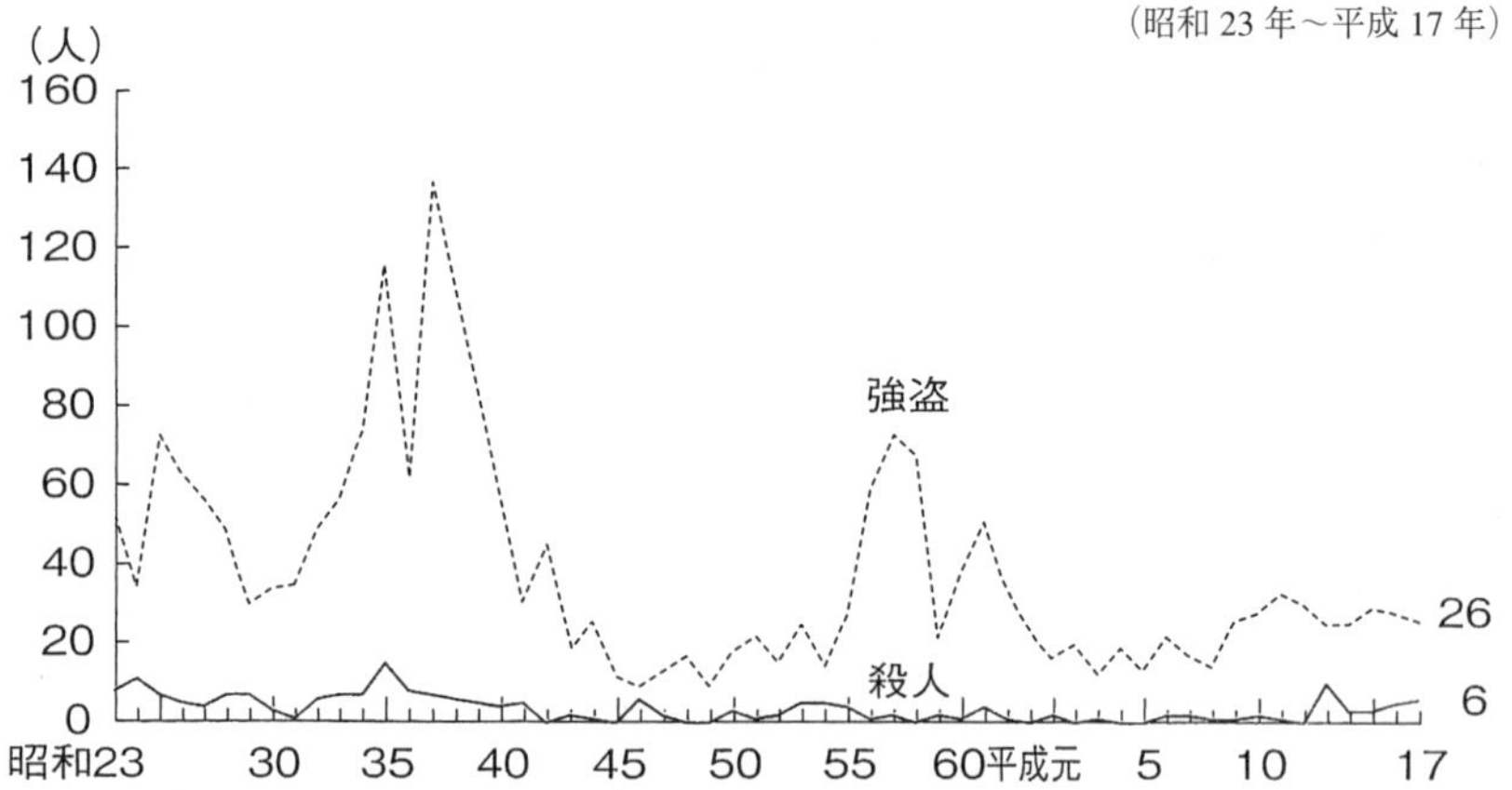

図2　殺人・強盗の触法少年補導人員の推移

『平成 18 年版　犯罪白書』より［法務省法務総合研究所（編）、2006］

注　1　警察庁の統計による

には少年に対する重罰化、少年審判の刑事訴訟化の主張であった。

その「改正」論の主な根拠は常に少年非行の凶悪化、少年非行の激増の二つであったと思われる。

ことに一九九七年の神戸連続児童殺傷事件の後は、少年の「凶悪事件」が激増しているかのマスコミ報道もあり、それを信じている人は多い。しかし、これは法務省が作成した犯罪白書によっても事実でないことが明らかである（**図1**）。図は『平成一八年版犯罪白書』一四一頁に掲載されたものである。

少年による殺人事件での検挙人員を見ると、一九七五（昭和五〇）年以降は、おおむね一〇〇人未満であり、最高時の四分の一から五分の一にとどまっている。「オヤジ狩り」などの激増が問題となっていたが、強盗についても二〇〇四（平成一六）年、二〇〇五（平成一七）年と急激に減少しており、二〇〇五年の数字は戦後の最高時の三分の一以下となっている。

(2) 触法少年の「凶悪事件」が増加しているという幻想

それでは、長崎の幼児突き落とし事件、佐世保の女子児童殺害事件などのような一四歳未満の触法少年（刑事責任能力の一四歳に達した少年を犯罪少年と呼び、一四歳未満の少年を触法少年と呼ぶ）の殺人、強盗事件での補導人員を見てみよう（**図2**）。図は『平成一八年版犯罪白書』一四六頁に掲載されたものである。

殺人についても、強盗についても、ここ十数年、むしろ少数安定の状態であったと言える。

(3) 少年がずる賢くなっているという幻想

第四項で詳細を述べるが、「凶悪」事件の少年たちは、自らの利益のために巧みに犯罪を行ったというよりも、むしろ、自分をも傷つけ、破壊しようとしたのである。愛された感じを持たせてもらえなかった少年たちは、自らの命の大事さも実感できない結果、他人の命の大事さも実感できないのである。

例えば、神戸事件のA少年は、自分は捕まれば死刑になると思っていたようで、少年院に送るよりも死刑にして欲しいと訴えていたし、二〇〇〇年一二月に姫路近郊で発生したタクシー運転手強盗殺人事件のB少年は、自殺をしようと家を出て、事件を起こした。

家庭裁判所調査官研修所の発行した『重大少年事件の実証的研究』[2001]はきわめて示唆に富み、同感するところが多い。同書(三八頁)によれば、実際に自殺を試みたり、自殺を考えたり、周囲に自殺を相談したりした少年が、一〇事例中七事例あったという。

また、一見犯行態様が計画的で、精密に計算されたと見える場合もあるが、事件全体を見れば、行き当たりばったりの無目的であったり、動機が合理的に説明できないものであることが多い。神戸事件のAは男児を殺害後、その頭部をわざわざ学校に運んだり、発見される危険をあえて冒している。

姫路事件のBが運転手を殺害して得た金は僅か八、〇〇〇円程であって、大それた事件を起こしたにしては、得られた利益はきわめて僅かである。

豊川事件の高校生にしても、学業成績がきわめて優秀であったという割に、その犯行はきわめて場当たりで、犯行後に「疲れた」と言って自首している。

一見すると、大人顔負けの奸智に長けた犯罪のように見えても、実際の少年にはきわめて未熟、未発達な面がある。

前記の『重大少年事件の実証的研究』（三九頁）でも「ほとんどの少年が知的能力には問題がありませんでした。……しかし、その内容を見ていくと、観念的な思考ばかりが目立ち、具体的な解決能力が劣」っているとしている。

4　愛情を実感させてもらえなかった子どもたち

(1)　激しい攻撃性

いわゆる「凶悪」事件を犯した少年たちは皆、激しい攻撃性を有していると思われる（そのことは外見上攻撃的であるとか、それまでに多くの攻撃的行動をとっていたことを必ずしも意味しない）。私はこの攻撃性の原因の最大のものは、この少年たちが、さまざまな事情から、人から、特に親から、愛されたという実感をもらえなかったことにあると思っている。もっとも、この攻撃性は特に「凶悪」事件の少年ばかりではなく、教師らが日頃接している生徒らの中にもしばしば見受けられるようである。

『教育』二〇〇七年二月号は子どもの「攻撃性」と教育という特集を組んでいる。この中で元養護教諭の富山芙美子氏は「子どもの暴力、暴言に立ち往生する」という教師の素直な悲鳴を紹介しながら、子どもを「徹底して可愛がる」ことを強調している。

「凶悪」事件の少年たちは、一言で言えば、「徹底して可愛が」ってもらった体験を持たない子どもたちである。

(2) 育児放棄と虐待

私は一九四六（昭和二一）年生まれで大学紛争を経験した世代である。当時、特に「過保護」な母親が批判の的となっていた。「過保護」が死滅したわけではないが、現在ではむしろ育児放棄と虐待がより重大な問題と思われる。

育児放棄や肉体的暴力による虐待はわかりやすい。多くの事件の親にこれは見られる。暴力を受けていたのは、神戸事件のA、姫路事件のB、奈良の放火焼死事件の高校生、東京板橋で両親を殺害し、ガス爆発をさせた高校生などがあげられる。見えにくいのは精神的支配という形での虐待である。

子どもらしい遊びや、仲間を作る機会を奪われ、親の言うとおりに勉学に励まなければならないというのは、子どもにとっては精神的虐待に他ならない。

長崎事件の少年、神戸事件のA、奈良事件の高校生、東京板橋事件の高校生などは親に精神的支配を受けていた子どもたちと言えよう。

先の拙著でも引用したドロシー・ロー・ノルトとレイチャル・ハリスの詩の「広い心で接すれば、キレる子にはならない」「愛してあげれば、子どもは人を愛することを学ぶ」という一節を今一度噛み締めてみたい［Nolte & Harris, 1998］。

次項以下でいくつかの著名な事例について検討してみたい。

(3) 神戸連続児童殺傷事件

少年Aの初対面の印象はごく普通の中学生というものであった。

Aは小柄で細身であり、服装や髪形は他の中学生と変わらない。言葉遣いは敬語を使い、ふてくされた様子もなく淡々と答えた。しかしそのうち、あまりに淡々とした様子に却って違和感を覚えた。通常、警察や鑑別所に収容された少年たちは親が心配しているのではないか、自分はどうなってしまうのかという不安や動揺を示すのが普通であるが、Aにはそのような感情の動きが見られなかった。何か心の周囲に壁を作って他人を寄せ付けないように見えた。特に話題が親のことになると全く口を閉ざし、無視するような態度に出た。両親に会いたくないと言い、両親に何か伝えることはないかと聞いても「別に」と答えるばかりであった。

父親は実直そうなサラリーマンで、母親は活発で気丈な人に見えたが、この事件でわずかな期間に一〇キロも痩せたとのことであった。

母親はかねてから「うちはスパルタ教育です」と言っており、Aを長男としてきちんとしつけようとして体罰を行なっていた。父親は子どもを殴るような人には見えなかったし、父親自身はそれを否定していたが、Aによれば父親からも殴られていたとのことであった。母親の体罰はAを負傷させたりするようなものではなかったが、繊細で内気なAにはそれは耐えがたいものであったろう。

母親はAのことを「すぐ泣く、ぐずな子」と思い、Aの気持に思い至ることはなかった。Aに愛情を感じていなかったわけではないが、Aをしつけているつもりで、自分の考えを一方的に押し付け、反抗を体罰で抑圧していたようである。Aは母親に支配されている感覚を持っていたと思われる。

内気で体力的にもあまり強くないAは、母親に面と向かって反抗できず、叱られると泣いてその場を逃れるという方法で母親の支配から逃れようとしていたが、心の奥で強い拒否され感、敵意が育っていたのであろう。

(4) 姫路タクシー運転手強盗殺人事件

二〇〇〇（平成一二）年の一二月末に兵庫県の姫路市近郊において一六歳の少年少女がタクシー運転手を殺害し売上金を奪うという事件が発生した。私はこの一六歳の少年（Bという）の付添人、弁護人を務めたのでBの家庭環境、生育歴、事件発生前の状況について述べてみたい。

Bは会社員の父、パート勤めの母の長男として生まれた。下に弟がいる。

父母はBが小学一年のとき離婚した。Bら兄弟は父に引き取られ養育された。父はBらに愛情を感じており、食事の用意をしてくれたりそれなりの努力をしていた。しかし、Bらは母が恋しくて、高速道路に二人で自転車で入り込み母のもとへ行こうとしたが、もちろんすぐ見つかり警察に保護された。それでも諦めきれず今度は大人に見つからないように夜自転車で山道を何時間も行き、また警察に保護された。

父はBが小学三年生の頃までBに度々暴力をふるっていた。

彼の口から聞いた暴力のひどさに我々は唖然とした。もうそれは虐待というべきものであった。プロレスと称して取組み合いを強制され、殴る蹴るの暴力で鼻血を出すのはしょっちゅうで、それは序の口であった。真冬に水風呂につけられ、水道の水をジャージャーとかけられる、布団たたきが折れるほど殴られる、スプレーに火をつけて顔に向けられる、包丁の刃のみねの部分を顔にピタピタとつけられる、三階から逆さにつるされる、などである。

しかし中でも一番怖かったのは、回っている洗濯機に顔から突っ込まれたことだった。このような虐待は父が飲酒した時に行われたようである。

父の父すなわちBの祖父も妻（すなわちBの祖母）らに暴力をふるっていた。Bの祖母は夫の暴力を苦にして自殺をはかったほどであった。

父は祖父に暴力をふるわれそうになると、事前にさっさと逃げ出して、あまり被害を受けなかったと述べ、あまり祖父の暴力を気にしていない様子であったが、いわゆる暴力の連鎖という言葉を思い出さずにはいられない。

一六歳になった時、母が一緒に住まないかと言ってくれた。Bはとても喜んだ。

Bは父と半ば喧嘩別れのような形で家を出て、母の所で暮らし始めた。

母は同居をBに勧めた時、Bのために仕事も探してやると言っていたが、案に相違して仕事を紹介してくれることはなかった。Bは、しばらくはバイトに行っていたが休みがちになってしまった。一緒に暮らし始めて三ヶ月もたたないうちに、母はBが重荷になってきたようだ。

母はある日「あなたはもうだめだからお父さんの所に帰りなさい」という置手紙をして、仕事に出かけた。Bはこれを見て、母にも見放されたとショックを受けた。喧嘩別れ同様に出た父の所に今さら帰るわけにもいかない。自分はもう家を出て自殺をしようと考えて、わずか数千円の貯金をすべて持って家を出た。その時、遺書のような手紙を母宛に書いていった。その手紙には「お母さん長い間お世話になりました。迷惑ばっかりかけてごめんなさい。僕は、本当はお父さんもお母さんも嫌いじゃなかったよ。」とあった。

翌日、Bは母に電話をした。さすがに里心がついたのである。しかし母は「どうせ家を出たのならもっと遠い所へ行ったら」と言ったという。

母には、そのような言葉を言った覚えはないらしい。しかし、実際に母がどのような発言をしたかを詮索するより、Bがどのように感じたかがここでは重要である。Bとしては、長年求めていた母に裏切られた気持ちが強く、生きていても仕様がないという気持ちになったであろう。

Bはその後三日間、多量のシンナーを吸い続け、犯行に至った。

(5) 長崎突き落とし事件

二〇〇三（平成一五）年七月一日、長崎市の立体駐車場から四歳の男児が一二歳の中学一年生の少年Cにつき落とされ死亡するという事件が発生した。

Cは、学業成績は大変良く、まじめな、ごく普通の男の子と思われていた。

Cについては精神鑑定が行われた。新聞報道によればその鑑定結果の骨子は次のようなものであり、アスペルガー症候群*を含む「広汎性発達障害」とされた。豊川事件についても報道された、このアスペルガー症候群という言葉は人々に忘れられないものとなっていった。


「知的能力に遅れはないが、他人への共感性の欠如、想像力の欠如、強いこだわり傾向など、対人関係を築く力に欠ける発達障害があり、『高機能広汎性発達障害』にあたるが、障害は軽度で、この障害自体が犯罪を誘発するものではなく、育ってきた過程や、別の直接的なきっかけがあって事件が引き起こされた。」


と鑑定書も指摘するとおり、本件の動機の原因をアスペルガー症候群のみで説明することはできない。

私は、やはり、Cの親子関係、特に母子関係に興味がある。

Cの母は、Cに暴力をふるったりするような虐待はしていなかったと思われる。教育熱心で、愛情を感じていたようで、Cも母親に対して愛情を感じている趣旨の発言をしてい

アスペルガー症候群（アスペルガー障害）
一九四四年、オーストリアの小児科医ハンス・アスペルガーによって報告される。言語による会話能力があるにもかかわらず、社会性、コミュニケーション、想像力(こだわり)の三つの特徴を併せ持った発達障害のこと。

たようである。

Cは小柄ではないが、声変わりもしておらず、どちらかといえば子どもらしい風貌を残していたという。しかし、Cは事件の重大さ、悲惨さが実感できていなかったと言われている。頭ではわかっているが、心には響かないという状況であろうか。

母親は勝気であり、世間の評価を気にするタイプで、Cを学習塾に通わせ、Cの生活を学習中心に厳しく管理していたようである。Cは、これに対して積極的に反発をしている様子はなかったが、自宅付近のベンチでボーっと座っているのを近所の人がしばしば目撃している。

父親は温和な人のようで、母親のCに対する養育態度を批判したりすることなく、Cへの影響力はあまり大きくなかったのではないかと思う。

Cは保護された当時、本件について、母親に知られることを非常に恐れていたという。Cは両親から本当に愛されているという、安心した感覚を持てず、ただひたすら母に叱責されまいと、その意に沿うように行動していたのではなかろうか。

(6) 佐世保事件

二〇〇四(平成一六)年六月一日、長崎県佐世保市の小学校で、小学六年生の女子D子が同級生の首を切りつけて殺害するという事件が発生した。

この事件は、パソコンのチャットを通じての感情の行き違いが強く影響したと報道されている点が特徴的である。審判の決定要旨によれば、D子は被害者の命を奪った重大さや、その家族の悲しみを実感できなかったようである。これは、神戸連続児童殺傷事件、姫路タクシー運転手事件、長崎突き落とし事件、その他の事件にも共通していることである。

D子の親子関係について、審判の要旨は次のように述べている。

「D子は対人的なことに注意が向きづらい特性があり、甘えることもなかった。D子の障害は軽く、周囲からはおとなしいが明るい子と評されていた。両親はD子に積極的にかかわることをせず、結果的にD子は愛情不足で育ち、基本的な安心感が希薄で、対人関係、社会関係、社会性、共感性の発達が未熟である。」

マスコミ報道によれば、D子の母は病弱の父に代わって仕事に出ており、D子の養育は祖母に任されていたという。両親はD子と情緒的な関わりは少ないにも関わらずD子に対するしつけは厳しく、学習面での期待は大きかったようである。

このように見てくると、D子も甘やかされて育った子どもではなく、むしろ両親の愛情に飢えていた子どもである。

ただ、やはり、パソコンというコミュニケーションの手段の問題も無視できない。テレビゲームやメールの普及によって、子どもらが直接に他人とコミュニケーションをとることが少なくなっている。また、テレビやビデオなどの映像を楽しむ時間が増え、生の自然や生身の人間に触れる機会が少なくなっている。

こういう環境の中で育った子どもたちは、どうしても生身の人間の言葉や現実の事柄については、現実感はわかず、むしろ、映像やメールで表現される事実や言葉により現実感を持ち、強く反応することになりがちである。

(7) 豊川事件

二〇〇〇（平成一二）年五月一日、一七歳の高校生Eが愛知県豊川市において、近所の家に侵入し、居合わせた六五歳の女性を持っていた金槌で殴り、台所にあった包丁で切りつけ殺害し、帰ってきたその夫にも傷害を負わせた。

Eは翌日、自分を「助けてほしい」と自首したが、主婦殺害の動機として「人を殺してみたかった」と答えたと言われ、この発言がEの心理の不可解さを示すものとしてマスコミ報道で大きく取り上げられた。

家庭裁判所は、二〇〇〇年一二月、Eを医療少年院に送致する決定をなしたが、Eをアスペルガー症候群とし、これ以後アスペルガー症候群という言葉が世人の注目を浴びることとなった。

Eの犯行の動機や手口はアスペルガー症候群から説明するとわかりやすいようにも思われるが、本件の原因をアスペルガー症候群に求めることは妥当でない。多くの精神科医もそのように意見を述べている。

Eは事件当時、部活や学習面で一時的に困難が生じ悩んでいたが、それを相談できる人がいなかった。誰もEの障害に気付かず、Eの悩みや精神的苦痛を軽減してやることはできなかった。Eの在籍していた高校も、他の進学校にも見られるように、学業成績を重視し、勉強さえできれば、あまり他の面での問題は顧みない状況にあったと思われる。そのことがEの症状が気付かれなかった一因となっていた可能性がある。

Eが幼い時父母が離婚し、Eは母と離別している。しかも、Eの父の仕事の忙しさのせいもあってか、特に幼少期のEの養育は祖父母に委ねられたようである。

そうすると、Eにとっては、すべてを受容してくれる母親の役割をとってくれる人がいなかった可能性を否定できない。

私はEもまた人に愛された感覚を持てなかった子どもであったという思いを捨てきれない。

5　子どもは皆立ち直る力を持っている

(1)　子どもは皆立ち直る力を持っている

二〇〇六年（平成一八）一二月、ＮＨＫで農薬を使わずにリンゴを育てている農家の話が放送された。このリンゴ農家の男性が次のように述べたのが印象的であった。

「私はリンゴを栽培なんかしていません。リンゴの育つ力をちょっと助けているだけです。」「どうすればいいかはリンゴが教えてくれます。」

私はこの話は子育てに通じていると思った。子どもは皆立ち直る力を持っている。以下に具体的な事例をいくつか紹介してみたい。

(2)　少年Ａのその後

一九九八（平成一〇）年四月にＡと面会した様子は拙著『それでも少年を罰しますか』[1998]で述べた。その時にはＡは初めて、感謝の言葉を述べてくれたが、その無表情とコミュニケーションの困難さが印象に残った。

一九九九（平成一一）年一一月に面会した時はＡの表情はそれまでと全く異なっていた。それまでの冷たい無表情ではなく、心なしか、頬がふっくらとして笑顔も出るようになった。

私は、短期間で意外にＡが大きな変化を見せてくれたと思ったが、他人に対して壁を作って防衛するという心理状況はほとんど変わっていないようであった。

親に対する気持ちなど、Aの内心を知ろうとする質問をしたところ、Aの表情はさっと変わり、黙り込んでしまった。

しかし、その後Aは大きく変化していたようである。この間の経過は井垣元判事の著作『少年裁判官ノオト』［井垣、2006］に、かなり詳細に紹介されている。

Aの処遇にあたって、法務省は最大限の努力を払ったと思われる。特に男女各一名の職員が献身的な努力をして、スキンシップをはかり、親代わりの役割を果たしたようだ。Aの回復の道は必ずしも平坦ではなく、一時的にはかなり落ち込んでしまうという後退もあったようだ。しかし大局的に見れば、Aはしだいに人間に対する信頼感を持つことができ、生きる意欲を持つことができるようになっていた。

被害者の遺族の手記も何度も読み、涙を流すまでになったという。

基本的に、内気な非社交的な性格が全く変わったわけではないが、頭髪の薄い職員に「僕の髪を半分あげようか」などというジョークを言ったり、皆で食事をする時にゲストに気を配ったりするようになってきたという。

現在でも、母親との完全な信頼関係は築かれていないなど、課題は残っているが、就職して頑張っているらしい。

このまま静かに見守って、Aを社会の一員として迎え入れることができるかどうか。私たちの社会の成熟度こそ問われているのである。

(3) 強盗傷人事件の大学生

もう一〇年程にもなるが、Fという一九歳の大学生が先輩Xとともに強盗傷人事件をおこした。

FはXに「ヤンキーをおどかして、金をまきあげよう」と言われ、怖々ついていったが、それらしい若者が見つからなかった。そこで飲酒してフラフラしている三〇代の男性をXが殴りつけ金を奪った。この時Fは被害者を羽交い絞めにしていた。この被害者が負傷したのであるから、強盗傷人の共同正犯ということになる。

しかし私はFの非行性は根深いものではなく、社会において指導をしても十分立ち直れるのではないかと判断した。家庭裁判所の調査官は短期少年院という意見であったが、家庭裁判所の審判は何と刑事処分相当ということで検察官送致であった。このままではFは少なくとも四年間位は刑務所で過ごさねばならない。

Fが地方裁判所に起訴された後、保釈決定を得ることができたので、しばらく私の事務所でFを預かった。二～三週間ほど事務所で若干の訓練を終え、高齢者の福祉施設でボランティアとして働いてもらうことにした。高齢施設でのボランティア活動を通じて、Fは真の強さ、男らしさというものは暴力をふるうことではなく、自分の責任をきちんと果たすことであると体感することができた。

彼の父母は二人とも真面目な、立派な教師であり、Fを上から押さえつけることをせず、物わかりの良い人たちであった。しかし、しいて問題をあげるとすると、父母は家でも教師であった。真面目すぎて、Fにとって、ゆったりと心を許せる存在ではなかった。

そこで、私は両親には、家ではもっとざっくばらんな態度をとり、リラックスした雰囲気をつくるよう助言した。また、本人を私の家に来させて、私の家族と一緒に食事をするなどして、家族がてんでに自分の思いをぶつけ合うという場面を体験させたりもした。

幸い被害者と示談することもできた。

半年程の審理の後、とうとう少年法五五条により家庭裁判所に送り返すという決定を得ることができた。今度の家庭裁判所での審判は保護観察であった。大学は退学処分とされたが、Fは一年浪人した後大学を再受験し、合格し、無事卒業した。その後、福祉関係の施設に就職し、結婚し、子どもも生まれ現在幸せに暮らしている。

(4) 特攻服の中学生

二〇〇四(平成一六)年二月末頃、中学三年生の男子の事件を受任した。学校で教師に反抗して暴力をふるい、気に入らない教師の車を壊し、注意する父母を殴りつけ、その顔に青あざをつけるという始末である。特に生徒指導主任の先生に反抗していた。その少年はもともと学力優秀で有名私立中学校に進学したが、本人の学習意欲の低下もあって、結局ついていけなくなって退学した。公立中学に転校して以来、深夜オートバイにのるなど生活が乱れ始め、中学校でも悪い方でのリーダー的存在になってしまった。

私は何とか学校に返し、無事卒業させようと決心した。

中学校へ行き、校長先生と生徒指導のB先生と面談した。教頭先生、クラス担任などの先生も同席してくれ、学校側の熱意が感じられる。B先生は、本人がB先生が一番話のできる先生と言っていることを私が話すと、一瞬驚かれたようだった。「私は本人に随分きつくあたっているんですがね」と言われながらも嬉しそうな表情をされた。A校長先生も理解のある方で、皆で相談しながら何とか本人を迎え入れ、無事卒業させようということになった。

卒業式の練習があるという日の前日、家庭裁判所で試験観察の審判をもらい、一旦釈放してもらった。A校長先生から登校の翌日、電話があり、落ち着いて授業を受けていると嬉しそうに話された。私もほぼ一日おきに家に行って本人に勉強を教えることを約束した。

B先生も何かと気にかけて本人を落ち着かせてくれた。しかし、卒業式直前、また難問が生じた。親の話では、本人が他の「ワル」連中と一緒に（というより先頭を切って）卒業式に特攻服を着て行くようだというのである。特攻服というのは、長めの学生服で、大体色は白と紫とか派手な色で、けばけばしく刺繍がしてあるものだ。よく暴走族が着ている。

私はその卒業式の前夜、家に行き、本人を説得した。しかし、卒業式の日になっても、私は不安であった。もし本人が特攻服を着て本人が他の生徒とともに暴れ出し、卒業式をめちゃくちゃにしたらどうしようかと思った。

ところが、A校長先生から、無事卒業できたと喜びの報告が事務所にきた。両親の話によると、きちんと制服を着て、神妙にしている本人を見て、A校長先生は思わず右手を本人に差し出した。本人はその手を強く握り握手した。生徒も教師も親も皆拍手をした。もちろんこのような筋書きは全く予定されていなかった。親によると、「ワル」の代表と先生の代表が「手打ち」をしたような光景だったという。

本人はその後多少の紆余曲折はあったが、今元気で高校に通っており、学級代表に選ばれている。本人の問題行動もすっかりなくなり、両親は夢のようだと喜んでいる。もし、A校長先生の決断と配慮、B先生の不断の努力がなければ、本人は今頃は間違いなく少年院である。

この稿を書いている本日、二〇〇七年二月一八日、本人からある私大の法学部に無事合格したとの嬉しい電話があった。これから弁護士を目指してがんばるとのこと。弁護士冥利に尽きる一瞬である。

(5) ある傷害致死事件

二〇〇三（平成一五）年、高校一年生四人が、一人の生徒をリンチによって死亡させるという事件が発生した。私はそのうち直接手を下さなかった二人の付添人となった。手を下した二人は少年院送致になったが、私が担当した二人は幸運にも少年院送致を免れることができた。

両名とも前歴はまったくなく、そのような結果になろうとは思わず、野次馬としてついて行ったというのが実際であった。

しかし、子どもを失った親の精神的痛手は深く、被害者の母親は精神科に通い続ける有様であった。

私は事件後月一回程度、少年らを遺族に会わせ、毎回反省の手紙を渡し、被害者の会にも傍聴に行ったり、現場に花を手向けに行ったりした。何か被害者、遺族への気持ちを永久の形に表せないかと、少年、親たちとも相談し、現場近くのお寺に頼み、お地蔵さんを建立した。その仕様などは事前に遺族にも伝え、希望を聞いた。そのお地蔵さんへのお参りも続けた。そのようにして三年経った二〇〇六年春に遺族と示談することができた。二人とも真面目な大学生活を送っている。

そのうちの一人（S）が遺族へ書いた手紙が次のようなものである。

「春休みに入り、野口先生と一緒にK君（被害者）をまつったお地蔵さんにお参りさせてもらいました。X駅から通じる道を、当時、K君はどんな気持で歩いていったのかを考えて歩いてみました。

まったく知らない土地にたった一人で来ることは、とても孤独で大きな不安だらけだったに違いありません。そのK君が歩いた道を真下にみおろすお地蔵さんは、K君の冥福を永遠にお守りしてくれるだけではなく、毎日この道を通るたくさんの人たちを見守ってくれることと思います。僕もまた、お地蔵さんに手を合わせ、自分のおかした罪をわび、K君の冥福をお祈りしています。私たちがこのお寺に植えた桜の木も三年の月日で少しずつ大きく成長しています。時々、両親と一緒に花を植えかえにいき、お祈りをさせてもらってます。

そして、桜の木がいつの日か花を咲かせるように世話をしていくことも、僕が亡くなったK君に対してできる謝罪の一つだと思っています。

三年前、K君はどんな気持で電車に乗り、X駅に向かったのだろうかと僕は一人で考えました。

人の話し声も耳に入らず、外の景色も目に入らない、それほど恐ろしい不安を持って電車に乗っていたのではないだろうか、当時の僕にはそんなK君の気持を察することはできませんでした。人を思いやる心や人のいたみを知ることが僕にはかけていたように思います。

今度、僕は一人で電車に乗って、X駅からあの現場まで行き、お参りしてこようと思います。そうすることで、少しでも当日のK君と同じ気持になり、あの時のK君の大きな不安と孤独感に近づけるのではないかと思います。

三月の初めにK君のご遺族にお会いし、示談をさせていただきました。僕たちの罪、そしてK君の命をお金で推し量ることは決してできることではありません。特にお腹を痛め生んでくれたお母さんにすれば、自分の命より大切なものであることを僕は忘れません。

これからも一生懸命に努力し、一人の人間として決して恥ずかしいことのないような人間に成長をします。S」

6　結び

少年らに厳罰を求める声は強まる一方に思われる。

裁判の現場にいると、裁判官の方が検察官より厳しい処分を望むという場面に出会うことは、もはや珍しくない。

しかし、いわば罰せられ続けた少年に、愛情ではなく、これ以上の罰を与えても、罰の苦痛や恐怖を教えることはできても、自分や人を愛する気持は育てられない。

子どもにゆとりを与えるなどという考えは、もはや集中攻撃を受けている。「ゆとり教育」は「ゆるみ教育」だなどと放言している政治家もいる。しかし、ゆるんでいるのは本当に子どもなのだろうか。子どもはますます追い詰められているのではなかろうか。その結果、深刻な事件が発生すれば、さらに厳罰論が強まり、子どもが更に追い詰められるのでは、まさに悪循環である。この悪循環を断ち切るには、自分があまりに非力であると感ずるものの、子どもに関わるすべての人たちの良識と情熱を信じて、声を上げ続けねばなるまい。

（野口善國）

引用・参考文献

法務省法務総合研究所（編） 2006 『平成一八年版 犯罪白書』国立印刷局

井垣康宏 2006 『少年裁判官ノオト』日本評論社

家庭裁判所調査官研修所（監修） 2001 『重大少年事件の実証的研究』司法協会

国土社 2007 『教育』２月号

リン・ワードル 2001 「アメリカ少年裁判所制度の歴史的、社会・政治的概観」森田 明・佐伯仁志（訳）猪瀬愼一郎・森田 明・佐伯仁志（編）『少年法のあらたな展開』

野口善國 1998 『それでも少年を罰しますか』共同通信社

野口善國 2005 『歌を忘れたカナリヤたち―子どもは必ず立ち直る』共同通信社

Nolte, D. L. & Harris, R. 1998 *Children learn what they live : Parenting inspite to values.* Workman Pub Co.（石井千春（訳）『子どもが育つ魔法の言葉 for the HEART』ＰＨＰ研究所）

第4章　ひきこもりと非行——現状と対策——

第1節　ひきこもりと非行

1　ひきこもりとは

「ひきこもり」とは、「不登校*」、「家庭内暴力」などといった言葉と同様に、それ自体が何らかの疾患を表すものではなく、あくまでも状態像であり、医学的診断名ではない。

従来、地域精神保健福祉活動における「ひきこもり」への対応は、統合失調症などの精神疾患のためにひきこもらざるをえなくなっている人々への援助が主であったが、狭義の精神疾患以外で「ひきこもり」を呈している人々への援助も重要な課題となってきている。そのため、厚生労働省は二〇〇三（平成一五）年に「『ひきこもり』対応ガイドライン（最終版）*」を作成し、各都道府県・指定都市などに配布した［地域精神保健活動における介入のあり方に関する研究班、2003］。このガイドラインは、平成一三年五月に作成されたガイドライン（暫定版）の最終版である。これまで「ひきこもり」に対する理解や支援方法についての認知は公式なものではなく、各機関が手探りで援助を開始しているところであった。

ガイドラインでは、「ひきこもり」とは「さまざまな要因によって社会的な参加の場面がせばまり、就労や就学などの自宅以外での生活の場が長期にわたって失われている状態」のことをさし、病名ではなく、ましてや単一の疾患ではないとしている。さらに生物学的

不登校
一年間に、連続または断続して三〇日以上欠席した児童生徒のなかで、何らかの心理的、情緒的、身体的、あるいは社会的要因・背景により、児童生徒が登校しない、あるいはしたくてもできない状況にある者（ただし、『病気』や『経済的理由』による者を除く）。

「ひきこもり」対応ガイドライン（最終版）
「一〇代・二〇代を中心とした『ひきこもり』をめぐる地域精神保健活動のガイドライン――精神保健・福祉センター・保健所・市町村でどのように対応するか・援助するか」のこと。

要因が強く影響している場合と、明確な疾患や障害の存在が考えられない場合とに分類しているが、筆者は生物学的要因の強いものをさらに精神疾患によるものと発達障害によるものとに区別してとらえたい。

(1) 精神疾患によるひきこもり

統合失調症*、うつ病、強迫性障害、パニック障害などの精神疾患により、社会参加ができない状態。生物学的要因が影響しており、服薬を含む医学的治療の必要性が高いと言える。

(2) 発達障害を背景としたひきこもり

軽度知的障害、学習障害や高機能広汎性発達障害などがあるのに、そのことが周囲に認識、理解されず、周囲との摩擦を回避するためにひきこもる状態。

周囲からの低い評価や、いじめ、からかいの対象とされてきた体験を持ち、自尊心の傷つき、被害的傾向を認めることが多い。

本人の気持ちを尊重しながら発達の成長に療育的に関わっていく必要がある。同時に家族の関わり方や環境を調整することも本人の行動の変化に大きな役割を果たす。

(3) 非精神病性のひきこもり

明確な精神疾患や障害の存在が考えられないにもかかわらず、長期間にわたって自宅外での対人関係や社会的活動からひきこもっている状態。精神医学的にはパーソナリティ障害や社会恐怖などと診断されるであろう人々もふくまれる。

統合失調症
一〇代から三〇代に後発し、幻覚妄想などの陽性症状と意欲の低下や感情の平板化などの陰性症状とを示す疾患。
倉本は統合失調症などの重篤な精神障害による「とじこもり」は、ひきこもりと区別するべきであると述べている。

狭義の精神疾患を有するために生じるひきこもりと区別して、「社会的ひきこもり」と呼ぶこともある。

倉本［Kuramoto, 1993］はＰＳＷ（Persistent Social Withdrawal：執拗な社会的ひきこもり）という臨床単位を提唱し、診断基準を

①成人早期までに始まる、六ヶ月間以上にわたる著しく、執拗な社会的ひきこもり
②社会的、学業的、あるいは職業的な活動に携わりたがらない
③家族以外の親密な友人がまったくか、あるいはほとんどいない
④心因反応的、一過性あるいは機会性以外の精神症状はほとんどない
⑤何らかの身体疾患やその他の精神障害によるものではない

を満たすものとしている。

また、斎藤［1998］は「二〇代後半までに問題化し、六ヶ月以上、自宅にひきこもって社会参加しない状態が持続しており、ほかの精神障害がその第一の原因とはかんがえにくいもの」を「社会的ひきこもり」と定義した。

ひきこもりの場合、本人は援助機関や医療機関に現れず家族など周囲の者からの情報しか得られないことも多いため、「社会的ひきこもり」とみなされていても実際は精神疾患や発達障害を背景にしていたり、それらが複合していたりする可能性を常に考慮して援助していくべきである。

2　ひきこもりと重大事犯

(1)　ひきこもり者＝非行予備軍ではない

ひきこもりがマスコミに大きくとりあげられ、社会の耳目を集めることになったのは、二〇〇〇（平成一二）年の西鉄バスジャック事件、新潟少女監禁事件といったショッキングな犯罪がきっかけであったことは否定できない。そのため、ひきこもりをしている人があたかも危険人物であるかのようなイメージを持たれている場合があるが、それはまったくの誤解、偏見である。「反」社会的行動である非行に対してひきこもりは「非」社会的行動であり、むしろ両者は対極にあるとも言える。ひきこもりに陥っている少年の大半は、一般的な非行少年*たちとは正反対と言ってもよいパーソナリティの持ち主である。社会的規範を守りすぎるくらい守るために手を抜くことができず、気疲れ、人疲れしやすく、かえって社会的場面を回避せざるをえなくなっているとも言える。体の疲労と同様、心が疲れて動きがとれないときにも休養が必要である。いったん、外界から撤退して閉じこもること自体は自分を守るために有意義なことであろう。ひきこもりは決して「怠け」ではないということを十分に踏まえておきたい。ひきこもり全てが援助の対象になるわけではない。援助が必要になるのは、早く何とかしたいと焦りながらも、いったんひきこもったことによる挫折感や将来への不安感から身動きがとれなくなり、ひきこもることがひきこもることを長期化させるという悪循環に陥っている場合である。

しかし、一方で、ひきこもりも非行もその行動の背景には思春期の発達課題との関連が

非行少年

現行少年法では「非行のある少年」とは「家庭裁判所の審査に付すべき行為ないし行状」のある少年である。

(1)一四歳以上二〇歳未満の少年による刑法またはその他の刑罰法令を犯した行為（犯罪行為）

(2)一四歳未満の少年で刑法またはその他の刑罰法令に触れた行為（触法行為）

(3)二〇歳未満の少年でその性格・環境に照らして将来罪を犯し、または刑罰法令に触れる恐れのある少年のぐ犯事由

あり、表面的には別方向に見えても、共通して底に抱えるものは〝自己と他者との関係のもちかたのつまずき〟である。

サリヴァン*［Sullivan, 1940］は、「親友（chum）」の存在を通して「それまでの自己中心的な対人関係のありようから相手を同類と意識することで、自分にとって非常に大事な存在と感じるようになる。相手が体験する満足と安全が自分にとっての満足と安全と同様に大切になる。そして、共通の人間性が他者の中にも存在していることを認められるようになる」ことを「前思春期（preadolescennce）の静かな奇蹟」と呼んだ。

家庭、学校、社会の変化によってこの発達課題を達成することが困難になった結果、従来、重なり合うことのなかったはずの非行とひきこもりのどちらもが単なる通過儀礼としては終わらず、遷延化し、重複しあう事例が増加しているのであろう。

サリヴァン
↓121ページ。

(2) ひきこもり少年の犯した重大事犯――西鉄バスジャック事件――

二〇〇〇年五月三日、一七歳の少年が高速バスを乗っ取り、人質となった乗客の内一名を殺害、四名に重軽傷を負わせたこの事件はさまざまな面から注目を浴びた。同年五月一日の一七歳の少年による愛知県豊川市の主婦殺人事件にひきつづいて起こったこともあり、「一七歳」の犯行として世間に大きな衝撃を与えた。

また、少年が佐賀県内の精神科病院から自宅への一時帰宅中に起こした事件であったため、病院の管理責任が問われることとなり、精神障害者への偏見を助長した面も否めない。

そして、この少年がひきこもり状態であったことから、京都府での小学生殺人事件、新潟県の少女監禁事件の犯人の「ひきこもり」と重ね合わせて、「ひきこもり」の若者が重大事件を起こすという誤った印象を与えることにもなってしまった。

重ねて強調するが、ほとんどの「ひきこもり」少年は非行を犯さない。

しかし、西鉄バスジャック事件の犯人が「ひきこもり」、とりわけ「社会的ひきこもり」の一般的な特徴を備えていることは、マスコミ報道、少年の両親の手記、審判の過程による精神鑑定の結果などから認めざるをえない［片田、2003］。審判の過程でうけた精神鑑定の結果、少年は、「解離性障害*」および「行為障害*」であったと診断された。事件後の簡易鑑定結果は「少年が真実を語っているとすれば、精神分裂病（統合失調症）以外にはありえないが、数日の面接では断言できない」、「責任能力の有無は即断できない」というものであったが、本鑑定により「分裂病の前段階と疑われる症状もあるが、これを否定する所見も多く、現在、精神分裂病が発病しているとはいえない」とされた。鑑定結果からすると事件当時の少年は「非精神病性のひきこもり」「社会的ひきこもり」であったと言えよう。

斉藤［1998］は、社会的ひきこもりにともなって出現する症状として、無気力とひきこもり、不登校との関連、対人恐怖、強迫症状、不眠と昼夜逆転、家庭内でのひきこもり、退行、家庭内暴力、被害関係念慮、抑うつ気分、希死念慮と自殺企図をあげており、この少年の場合、ひきこもりの過程でほぼすべての症状が認められる。

また、鑑定では触れられていないが、幼少時の運動の不器用さ、友人の少なさ、からかいに真っ向から向かう対人関係スキルの未熟さをかんがみるに、筆者にはこの少年が何らかの発達のアンバランスさを持っていたように思えてならない。

この少年の幼年期から犯行までの問題行動に対して両親は懸命に向きあおうとしたが結果として功を奏さず［文藝春秋、2000］、偶然が悪いほうへ悪いほうへ続いている［中井、1985］かのように重大な結果をひきおこしてしまった。この事件をふりかえるとき、家庭

解離性障害
→124ページ。

行為障害
DSM－ⅣならびにICD－10において、「通常、幼少時期から青年期に発症する行動および情緒の障害」として分類される。基本的病像として、他者の基本的人権や年齢相応の主要な社会的規範または規則を無視するような行為が持続する行動様式が見られる。人や動物に対する身体的攻撃、他人の所有物の破壊、嘘をつくことや窃盗、家出や怠学などの重大な規則違反といった行動上の問題を繰り返す。

内暴力への対応のありかた、発達障害への支援の不足、強引な医療導入の是非といった、ひきこもり支援における課題が浮かび上がるのである。

3　ひきこもりに多く見られる非行の型

(1)　ICD-10による非行分類とひきこもり

繰り返される非行には、ICD-10やDSM-Ⅳといった精神障害の操作的診断基準においては「行為障害」という疾患名が用意されている。これらの診断基準は行為の記述のみから成り立っており、病因や心理面には触れられておらず、非行に病名をつけて精神医学の対象になるようにしただけという感もある。

ひきこもりとの関連が深いのはICD-10における行為障害の下位分類にある家庭限局性行為障害*と非社会性行為障害*である。家庭限局性行為障害は家庭内暴力のことと言ってよい。非社会性行為障害は集団ではなく単独で非行をおかすもののことであり、目立たない少年が突如として事件を起こす単独いきなり型、単独エスカレート型などの非行がここに含まれるであろう。

(2)　家庭内暴力とひきこもり

自宅に閉じこもり家族以外との交流がないひきこもりでは、非行の対象は家族、すなわち家庭内暴力となる。

筆者の勤務する兵庫県立精神保健福祉センターでは二〇年以上前から「家庭内暴力の家

家庭限局性行為障害
　異常行動のすべて、あるいはほとんどすべてが自宅および／または家庭の中核的成員や直接の同居者との相互関係に限られている、反社会的あるいは攻撃行動を含む行為障害からなっている。この障害は行為障害（F91）のすべての基準を満たす必要がある。

非社会性行為障害
　同年齢の仲間にうまくとけこめないことが、「社会化型」行為障害と区別する際、最も重要なことであり、他のすべての鑑別に優先する。典型的な行動は、弱いものいじめ、ひどいけんか、（年齢の高い小児では）ゆすり、あるいは暴行、極端な不従順、不作法、非協力、権威への抵抗、ひどいかんしゃくと抑制不可能な激怒、所有財産の破壊、放火、動物や他の子どもに対する残酷さである。

族会」を月一回開催している。子どもから親への暴力が慢性的、反復的に起こっている家族を対象としているので、必ずしもひきこもりをともなっているわけではないが、いずれにせよ、この会は「暴力がある限り家族は一緒に暮らせない」という方針で一貫している。もちろん、親にとっても子どもにとっても、家を出るという選択は容易ではない。個別面接で治療者が別居を勧めてもなかなか実行にうつすのは難しいのだが、家族会で実際に子どもとはなれて暮らしている他の家族の体験談を聞くうちに、別居することが子どもの成長、自立を促すことに気づいてもらえることが多い。

家庭内暴力では、退行により自らの問題を自分では責任をとらずに親が解決するべき、という親への万能感の投影が起こっているため、暴力を受容すればするほど暴力がエスカレートするといった悪循環が生じやすい。

繰り返される暴力は、強迫的でもあり嗜癖的でもある。「嗜癖行為は真の満足を与えない。満足を一瞬ちらりとかいま見せるだけである。だから際限ない追求となるのだろう」「祝祭的なことにおいて欲求不満に陥ったものが嗜癖にのめりこんでゆく。（中略）はじめは思い余って行った暴力行為があらゆる些細なフラストレーションの解消に使用されると同時にますます大規模な行為が、かつては些細な行為のもたらしたと同じ効果をかろうじてもたらすのである。」［中井、1984 b］

そのため、強迫症状に巻き込まれない、嗜癖行為をイネイブリングせずに「底つき」を促すといった方法が家庭内暴力への対応にも有効で、家族が覚悟を決めて「愛をもって手を離す」ことが必要になるのである。

暴力のない社会的ひきこもりの一部においても、退行が起こり、幼児的万能感と被害感が肥大し、現実の世界で満たされないものを空想の世界で補ううちに現実と空想のギャップが拡大していくことがある。

サリヴァン［1940］は児童期（小学校入学から八歳半）に身につけねばならないものは、協力、競争、妥協の三つであり、この時期の子は、まだ、自分の満足と安全が第一で、自分以上にその人の安全と満足を重要視する「愛」は次の前青春期にならないと出てこないと述べている。また、この時期に手ひどい目にあいすぎた子は、夢想、それも前向きの「建設的夢想」ではなく退行的夢想にはいりこんでしまうが、これは非常に心配な道だと述べている。

現実感を失い、閉じた自己の世界で万能感を肥大させている場合、何らかの限界設定を周囲から与え、自分の行為が他者にどのような影響を及ぼすのか、他者とのつながりに目を向けさせる必要がある。

家庭内暴力の場合も、それ以外の非行行為においても自らの行為の結果責任を負わせることは単なる厳罰化ではなく、本人の成長につなげる意図で行われるべきである。

(4) 広範性発達障害を背景としたひきこもりと非行

高機能自閉症およびアスペルガー症候群は、その本来的にもつ社会性の障害からひきこもりとの関連で論じられることが多い。今まで知的障害のない発達障害は診断が正確になされずに見落とされてきたことが多く、結果として適切な療育が受けられないままになるばかりか、「わがまま」「しつけがわるい」という周囲の誤解を生じていじめの対象になったり、親自身も援助が得られないまま育てにくい子どもとして虐待に近い対応をしてしまったり、ということが重なって、対人認知の歪みや関係性発達の遅れを助長することにつながりやすい。欲求不満耐性や性衝動のコントロールの低さ、他者共感性の乏しさ、興味や関心の狭さ、こだわりの強さから、いったん反社会的なものに強迫的にとらわれるとそのまま非行行為を実行してしまうことがある。

杉山［2005／2003］は高機能広範性発達障害の触法事例は例外的な存在であるとしながらも、「生来の社会的なハンディキャップを持っているため、処遇を誤った場合に、犯罪という形で不適応が噴出する場合があることを認めざるを得ない」と述べている。また、触法グループの特徴として、

① 診断の遅れによる誤った処遇
② 虐待、いじめなどの迫害体験
③ 適応状態が非常に不良な現状

の三点をあげ、これらの問題はすべてひきこもりグループにも共通しており、ひきこもりと触法行為とが最も不良な併存症として重なりあうことを示唆している。少年期以降の発達障害者への支援の充実が大きな課題となっている。

4 ひきこもりの保障

西鉄バスジャック事件をふりかえるとき、ひきこもりを無理やり引き出す危険性に触れないわけにはいかない。この事件以降も、本人に十分ひきこもりを保障することで防げたのではないかと思われる家族間の殺傷事件が続いている。

本人の自己評価の低下による抑うつ感は刺激によって容易に他者への攻撃性に変換される。ひきこもりには自己を守ると同時に他者を攻撃しないでおくという面があるように感じる。

家族の焦りが本人の苛立ちをよび、ますますひきこもりを長期化させるという悪循環をどこかで止める必要がある。そのためにも家族を支援し、家族状況の改善をはかることは重要な役割を果す。

本人が「基地」からの枝を伸ばしながら〝世に棲む〟棲み方を獲得［中井、1980］し、誇大でもなく過敏でもない等身大の自己愛を獲得していくプロセスを見守るゆとりを家族がもてるように環境調整をはかりたい。

（高　宜良）

引用・参考文献

文藝春秋　2000　「衝撃の事件から六ヶ月『バスジャック少年』両親の手記」『文藝春秋』12月号

地域精神保健活動における介入のあり方に関する研究班　2003　「10代・20代を中心とした「ひきこもり」をめぐる地域精神保健活動のガイドライン―精神保健・福祉センター・保健所・市町村でどのように対応するか・援助するか」(http://www.mhlw.go.jp/topics/2003/07/tp 0728-1.html) 2006. 09. 28.

伊藤順一郎・吉田光爾　2005　「ひきこもりガイドラインの反響と意義」『こころの科学』第123号 17-24p.　日本評論社

片田珠美　2003　『17歳のこころ―その闇と病理』日本放送出版協会

Kuramoto, H.　1993　Persistent social withdrawal in Japanese adolescents. *The First Asian Conference of the Sociology of Mental Health.* 16.

倉本英彦・大竹由美子　2005　「ひきこもりの歴史的展望」『こころの科学』第123号 31-35p.　日本評

論社
中井久夫　1980　「世に棲む患者」『分裂病の精神病理9』東京大学出版会（1991　『中井久夫著作集　精神医学の経験　第5巻　病者と社会』岩崎学術出版社　所収）
中井久夫　1983 a「家族の表象」『岩波講座精神の科学7』岩波書店（1991　『中井久夫著作集　精神医学の経験　第6巻　個人とその家族』岩崎学術出版社　所収）
中井久夫　1983 b　『教師と精神科医の谷間』（1991『中井久夫著作集　精神医学の経験　第6巻　個人とその家族』岩崎学術出版社　所収）
中井久夫　1984 a　「日本の家族と精神医療」『兵庫県精神保健協会誌こころの健康』第39号（1991『中井久夫著作集　精神医学の経験　第6巻　個人とその家族』岩崎学術出版社　所収）
中井久夫　1984 b　「説き語り『境界例』」『兵庫精神医療』第5号（1991『中井久夫著作集　精神医学の経験　第5巻　病者と社会』岩崎学術出版社　所収）
中井久夫　1985　『家族の臨床』（1991『中井久夫著作集　精神医学の経験　第6巻　個人とその家族』岩崎学術出版社　所収）
斉藤　環　1998　『社会的ひきこもり　終わらない思春期』ＰＨＰ新書　ＰＨＰ研究所
杉山登志朗　2003　「高機能広範性発達障害に見られるさまざまな精神医学的問題に関する臨床的研究」『乳幼児医学・心理学研究』第12巻第1号　11-25p.　日本評論社
杉山登志朗　2005　「ひきこもりと高機能広範性発達障害」『こころの科学』第123号 36-43p.
Sullivan, H. S.　1940　*Conceptions of modern psychiatry.*（中井久夫（訳）　1976　『現代精神医学の概念』みすず書房）

第2節　ひきこもりと問題行為

1　はじめに

二〇〇二（平成一四）年の厚生労働省の調査で、ひきこもる若者は約四一万世帯に見られ、その約三割は未解決のまま三〇歳代に達し、そして、一〇年以上の長期にわたりひきこもっている人は約二割に及ぶと報告されている。さらに、年齢制限による就労の機会の減少と親の老齢化により、経済的破綻は深刻化している。その結果、ひきこもり生活に適応した安定状態に動揺をきたし、強い不安感や抑うつ状態から病気に倒れた両親を殺害する、殺害というより貧困による親子心中と表現するのが相応しい不幸な事件が続いた。そして、現在ともすればひきこもりの〝異常〟性だけが強調される傾向にあり、暗いイメージが定着しつつある。

今回、このひきこもりの異常性を強調する原因となっている、家庭内暴力や老齢化した両親の殺害を行った重大事件が何故生じたのか、なぜ防止できなかったのか、そして、そこから見えてくるひきこもりの根本的課題を考えてみたい。

2　時代とともに変化する社会的ひきこもり

(1)　ひきこもりとは?

筆者は、**表1**における社会的ひきこもり（以下、ひきこもりと記す）を、ある文化・社会への不適応をきたした状態であると考えている。精神医学的診断基準にのっとり、診断名がつかないひきこもりはないと主張する研究家も多い。その結果、数年間の間に、ひきこもる一人の若者に対し、気分、不安、恐怖・強迫、そして、精神病性障害、あるいは、それらの疑いといったふうに、さまざまなレッテルが貼られることになる。それでは本来のひきこもりの病態は見えてこない。

(2)　時代とともに変化する社会的ひきこもり

一九八二年から二〇〇二年まで、和歌山大学保健管理センターで長期にわたり経過を観察し得た、精神病や発達障害に起因するものを除いた、大学生活に困難をきたし、ひきこもり状態を呈した学生（精神病や発達障害に帰因するものを除く）は一一八名であった。これらの学生を古典的なアパシー群と非アパシー群の二群に大別し、一九八〇年代と一九九〇年代での経時的な状態像の変化を比較検討した。

その結果は**表2**に示すように、一九九〇年代にはアパシー群は減少傾向にあり、そして、非アパシー群、特に不安障害型と人間不信・トラウマ型は増加していること、また、不適応状態は選択的ひきこもりから社会全般からのひきこもりへ変化していることがわかる。

表1　ひきこもりの分類

Ⅰ. 精神病に起因するひきこもり	統合失調症、うつ病、など。
Ⅱ. 発達障害に起因するひきこもり	広汎性発達障害（アスペルガー障害、など）。
Ⅲ. 社会的ひきこもり	人格形成過程で、“どの段階でとどまっているか”により症状が異なる。

表2　和歌山大学における大学生活に不適応をきたし、ひきこもり状態を呈した学生のタイプの変化

社会的ひきこもりのタイプ		前期1982年～1991年（51名）	後期1992年～2001年（67名）	総数（118）
アパシー群		26（51%）	15（22%）	41（35%）
非アパシー群	不安障害型	7（14%）	17（25%）	24（20%）
	強迫恐怖障害型	9（18%）	15（22%）	24（20%）
	人間不信・トラウマ型	2（4%）	11（16%）	13（11%）
その他		7（14%）	9（13%）	16（14%）

筆者が考えるひきこもりの分類に関して、以下に簡単に説明する。

アパシー群は、スチューデント・アパシーに代表される。プライドが高い反面、意志力がやや弱く、困難な問題にぶつかると失敗を恐れ、対決して解決するのでなく回避しようとする傾向が強いタイプである。しかし、あくまでも学業からの選択的な退却であり、学業以外での活動性は高く、卒業までに年数は必要であるが、筆者が関与した多くの学生は根気強く関わることにより、卒業や就職が可能となった。

さらに、非アパシー群を以下のように細分化した。

不安障害型は、些細なトラブルを契機に葛藤処理困難となり不適応反応を呈したり、また、母親から見放されることを、全存在を否定されるように感じ、強い不安を抱く、いわゆる、不安耐性閾値が低いタイプである。

強迫障害型は、遷延化したケースに多く、社会・対人恐怖傾向が強い。過去へのこだわり、特に現在のひきこもり生活、学歴社会での競争からの脱落の原因は家族にあるとの妄想的とも言える確信をいだき、親へ威圧的な態度をとることも多い。

最後の人間不信・トラウマ型は、いじめなどから自己の感情を押し殺し、強い人間不信感を抱いている。そのため、人間関係の構築に失敗するか、あるいは断念してパソコンでの仮想の現実で独自の世界をすでに確立していることが多い。

このタイプに関して事例を提示し、詳しく述べたい。

【事例1】D君　初診時一九歳、当時二回生

腹が立つ。それがなぜかわからない。人を殺すのでないかと不安になる。いや、殺したくなる。誰でもよい。すべての人が対象。同世代の人は恐くてこれまで話したことがない。

数ヶ月前から講義に出られなくなった。講義の内容が頭に入ってこない。どうしたらいいのかわからなくなった、と訴え筆者の元を訪れた。さらに、家で物を壊してしまう。父親に腹が立つ。母に暴力を振るってしまう。ここ半年間は、ただ家を出て、学校に来て、また家に帰るだけ。学校で人と話したことはない、などと語った。

何回か受診するうちに、彼は次第に幼い頃からの心の傷を語り始めた。小さい頃から楽しく遊んだ覚えがない。遊ぶ場所もなかった。友達もなかった。中学校では、よくいじめられた。殴られた、物を隠された。お金を巻き上げられることもよくあった。先生に相談してもどうにもならなかったので、言うのをやめた。ただ勉強だけした。高校に入ればそんな学校生活も少しは変わると思った。しかし、何も変わらなかった。高校でも、嫌がらせにあった。内容はとても口に出して言えない。小、中、そして高校と楽しいところではなかった。勉強するところ。先生で優しい人はなかった。ただ成績だけを誇りに学校に通い続けた。そして、大学に入った。思うように良い成績が取れなかった。自分にはなにも誇るべきものがなくなった。

最近外を歩いていると、人を殺したくなる。（それを抑止できるのは）なぜかわからない。新聞で事件（この頃、一七歳の若者による殺人事件が続いた）のことを読んでも、殺された人がかわいそうとは思わない。運が悪かっただけ、などと告げた。

一見礼儀正しく、また規則正しく登校し、家庭内暴力が表面化するまで社会からのひきこもりに親も気づかなかった事例である。

このように長期間にわたるいじめなどから、自己の感情を押し殺し、優等生の仮面をかぶったD君に似た事例が、後期に一一例も見られたことは注目に値する。

無表情を装い社会との交流を断つ新しいタイプのひきこもりは、いまだに学校＝受験勉強の構図が続き、自由に遊ぶ機会を失い友人を作れないばかりか、いじめなどで心に傷を負った若者が増加しつつある現在の社会状況をよく反映していると思われる。

彼らは、心を開ける人を探している。一日も早く彼らの存在に気づき、まずは安心できる仲間を一人見つけてあげることが大切である。それが、心ならずも人を傷つけるという不幸な結果を阻止する唯一の手段であると考えている。

ひきこもりは、日本では一九七〇年代の高度成長期に出現し始めた日本社会固有の青年期の精神病理現象と考えられてきた。そして、今日まで増加の一途をたどっている。当初、日本における文化特異的な社会不安障害の亜型と考えられていたが、韓国においても一九八〇年代から問題化している。

今回の研究結果からも明らかなように、ひきこもりは文化依存的である。しかし、他の伝統的文化圏における文化結合症候群*（CBS：Culture-bound syndrome）のような癒しのシステムを含んでいない。それ故に現在社会の中で、ひきこもりによる苦悩の開放システムを早急に創出する必要性が求められている。

(3) ひきこもりの基本障害

社会的ひきこもりの基本障害は、人間関係の希薄さや稚拙さ、ソーシャル・スキルの未熟さ、そして、自己の感情をうまく言語化できないことにあると考えられる。

筆者は、その原因を**表3**のように考えている。

イギリスの児童精神科医ボウルビィ（Bowlby）は、猿の人口飼育の実験で、スキンシップの重要性を唱えるアタッチメント理論を打ち立てた。

文化結合症候群

文化結合症候群と呼ばれる一連の疾患は、初期に未開発地域における特殊な形態の精神病としてその病像と経過が記載されてきた。文化結合症候群はヤップ［Yap, 1967］によって提唱された概念であり、この症候群の形式と頻度はともに文化的要素によって決定づけられている。一時、文化結合症候群は、ある価値体系を有する文化が文化的軋轢や変化を生じた際に生ずる精神的混乱によってもたらされる、特に西欧文化が現在、ラットなどの動物で人工飼育の実験は続けられ、これまでの行動観察に加えホルモンの分析や大脳生理学的研究が行われている。いずれの実験においても、人工飼育により動物は成長する。しかし、仲間を作れず孤立する、あるいは、首尾よく結婚し子をもうけても、子育てをしない動物が多くなると報告されている。

しかし、これらの研究を待つまでもなく、筆者［宮西、2005a］のフィールド調査地のマヤ人は、古代より子どもの健全な心の成育には、邪視から赤子を守る神の目が必要であるとする。神の目とは、生後約半年間、大きな布で赤子をくるみ胸元でしっかりと抱きかかえ、赤子に注ぐ母の優しい眼差しを意味する。

母の眼差しに応じ、赤子が自然な笑みを浮かべ見つめ返す。こうして、子どもは、微笑をもって人の視線に語りかけることを身につけてゆく。近年、人と視線を合わさない子ども、笑わない子どもが増え、そして、そんな子どもたちの中に、キレる子どもが多くなったと言われる。マヤ人は、ごく自然に眼差しの重要性を教えていた。

低開発国に侵入した場合に発現すると考えられるようになった。
現在DSM－Ⅳでは、文化結合症候群の項目が設けられ、診断にあたって文化的要素を考慮しなければいけないとの視点が盛り込まれ、付録部に文化的定式の概説や二五の文化結合症候群の用語集が付けられている。しかし、ICD－10では、文化特異性を持つ障害のための特別のカテゴリーを設ける必要性はなくなったとし、文化統合症候群は、不安障害、うつ病、身体表現性障害、または適応障害などの地域的亜型であり、一番近い該当コードに文化特異性の障害を含むとの註をつけるにとどまっている。

3　社会的ひきこもりの長期化がもたらす問題点

三六歳、両親殺害の疑い。「将来を悲観」し、自宅に二〇年間ひきこもっていた。「職に就けない自分がふがいなく、三人の生活が不安になってきた」［朝日新聞、2004］。

二〇〇四（平成一六）年一〇月一八日、大阪府東大阪市で三七歳の男性が病に倒れた両親を殺害するという事件が発生した。男性は、高校時代から約二〇年間ほとんど家を出ない生活を送っていた。母親は数年前に脳梗塞で倒れ寝たきりで、父親が介護していたが、年金だけに頼る苦しい生活を強いられていた。

表3　社会的ひきこもりの原因となる社会・文化的要因

幼児期(安定した人格の形成期)の要因	母の優しい眼差しの欠如、母子の過度の密着、母子分離困難、発達のレース化、など。 ⇒キレる若者、ひきこもりでは特に、不安障害型
少年期（仲間作り、自然との共感性をはぐくむ時期）の要因	管理されたスポーツ、塾通い、ファミコン、など。 ⇒非アパシー群のひきこもり
青年期（ソーシャル・スキルの獲得、自己確立期）の要因	受験勉強、バーチャル・コミュニケーション、など。 ⇒アパシー群のひきこもり

その後、長期間ひきこもる青年の事件が新聞で取り上げられ、「若者の凶悪犯罪＝ひきこもる青年による」との印象を与えた。そのためか最近、「ひきこもりと言ってほしくない！」とか、「ひきこもりと呼ばれるのは嫌だ、ニートにしておいて、早く、フリーターと呼ばれたい」と訴える若者が多くなってきた。

(1) ひきこもりの長期化にともない派生する問題

長期化により生じる、子どもがえりや駄々をこねるなどの退行現象、そして、約半数に見られる家庭内暴力は、家族ばかりか周囲のものに病気への強い不安や動揺を生じさせる（表4）。

また、世間から「自分がどう思われるか」に強い不安と葛藤を持っていることから、近所の人の前で不審者と誤解されかねない奇異な態度をとることがある。家庭内に長くひきこもった状況では、これらの症状が出現することはごく自然で、特別な病気を心配する必要はないことを明確に説明し、過度な不安の軽減をはかることが治療への第一歩となる。

それ故に回復支援には、ひきこもり期間とその心理状態の特徴を考えた対応の必要性が求められる（表5）。

(2) 第Ⅰ期（〇〜六ヶ月）

初期の不登校状態などはひきこもりの前駆期である。教師や両親は積極的に関与する時期であり、ひきこもる若者は不安と救済への期待のなかで苦しんでいる。十分な休息と適切な対処が求められるときである。初期対応の失敗によりひきこもりは生じる。家庭は安らぎの場でなければならない。安心感と安全感の確保が求められる。

表4　ひきこもりの長期化と状態像

第Ⅰ期（0～6ヶ月）	ひきこもり→不安、救済への期待 教師や親の関与（不登校） 対処：家庭に一度撤退する
第Ⅱ期（6ヶ月～2、3年）	⇒再適応への失敗、失望、葛藤 世間体を気にして身動きが取れない 同輩の進学、就職。（家庭内暴力） 対処：新たな居場所への導入
第Ⅲ期（2、3年～10年）	⇒あきらめ、今のままでいるほうが楽、ひきこもり状態での安定化→あせりの内在化 対処：長期的展望にたった説明、回復支援の具体化
第Ⅳ期（10年～）	⇒不安、抑うつ状態 親の老齢化、経済的破綻。（親子心中） 対処：福祉関係者の関与の必要性

表5　和歌山大学におけるひきこもり回復支援プログラム

Stage Ⅰ（導入期）	専門家による訪問診断 家族へのプログラムの説明 メンタルサポーター・アミーゴ派遣
Stage Ⅱ（治療期）	医療的後押しの必要性 個人精神療法、薬物療法、そして家族療法
Stage Ⅲ（仲間作り）	集団精神療法（5～6人） 「居場所、安心して群れる場」の重要性
Stage Ⅳ（社会参加）	地域共同作業所他と協力し就労支援

もちろん、休養や医療的ケアと平行して、学校でのいじめや友達関係、学習の遅れなど、問題点の把握に努めることは重要である。しかし、学校や社会からの孤立を余儀なくされている状況から、ともすれば関係者はいじめなどの犯人探しや個人の精神的弱さの追求、さらには、両親の養育の失敗などを責めることに躍起になる傾向がある。また、先生がいじめなどの事実に気づいていないことはそれほど珍しいことでなく、そのことを受容する態度が必要である。

悪者探しは無意味であり、友人探しに努力するよう指導する。

(3) 第Ⅱ期（六ケ月〜二、三年）

ひきこもりと診断される。

学校や社会への復帰に失敗し、失意の中でもがき苦しんでいる期間である。家族は救済を求めさまざまな相談機関を訪れ、ひきこもる若者は世間体を過度に気にして身動きが取れないでいる。頑張って少し外に出ても、久しぶりに誰かに会うと、何を話したらよいか、どんな顔をしたらよいかわからず混乱しパニック状態に陥ってしまう。そして、こんな生活をしている自分をダメなやつだとか、特殊な病気だと思い込んでいることが多い。

その憤りがつのり家庭内暴力へとつながる。特に、同輩の進学や就職時期にそれはピークとなり、家庭訪問すると目を覆いたくなるような惨状に出くわす。

本人はもちろんのこと、家族の孤立、孤独感を緩和するため、メンタルサポーター・アミーゴ（詳細は後述）の早期派遣と新たな居場所への導入、そして家族会への参加をうながすことが望まれる。

(4) 第Ⅲ期(一、三年〜一〇年)

家の中だけの生活に慣れ、またあきらめから表面的には安定期に入る。ともすれば、家族はこの平穏さを壊すことを恐れ、アミーゴの受け入れに躊躇する。また、子どもはアミーゴを受け入れないと決めてかかる両親も多く見られる。しかし、本人はひきこもり状態から脱したい、普通の生活を送りたいともがき苦しみ続けている。両親に具体的な方策があることが伝わると、私たちの家庭訪問を受け入れることが圧倒的に多い。家族にいかに上手く、また根気よく説明できるかにかかっている。

大学で治療に当たるのは第Ⅰ期とⅡ期の若者であり、外部からの相談の多くは第Ⅲ期かⅣ期にある。

(5) 第Ⅳ期(一〇年以上)

安定した状態をゆるがすのが、親の老齢化やその結果生じる経済的破綻である。何一つ問題解決への現実的な対応が思い浮かばず、強い不安、抑うつ状態に陥る。その結果、既述したような病気に倒れた両親を殺害する、殺害というより貧困による親子心中と表現するのが相応しい不幸な事件が発生している。医療・福祉関係者の訪問による関与が求められる。

4　和歌山大学におけるひきこもり支援プログラム

(1)　メンタルサポーター・〝アミーゴ〟の派遣

保健管理センターでは、最近二〇年における大学生活に不適応をきたした一一八事例データの蓄積を基礎に、独自のひきこもり回復支援プログラム（表5）を開発し［宮西、2005b］、その改善効果を検討してきた。

大学生の場合、ひきこもり期間が比較的短く、また家族への依存状態がそれほど強くない。そのためかアミーゴの会のメンバーが家庭訪問することで、比較的短期間でひきこもりからの脱出に成功している。しかし、三年前より学外からの相談を受けるようになると、五年以上の長期間にわたりひきこもる青年の家族からの依頼が増え、アミーゴの家庭訪問は半年以上に及ぶことが多くなった。また相談件数も月に約二〇件あり、アミーゴ養成が急務となっている。現在、アミーゴ派遣は基本的に週二回、一回三、四時間である。

(2)　〝居場所〟への導入

集団精神療法は半年間の約束で週一回実施し、その場に必ずアミーゴを一、二名参加させている。自分の気持ちを言語化する、また、対人スキルを磨く場であり、ロールプレイ、SST、芸術療法などの技術が役立つ。

その後、彼らは自助グループ・アミーゴの会と学生サークル・ラテンアメリカ研究会の二つの学生グループの活動に参加することになる。保健管理センター内に、なんでもありの溜まり場として利用されているアミーゴの部屋が設けられている。

自助グループは一九九三年に「老賢人会」として結成され、二〇〇三年にアミーゴの会に名称を変更している。一方、ラテンアメリカ研究会は、一九八二年に結成された学生サークルで、マヤ内戦犠牲者の支援活動を展開している。両グループが助けあうことにより、自助グループの活動の幅を広げる良い効果をもたらしている。

この二つのグループの活動の内容は、次のようなものである。

① 週間行事

木曜日……全体ミーティング、留学生との交流会、その後各グループ打ち合わせ。

月、金曜日……集団療法、アミーゴの会、外部からの参加者も加わっている。

また、年間行事達成のため、毎日、彼らが入れ替わり立ち替わり出入りし、友達関係が自然に生まれてくる。

② 月間行事

月一、二回……合同料理教室、食事会。

③ 年間行事

国際交流キャンプ。大学祭でのエスニック料理販売や報告会。

マヤ民芸品販売、グアテマラ・コーヒー販売、そして募金活動などグアテマラ内戦被害者支援のためのボランティア活動と海外遠征。写真、音楽グループなどの展示発表会など。

(3) プログラムの実践効果

ひきこもり状態の若者を脱出させるには訪問カウンセリングが必要であり、しかも若者の派遣が効果的であること、そして、ひきこもり状態から脱しても、些細な契機で再度ひきこもることが多く、この再発を防止するにはソーシャル・スキルやコミュニケーション能力を高める必要があり、自助グループが効果的であることなどが明らかになった。

そこで、センターでは二〇〇〇年より、ひきこもり脱出の手助けに派遣されるアミーゴや自助グループのリーダー育成のための教育を開始している。

教育は、前述の二グループの学生やひきこもり経験者を、週に一回、センターで実施している集団療法、自助グループの活動、および、「文化と心の病」と題した自主演習に参加させることにより行っている。さらに、二〇〇二年度より、一泊二日のメンタルヘルス合宿研修会を開始した。二〇〇二年に約五〇名、二〇〇三年以降には約九〇名が参加している。これらの研修を積んだ学生がリーダーとなり、ひきこもり回復に大きな役割を果たしている。

5 ひきこもり回復支援プログラムの実践とその効果

(1) アミーゴ派遣とひきこもり改善効果

二〇〇二年中に電話相談の結果、症状、地理的条件などによりアミーゴ関与が可能と考えられたのは二五名、その内筆者が家庭訪問し本人と面接できたのは一九名であった。一

表６　アミーゴの関与状況（2002年、2003年に派遣を開始）

	男性		女性		合計
年度	2002	2003	2002	2003	
外部相談者数	18名	14名	７名	４名	43名
精神科医面接	13名	８名	６名	４名	31名
平均年齢	23歳(17-30)	25歳(16-34)	22歳(18-30)	21歳(18-24)	
ひきこもり歴	5.4年	6.6年	2.1年	2.3年	
アミーゴ関与	６名	４名	４名	２名	16名
平均年齢	23歳(19-30)	20歳(16-24)	19歳(18-20)	20歳(18-22)	
ひきこもり歴	5.6年	5.2年	1.9年	2.0年	
統合失調症(面接者中)	２名	２名	２名	０名	６名
平均年齢	23.5歳(19-28)	27歳(20-34)	29歳(28-30)		
ひきこもり歴	3.5年	６年	2.5年		

〇名にアミーゴ派遣を決定したが、内四名はアミーゴの受け入れを拒否した。

ひきこもり期間を見ると、男性が優位に長かった。男性一三名中、二名は統合失調症、一名は発達障害を認め、女性では六名中二名が統合失調症と診断され、二名は摂食障害を合併していた。

そして、アミーゴが関与した一〇名（男性六名、女性四名）の内九名は、平均五・二ヶ月で外出可能となっている。男性一名が、三年間、家庭内でのアミーゴとの会話に限られ、それも不規則な状態が続いている。

二年経過時、六名（男性二名、女性四名）がグループ活動に参加している。残りの男性一名は活動に一時参加するも再度ひきこもり、二名は外出のみにとどまっている。三年後に七名（男性三名、女性四名）がグループ活動に参加するまでに至り、約五年が経過した現在、三名（男性二名、女性一名）が大学に進学、また、四名（男性二名、女性二名）が非正規を含めた仕事についている。

6　考察

アミーゴが受け入れられれば、九割がた外出可能になる。そのためには回復支援システムの全体像を具体的に説明すること、そして、ひきこもりのタイプに合わせたアミーゴの選定が重要であることがわかってきた。

筆者はこれまでの経験から、それぞれのひきこもりのタイプによる心理特性とアミーゴの性格を分析してきた。

その結果、アパシー群では単刀直入で少々おせっかいなタイプのアミーゴが効果的であ

表7　ひきこもりのタイプとアミーゴの性格

Ⅰ．アパシー型⇒単刀直入、おせっかいタイプのアミーゴ
プライドが高い反面、意志力が弱い 失敗を恐れ回避する傾向
Ⅱ．非アパシー型→自己評価が低い
1．不安障害型⇒よい兄貴、包容力のあるアミーゴ。 葛藤処理が困難となり不適応反応を生じる。不安耐性が低い。 母子間の不安定な愛着パターンを内包。 2．強迫・恐怖障害型⇒理論的、クリアーカットなタイプのアミーゴ。 ひきこもりの原因は家族にあるとの妄想的確信。 成功の保障を求める傾向。 3．人間不信・分裂型⇒優しさと繊細さを兼ね備えたアミーゴ。 いじめなどによるトラウマ。 「優等生の仮面をかぶった」ひきこもり。 4．その他

表8　各ステージにおける課題

Stage Ⅰ	精神保健福祉センター、保健所など公的機関との連携の必要性 アミーゴの育成研修制度の確立
Stage Ⅱ	専門的治療機関のリストアップ
Stage Ⅲ	NPO とのネットワークの形成
Stage Ⅳ	就労支援

り、ひとたび集団療法や自助グループに参加すれば、非常に活発に発言するようになり表現力も豊かであることがわかった。

次に、非アパシー群では、不安障害型はよき兄貴分、よき相談相手として包容力のあるアミーゴが必要であり、他のタイプ以上に社会的成熟度において未熟であり、再発するケースが大きく要注意である。次に、強迫・恐怖障害型は、論理的かつ明瞭に説明を要求するため、理論的、クリアーカットな性格のアミーゴが求められる。また、完璧な治療方法や治療者を求め、アミーゴの変更を要求してくることも多く、断固とした態度を示すことが重要となる。最後に、人間不信・トラウマ型は、一見平静を装った、いわゆる優等生の仮面をかぶったひきこもり状態にあり、優しさと繊細さを兼ね備えたアミーゴが必要である。

このように、アミーゴは、ひきこもり期間により生じた精神症状やそのタイプによる心理特性を配慮して慎重に派遣する必要がある。派遣はできる限り早期に行うのが効果的であるのはもちろんのこと、ひきこもりの再発を防止するためは、しばらくの間ひきこもる者とアミーゴが一緒にグループ活動に参加することが重要となる。そして、多様な受け皿が求められる。

ひきこもりは、長期化に起因する二次症状やそこから派生する問題行為により、ともすればその異常性のみが強調されがちである。しかし、ひきこもりは子どもの成長過程でさまざまな問題を内包する現代社会における、若者のごく〝ふつう〟の反応であり、人間関係を構築するちょっとしたきっかけにより解決できる。そのきっかけを提供するためには、肩に力の入らない根気強い関与が必要である。そして、そうすることにより、ひきこもりの長期化の防止に努めなければならない。

（宮西照夫）

引用・参考文献

宮西照夫　2005 a　『風　エル・ヴィエント―内戦の傷跡を深く残すマヤ人の集落を訪ねて―』クリエイツかもがわ

宮西照夫　2005 b　「社会的ひきこもりの治療導入期の説明」『精神科臨床サービス』第5巻第4号

宮西照夫　2005 c　「社会的ひきこもりの社会への再参加時の説明」『精神科臨床サービス』第5巻第4号

第5章　児童虐待と非行の防止

第1節　児童虐待と非行

1　はじめに

ささやかなエピソードが、私にある。

度重なる校内暴力と無免許運転で補導された中学二年生の少年と病院で出会い、行動観察と診断と治療の可能性をはかるため、入院生活を送ってもらったことがある。

精神医学は、非行行動を時に反抗挑戦性障害*（あるいは行為障害*）と呼び定義している。少年にも行動評価により行為障害という診断を下したが、われわれはその背景にあるきわめて不安定で暴力的な生育環境があったことを、無視できなかった。

入院した少年に認められた言動には、粗暴行為よりも「誰にも受け止めてもらえない、正面から誰も向き合ってもらえていない」という哀しみがあった。われわれに向かって拳を上げても、下ろしどころに戸惑い、その拳で壁を叩き、最後に少年は泣きじゃくった。少年の行き場は、その当時どこにもなかった。病棟にも、学校にも、そして家庭にも。

われわれは、まず家庭で少しでも安心して生活できるよう、一人で育てている母親にお願いした。母親との関係が最初に快復されたのち、少年は、学校へ居場所を求めた。それはまるで、幼子が好奇心と冒険心で立ち向かう橋の向こう側の世界への希求でもあるように、あるいは、わずかに離れた故郷を懐かしむように帰省を求めた。

反抗挑戦性障害

反抗挑戦性障害は、理屈っぽく頑固で、かんしゃくを起こしやすく、大人の要求や規則に従うことを徹底して拒否するといった、拒絶的、反抗的、挑戦的な行動態度が少なくとも六ヶ月以上、継続的に認められたときにつけられる診断名。

行為障害

行為障害は、他者の基本的人権または年齢相応の主要な社会的規範や規則などの侵害を、六ヶ月以上反復・持続するもので、人や動物に対する攻撃性や所有物への破壊行為、嘘や窃盗、重大な規則違反といった反社会的行為によって診断する。発症年齢で一〇歳以前に認められた場合は、小児期発症型とし、一〇歳になるまでに特徴的な症状を認めなかった場合、青年期発症型という。

卒業まで解除されない登校禁止という学校の判断は、冷静で冷酷であった。何度か彼の代理として学校と掛け合ったが門戸は堅く閉ざされた。同時に少年の心にも、以前のような暗い影が広がっていった。泣きじゃくる幼子の表情は消え、再び夜の街を出歩くようになった。

2 児童虐待について

一般に「きわめて不安定で暴力的な、あるいは放置（ネグレクト）的な生育環境」に育つとき、われわれはそれを虐待*とよぶ。二〇〇〇（平成一二）年に制定され二〇〇四（平成一六）年に一部を改正された「児童虐待防止法*」は、日本において明確な定義（**図1**）［坂井、1998］を与えたものとして、児童虐待を広く世に知らしめる役割を果たした。厚生労働省は、二〇〇五（平成一七）年度に全国の児童相談所が対処した児童虐待相談件数を公表した*。その数は、三四、四七二件と過去最高を示し、この一五年で三〇倍以上を示している。社会的存在である子どもたちが、こうした危機にさらされ、しかもその危機の炎はより威力を増しているということに、われわれは注目を示す必要がある。

虐待の起こる要因については、これまで親・子ども側や家族・地域を視野に入れた視点で多く検討されてきている。**図2**は、子どもの特徴、子育ての技能、社会状況、愛着の弱さという四つの要因が複合的に関連して生じることを示したものである［Goodman&Scott, 1997］。こうした具体的要因を指摘する意義を充分に踏まえた上で、私は、さらに虐待の発生とそれが慢性化していく経過について検討した（**図3**）。このモデルは、発達生態学的理論*を援用し、子ども自身にあるリスク因子と補償因子に加えて、子どもを取り巻く環

虐待
通常、児童虐待という用語は、虐待（Abuse）と放任（neglect）という、両極の子どもへの対応という意味を含んでいる（**図1**）。最近では「不適切な養育」と訳されることの多いマルトリートメント（Maltreatment）という用語が使用されることもある。

児童虐待防止法
わが国で二〇〇〇年に制定された。子どもへの虐待行為に明確な定義が下され、早期発見と早期の対応の必要性が強く謳われた。二〇〇四年に一部改正された。主な改正内容は定義にドメスティックバイオレンスを含み、国と地方公共団体の責務を明確にし、通告の義務の拡大をはかったことなどである。一方で、初期対応としての発見から保護、さらに家族、子どもたちへの支援、予防といったことは、まだ不十分である。
参院本会議は二〇〇七年五月二五日午前、児童虐待の疑いのある家庭への強制立ち入り調査など児童相談所の権限を強化する児童虐待防止法

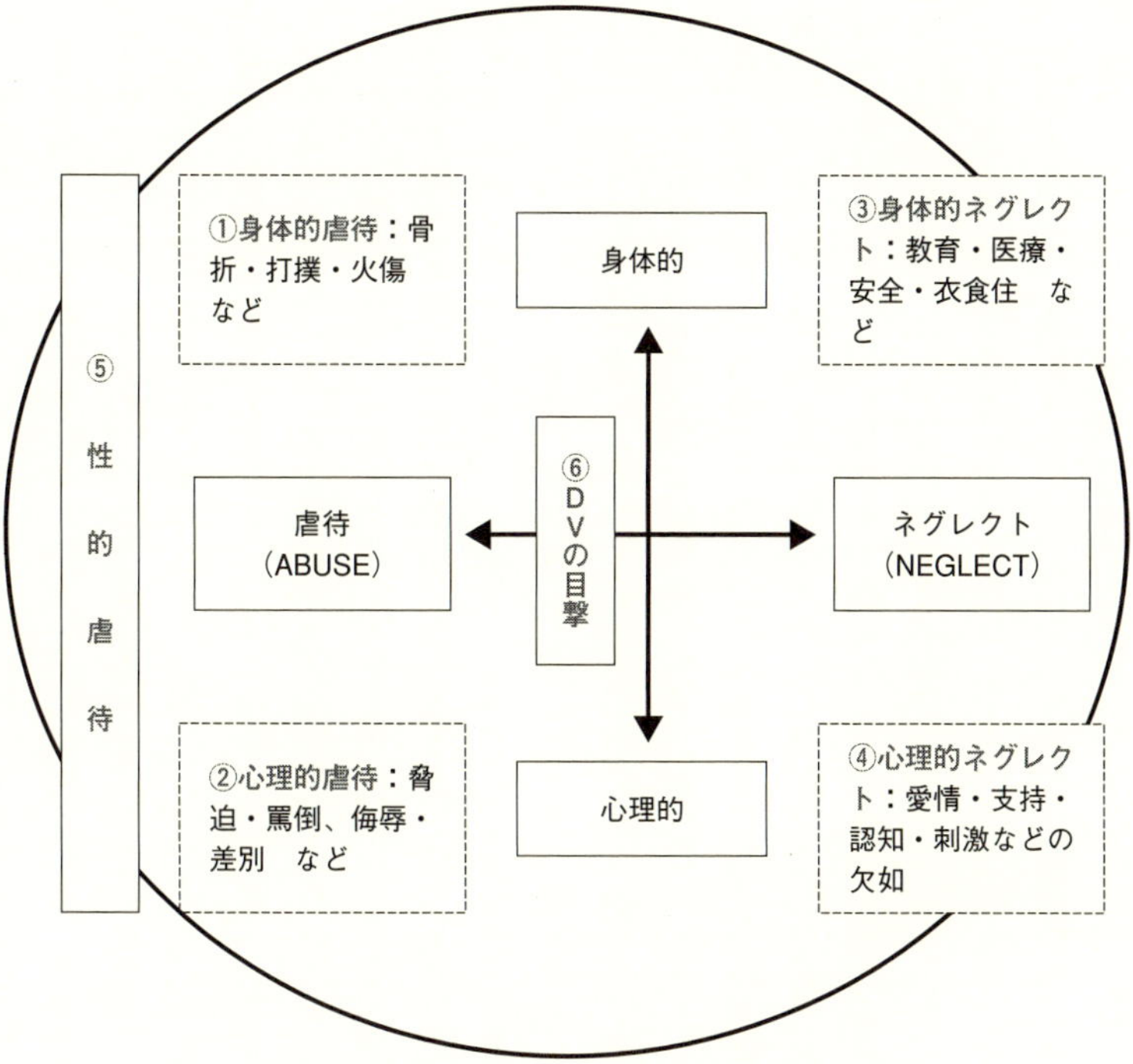

図１　子どもの虐待の分類（［坂井、1998］を一部改変）

改正案を全会一致で可決、同改正法が成立した。改正は三年ぶりで、平成二〇（二〇〇八）年四月一日に施行される。

＊厚生労働省のホームページ（http://www.mhlw.go.jp/）。
　また、虐待に関しては、子どもの虹情報研修センターのホームページが参考になる（http://www.crc-japan.net/index.php）。

境としてのミクロシステム（家族）、エクソシステム（地域）、マクロシステム（社会・文化）という多層的入れ子構造それぞれに、リスク因子と補償因子があると想定したものである。さらに各システムに生じるリスク因子と補償因子には、それぞれに永続的なものと、一時的なものがあり、一時的なものは永続的なものを強化・増強する役割をもつ。これらは日常生活上で常にバランスよく維持されているとは限らない。特に子どもと大人の関係性には、育てられる者であった大人が、育てる者へコペルニクス的転回［鯨岡、2002］をするときでもある。このとき、子どもが示す、育てる者への肯定的な姿は養育の励み（補償因子）となり、育てる者への負の様相は養育の困難さ（リスク因子）となる。育てる者として、負の様相の蓄積は、この両因子のバランスの一時的失調であり、負の様相が飽和状態に達する（余裕がなくなる）と、一気に暴力として爆発し、負の様相の放出後に後悔と反省に至る。時間的経過（クロノシステム）のなかで、補償因子が消滅・低迷する、あるいはリスク因子が増強することで、負の様相が蓄積・停滞し暴力が習慣化され、「児童虐待」として定着してしまう、と想定した［田中、2003］。

すなわち、児童虐待問題に関して、私は特に家族や社会文化的背景が、大きく関与していると考えている。虐待問題に向き合うときに、無視できない絶対的事実は、強者が弱者を力で支配しているということである。弱者は、本来社会・文化により保護され、成長し強者となる。そのとき、かつての弱者が今の弱者にむけるまなざしは、育ちを信じる保護的寛容さであるべきである。しかし、実際には、弱者を支配しようとする強者自らもまた、より強い者たちによって支配されているという事実がある。

虐待行為は、こうした「護り、護られる」という生きるための絶え間ない連鎖の崩壊を背景に支配・被支配している。その意味で、虐待行為を放置しておくことは、国家的虐待・

発達生態学的理論

ブロンフェンブレナー（U.Bronfenbrenner）が提唱した人と環境の相互作用性を重要視した生態学的環境モデル（Ecological-Environmental Model）を援用して、親子、家族、保育所・幼稚園・学校などとの関係機関、社会などとの相互関係性や環境との関わりを把握し、全体としての well-being の支援を目指すもので、田中はエコロジカル成育精神保健という新語を提唱している。

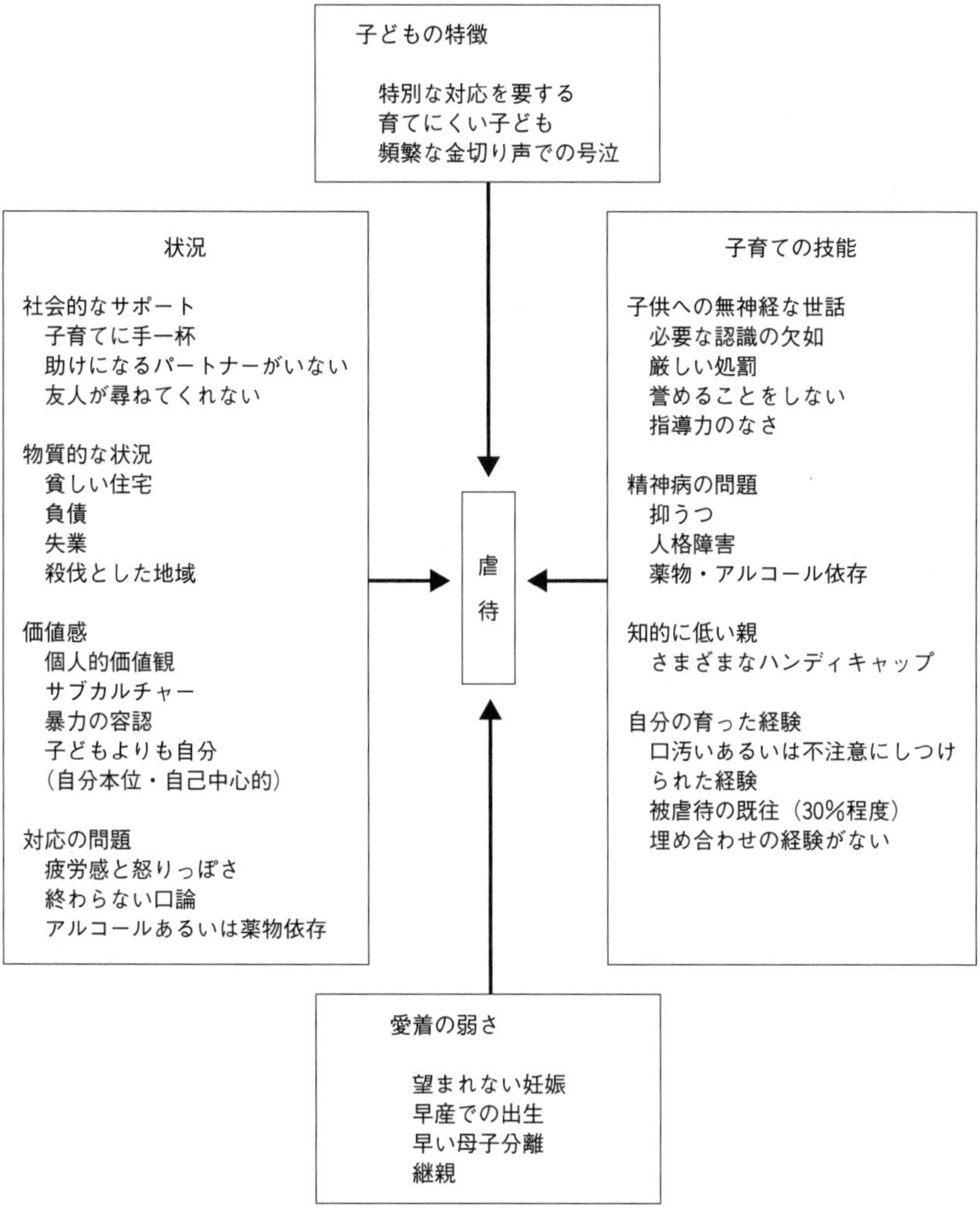
子どもの特徴
特別な対応を要する
育てにくい子ども
頻繁な金切り声での号泣
状況
社会的なサポート
子育てに手一杯
助けになるパートナーがいない
友人が尋ねてくれない
物質的な状況
貧しい住宅
負債
失業
殺伐とした地域
価値感
個人的価値観
サブカルチャー
暴力の容認
子どもよりも自分
（自分本位・自己中心的）
対応の問題
疲労感と怒りっぽさ
終わらない口論
アルコールあるいは薬物依存
虐待
子育ての技能
子供への無神経な世話
必要な認識の欠如
厳しい処罰
誉めることをしない
指導力のなさ
精神病の問題
抑うつ
人格障害
薬物・アルコール依存
知的に低い親
さまざまなハンディキャップ
自分の育った経験
口汚いあるいは不注意にしつけられた経験
被虐待の既往（30%程度）
埋め合わせの経験がない
愛着の弱さ
望まれない妊娠
早産での出生
早い母子分離
継親

図２　虐待が生まれる要因（[Goodman & Scott, 1997] を一部改正）

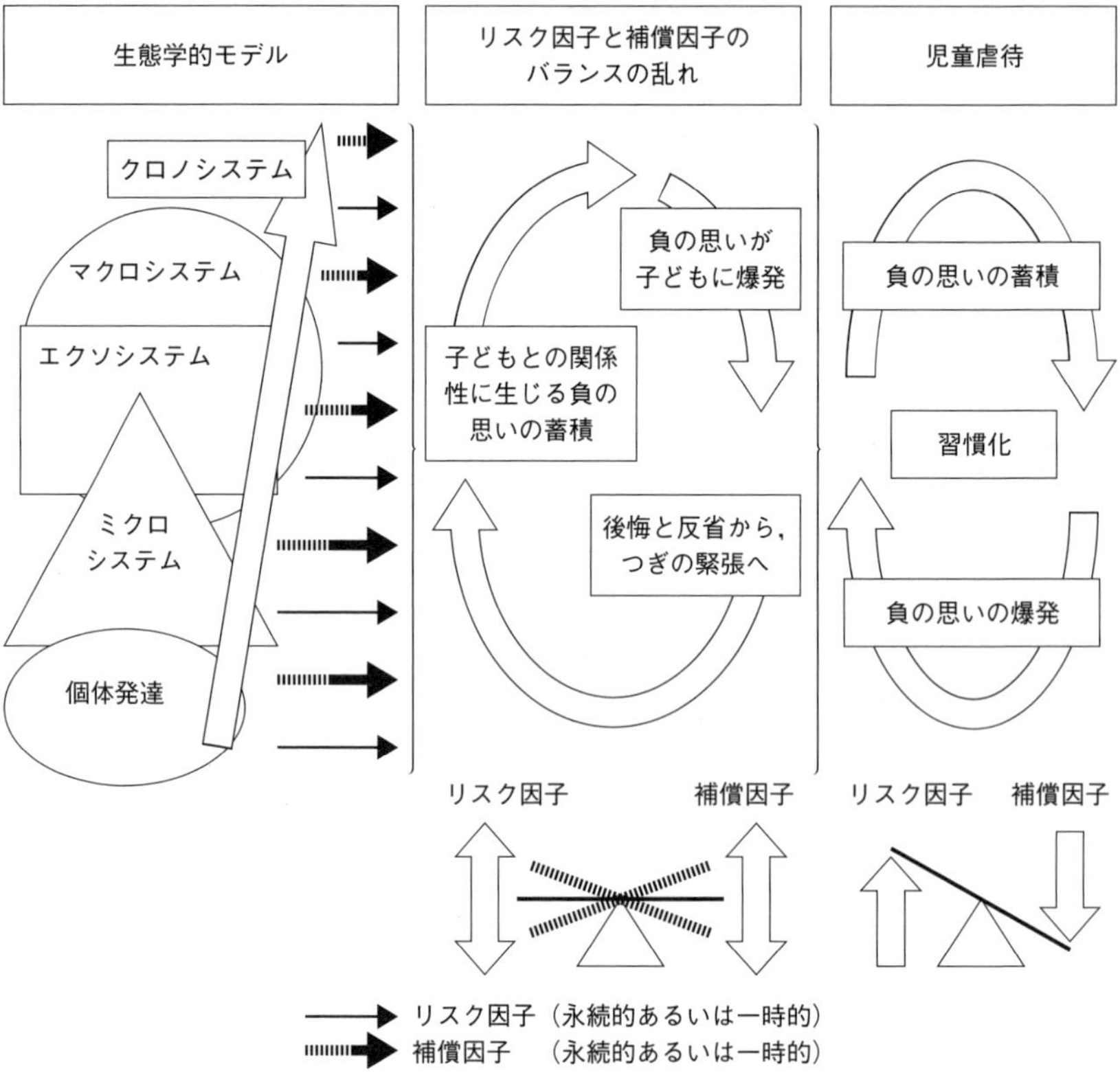

図 3　生態学的見地に立つ児童虐待の発生・慢性化モデル［田中、2003］

ネグレクト行為である。

3　虐待が生み出す子どもの変化

虐待行為は、道義的に許されないこと*ではあるが、それが真に看過できない点は、それを受ける子どもたちにさまざまな育ちの躓《つまづ》きが創り出されてしまうことである。**表1**は、虐待された子どもたちが示す諸症状である［Widom, 2000］。

症状としては、ひじょうに多彩であるが、まとめると①感情調整（特に怒りや敵意）のまずさ、②自己破壊的言動、③身体・行動化、④解離などが、心理面で強調できる。そしてこれは、そのまま心的外傷体験による心理的影響と重なる。

さらに、虐待を受けた子どもたちの示す言動のひとつに「非行」が組み込まれている。これは、非行という行為を示している子どもたちがすべて、その背景に虐待経験を持っているということではなく、虐待を受けた子どもたちの一部に、非行という言動を認める場合があるということを示している。すなわち、非行すべてを虐待体験のせいとするつもりもないが、無関係という否定も事実に反するという立場に私は立ちたい。その意味では、「虐待から非行への移行」（**図4**）［橋本、2004］は、決して非行から虐待という逆方向を、既成の循環としないという限界を明確に意識したうえで、ひじょうに有用な視点をわれわれに与えてくれていると言えよう。

＊一九九四年にわが国は、子どもの権利条約を批准した。この条約は子どもたちに対しての全ての姿勢を掲げており、1．生きる権利、2．育つ権利、3．護られる権利、4．参加する権利、という四つの権利が保障される必要を主張している。児童虐待がこの四つに対して、権利の保障をしていないということは、あまりにも自明のことである。

表1　虐待された子どもに認められる諸症状（[Widom, 2000] を一部改正）

神経学・医学面	外傷（擦過傷、表皮剥離、脱臼、骨折、火傷、内臓損傷など） 頭部外傷（脳損傷・頭蓋内骨折、硬膜下血腫など） 精神遅滞、言語発達の遅れ、身体的損傷（脊髄損傷、麻痺、網膜剥離）、死
認知面	知能指数の低値、不注意、学習障害、学習不振、校内態度のまずさ、退学
社会・行動面	怒り、怠学、逃走、性的逸脱行為、十代の妊娠、飲酒、薬物乱用、非行、犯罪、暴力、失業
心理・情緒面	不安、抑うつ、低い自己評価、対処行動の拙さ、敵意、自殺企図、PTSD、人格障害、身体表現性障害、解離障害

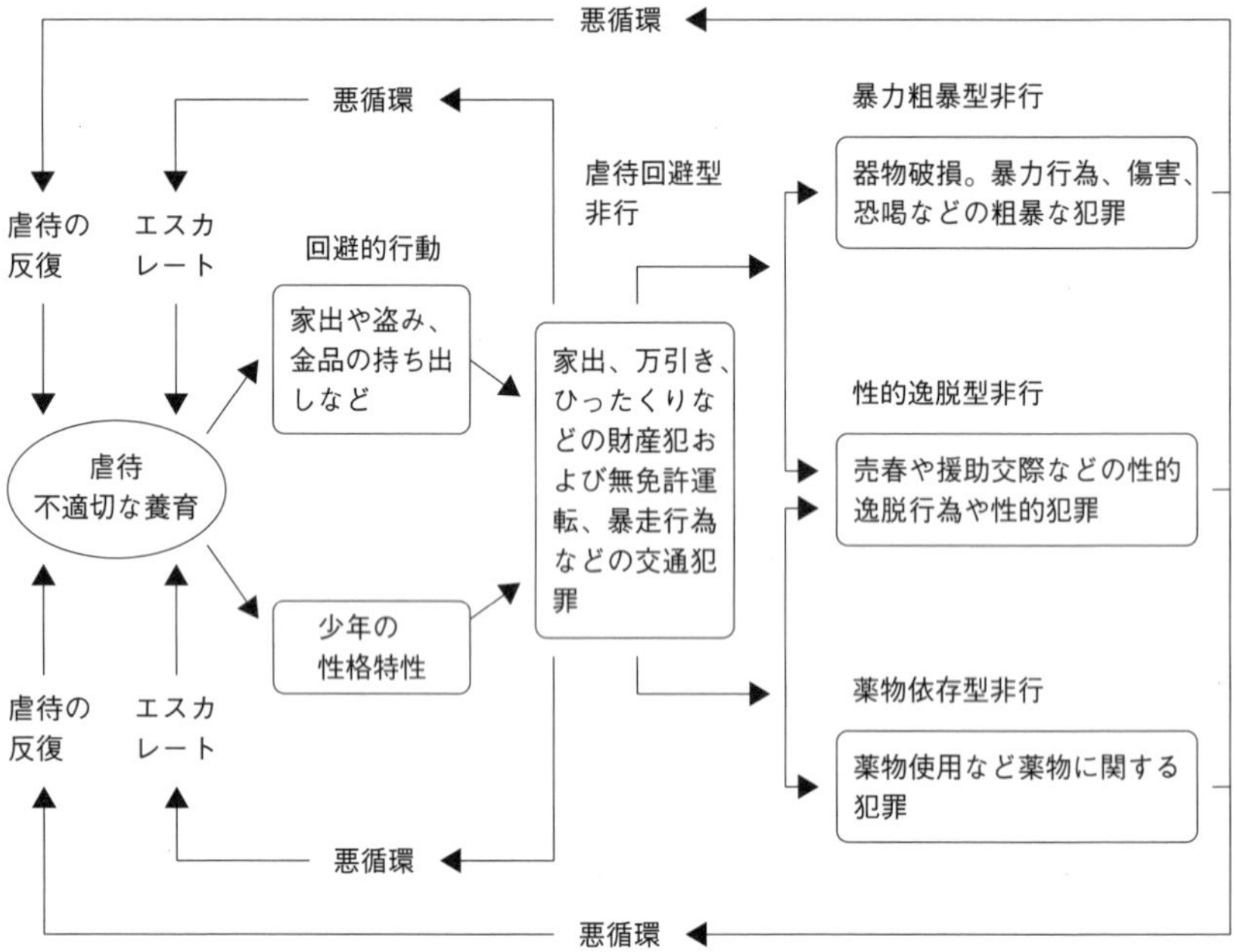

図4　虐待と非行のメカニズム［橋本、2004］

4 現在の少年心理

非行については、すでに別章で時代的変遷とその内実についてふれられている。私は、非行に至る複合的な要因を、心理・社会的要因と生物・心理・医学的要因の複雑な重なり合いからと考えている。これは、実は、ひじょうに精神医学的な見解でもある。「精神医学は対人関係の学問である」というサリヴァン*の言葉を待つまでもなく、人と人、あるいは人と社会、時代的価値観といったヒューマンな環境とノンヒューマンな環境との関係性を抜きに、人の言動を検討することはできない。

近年、児童精神医学の領域は発達精神病理学*という視点から生物学・生理学・心理学・遺伝学・哲学その他の学際的な検討が求められている。例えば、日本青少年研究所*が、二〇〇二（平成一四）年に一般中学生を対象にして行った意識調査の国際比較によると、「私は自分にだいたい満足している」という質問にイエスと答えた子どもたちは、アメリカ53.5%、中国24.3%に比べ日本で9.4%と極端に低く、「私は他の人に劣らず価値ある人間である」という問いでは、アメリカ51.8%、中国49.3%に対して日本で8.8%と、こちらもきわめて低い値を示した。国際比較から見た低い自己評価、自己価値観は、以下の示す精神医学的見解とも結びつく［田中、2005］。

表2は、現代青年の精神医学的傾向を示したものである。増加・重症化している諸状態は、軽度発達障害*を除いては、自信喪失、自己価値観の低下、自己コントロールの失調であり、故に社会への参加を拒否・回避し、自己防衛反応としての自己愛*、あるいは解離状態を示さざるをえないという彼らにおける精一杯の適応反応を示していると言えよう。一

サリヴァン（Harry Stack Sullivan）
一八九二〜一九四九。アメリカの精神医学者、新フロイト派に属する精神分析学者。精神医学を対人関係の学と定義し、治療的関与と治療的観察の同時行為を重要視下（関与しながらの観察）。また、独自の発達段階論を提起していた。

発達精神病理学（Developmental Psychopathology）
これまでの「精神症状」を心理学的側面からとらえ理解しようとする「精神病理学」に正常あるいは異常発達という時間軸をもうけた。そのため行動に対する個体発生的、生化学的、遺伝学的、生物学的、認知論的、社会認識論的、社会科学的、環境的、文化的、民族的といった非常に学際的視点で検討する学問分野。

日本青少年研究所
わが国の青少年が抱えている問題に取り組み、これを解明し、結局においては、日本青少年の向かうべき

方軽度発達障害と減少・軽症化を示す病態は、価値観の多様化から生まれる社会的規範の崩れが大きく関与していると考える。統合失調症*に代表される精神障害は、疾患としての認知が進み、社会的多数派としての理解が成立するようになり、緩やかな居場所の獲得とともに社会構造に潜在化していく。一方で軽度発達障害は、いまだ障害としての認知の遅い社会的少数派であり、そのため逸脱という障害に対して、過度にその差異性が注目され、結果発見率の増加を示す。これは、上述した「児童虐待通告件数の増加」傾向とも重なる部分があると言える。

社会的にも、子どもは結果を強く求められるようになってきていることが指摘できよう。いわゆる能力至上主義として、「一人で早く、間違いなく、できる」子ども像への希求である。一握りのエリート養成をすべてに求める風潮、価値観にさらされた子どもたちの多くは、競い合うことからも洩れ落ちて、早々に自分で自分を護るしかなくなる。加えて子育てに関与する親の苦労も認められる。時に子育ての成果を巡る重圧が、不適切な養育を生むことも否定できない事実であろう。子どもと親に被せられる個人責任という重圧は、それだけで不適切な養育を余儀なくされる要素のひとつとなりうる。

過剰な情報を際限なく無境界に噴出する環境は、内省、内言語の熟成という自己との静かな向き合いを奪い、簡単便利なケータイ、インターネット、テレビゲームは、瞬息の取り返しがつかない経験を消滅させた。何度でも取り返しが効くということは、今を大切にする一期一会的な邂逅《かいこう》を奪った。実体験の不足は、日常性を消滅させる。さらにケータイやインターネットは匿名社会を作り出し、そこに棲む子どもたちは、自己を透明化していく。ここにおいて、一部の子どもたちに認められる病的な解離性障害*は、匿名という日常の解離を手に入れることで、一気に汎化していく。

方向を探ろうと、調査研究を行っている財団法人の研究所である。一九七五年に設立され現在に至る。高校生の学習意識や日常生活の意識調査を積極的に行っている。ホームページで閲覧できる。(http://www 1.odn.ne.jp/youth-study/)

軽度発達障害

この用語は、杉山［2000］が著した論文を嚆矢とする。それによると、「軽度発達障害」という総称で括られるものとして、高機能広汎性発達障害、注意欠陥多動性障害、学習障害、発達性協調運動障害、軽度の知的障害（あるいは精神遅滞）とした。

この障害の特徴は、①健常児との連続性のなかに存在し、加齢、発達、教育的介入により臨床像が著しく変化し、②視点の異なりから診断が相違してしまい、③理解不足による介入の誤りが生じやすく、④二次的情緒・行動障害の問題が生まれやすい、という独特の困難性があることで、機能的な障害が軽度だからといって、その子どもたちにある課題を軽視するべきではないという点にある。

表2　現代青年の精神医学的傾向

増加・重症傾向を示す病態像	減少・軽症傾向を示す病態像
1）抑うつ・無力感 2）攻撃性傾向 ・暴力，暴行 ・摂食障害，自傷行為 3）不登校・ひきこもり 4）強迫性障害 5）自己愛性人格障害 6）解離性障害 7）軽度発達障害 ・広汎性発達障害 ・注意欠陥多動性障害 ・学習障害 ・軽度知的障害　など	1）境界性人格障害 2）統合失調症

しかし、二〇〇七（平成一九）年三月に文部科学省中央教育局特別支援教育課は、『「発達障害」の用語の使用について』という文書において、「軽度発達障害」の表記は、その意味する範囲が必ずしも明確ではないことなどの理由から、今後当課においては使用しないと報告した。

自己愛

湖に映った自分の姿に恋をしたギリシャ神話のナルシサスになぞられて、ナルチシズムと呼ばれる。自己中心的、尊大あるいは誇大的な自己のイメージ、すべての人から愛されることを要求する心理である。現在は、自己評価のひとつとしても広く使われるようになり、病的なまでの心理と病的でもない心理という観点から病的自己愛という呼称もよく使われる。

統合失調症

精神障害のひとつで、従来は「精神分裂病」と呼称されていた。二〇〇二年に病名変更となり、現在に至る。主に青年期に発病し、しばしば進行し人格の統合性に特有の躓きをこうした心理社会的状況や価値観の変遷に加えて、近年「ヒトにおける攻撃性」の研究も盛んに行われ、攻撃性は改めて注目されはじめている。そもそも攻撃能力は生存のために生物にとっては、必要不可欠なものである。ヒトはそれを上手にコントロールすることで社会文化的成熟としての人間となることが許される。最近攻撃性をコントロールする神経回路にセロトニンニューロン*が重要な役割を演じているということが注目されている［上田ほか、2004］。セロトニンニューロンは、人間古来にある視床下部の攻撃動因系を抑制するだけでなく、大脳皮質にある攻撃抑制系の機能促進に関与すると言われている。前者は生来性のもので、後者は教育・学習・伝達の成果である。もし、攻撃性のうち、後者のコントロールがうまくいかないことが近年の非行行動と関連しているようであれば、教育と伝達に課題を認めることができよう。しかし、寡聞にして、そこに触れた文献にはいまだ出会えていない。基礎的研究からは、このセロトニンニューロンは、太鼓のようなリズム性の運動、日光浴（太陽の光）や、意外性のある刺激により活性化し、単純な刺激の繰り返し、ストレス、昼夜逆転により弱体化すると言われている［有田、2004］。すると、現代の社会環境は、セロトニンニューロンを弱体化させる生活様式を提供していると言えないだろうか。

5　児童虐待と少年の心理、そして非行との関連から見えてきたこと

最近の少年非行の特徴は、いきなり*・突発型非行の増加である［土井、2003］と言われている。彼らの行動パターンは、集団から脱集団化傾向へ移り、非行の契機は、かつてのような社会的圧力への暴発ではなくなり、単純に解離した結果であるという指摘もある。

残すという経過を辿る。対人交流の難しさ、幻覚、妄想体験などを特徴としている。

解離性障害
強いストレスにさらされた後に感情などを切り離すような状態を示す。よく知られているのは、健忘や遁走、多重人格などである。

セロトニンニューロン
脳内伝達物質のセロトニンの働きで活動する神経で、発生学的に最も古い脳幹正中部に分布している。攻撃性に対する主要な抑制回路として知られている。覚醒状態で働き、体と心の平常状態を作る役目を果たしていると言われている。

いきなり型非行
→267ページ。

これは、「社会学的視点」では、子どもたちの生活する社会的集団にあるはずの絆の喪失や、集団を構成すること自体の困難さを意味し、「心理的視点」からの解離は個の存在成立の危機を回避するための防衛反応と説明することが可能となる。

藤岡［2001］は、多くの非行少年との対応の経験から、被虐待児から非行少年になるときの鍵となる要因として次の四点を抽出した。

(1) 愛着と理想化の乏しさ、あるいは適切な同一視の対象を欠くこと
(2) 自己中心性と外罰化
(3) 反社会的交友関係
(4) 非行・犯罪を合理化する思考、および反社会的価値観・生活態度

藤岡のように非行少年との関わりから、虐待経験のある少年という気づきのなかで抽出したこの事項は、しかし、私が精神科臨床で出会う、虐待を受けて育っている子どもたちの特性と多くが重なり合うと思われる。唯一異なる点を指摘すると、心理臨床の現場では、子どもたちには改善を期待しているという、ある意味での健康さが維持されており、前述した四点による「不適切なうえでの」社会における適応行動が、身につけることができなかった子どもたちであると言えよう。一方で非行臨床の現場に登場する子どもたちは、「不適切ながら」対処行動としてこの四点をそれなりに、体得していると言える。しかし、非行臨床の子どもたちは、改善を期待することと、そのために「悩み、苦しむ」ことに対して、すでにどうしようもないほどの諦めが存在しているという、大きな課題を抱いているとも言えよう。

その意味で、一般心理臨床が行う治療関係の構築というステップと、非行臨床が行うべき関係性の構築には、実は大きなギャップがあるように思われる。「（非行少年は、）自身

の非行を全て、家族のせい、友だちのせい、社会のせいだと考えている。そこに大きな問題があるのだが、その話だけを聞いた、彼らの日常の行動や話していない大部分を知らない人々は彼らに同情し、彼らの流す涙に感動して、親切にし、暖かく接することだけで非行行動が止み、『立ち直ってくれる』と期待する。この期待は非行の進んだ少年において、ほぼ確実に裏切られる』［藤岡、2001］という。

一方で、絶望的なあきらめを意識化することなく、諦めた上で非行行動を示す子どもたちと虐待を受け続けてきた子どもたちに共通する点があるとすれば、みな心のどこかで、愛着*を対象とする存在を求め、安全かつ自己存在を肯定できる世界を希求しているという点ではないだろうか。

「本当に聴いてもらえた、わかってもらえた」という想いなしには人は自分の行為をありのままに見つめ意識化し、かえりみるゆとりを持てない［村瀬、2001］のであれば、彼らに対して、「本当に聴いてもらえた、わかってもらえた」という実感を実践を通して伝えていく作業なしには、この展開は望めない。

端的に言えば、「愛はすべてではない*」ということであり、「愛情もしつけも不足している」［藤岡、2001］という指摘は、単純であるが、最大の真実を突いているように思われる。

不適切な養育環境で育ったある少年は、ある少年院に来るまで「人の気持ちに興味もなく」、「殴っている相手が痛いと思っていると考えたことはなかった」という。ある少年院での生活は、彼に「自分にも将来があることを知り」、「ここに来て初めて、人から求められることをやってみようと思った」という想いを育ませた［品川、2005］。ここの取り組みはすでに著書や論文でも報告されているので、詳細は省くが、自分自身のための指導と

愛着

ボウルビィ（Bowlby）を中心に研究されてきている、子どもと育てるものとの間に生まれる強い情緒的結合を指す。子どもが乳児期に主に母親から無条件に受け入れられ、愛される経験を通して形成されると考えられている。

愛はすべてではない

ベッテルハイムによる著書「Love is not enough」の邦訳タイトル（村瀬孝雄・村瀬嘉代子（訳）1968『愛はすべてではない』誠信書房 絶版）。訳者の言葉を借りると「昔から信じられてきた愛を補うのに、どれほどの英知と努力が必要か知らしめる」著書である。ここでは、非行あるいは被虐待という世界に向き合うときに、そこに透徹した洞察と覚悟が必要であろうということで引用した。

しつけを通して、人としての共生体験を持つことがいかに人を再生させうるかを強く示した好例である。

虐待からの恢復も、非行からの立ち直りも、単純に人としての存在価値に気づいたときに光が見えるものである。私は、彼らにある「日常の生きにくさ」からの育ち直りは、「ちょっとした出来事、何気ない日々の積み重ねと時間」［村瀬、2001］という青年の言葉に深く同意する。そのうえで、共生を保証する「日常の棲む環境の総体」［田中、2004］に大きな意義を求めたい。

6 おわりに

夜の街をさまようようになった少年は、再び警察や児童相談所にお世話になりそうになった。私は唯一できることとして、登校禁止を解いてもらい、学校生活を再び行うことに活路を見いだそうとしていた。しかし、現実は卒業まで禁止は解けないという判断通告であった。

彼にある育ちのつらさと躓きを、若い担任にだけ告げた。担任は、放課後の校庭に来ることは止められないと言い、そこで彼に毎日出会うことを提案してくれた。教室にも、校舎にも入ることを拒否された彼は、その後、卒業まで校庭で担任と数十分の面会を続けた。学友からも地域からも、多くの受け入れを拒否された彼ではあったが、担任だけは、隔てなく、彼との日常の会話を続けていった。

その後、彼は深夜出歩くことも、暴力を示すこともなく、照れた表情を外来で見せながら卒業した。日常の護り人である担任は、就職の相談を受け、地域を離れることを提案した。彼は、「ここまでしてくれた先生のためにも、頑張ります」といって巣立っていった。問題が理解を求め、理解が信頼を築き、信頼が地域を育てていくことを、私は、彼と担任の日常から学んだ。

ささやかであるが、大きく重たく大切なエピソードである。

（田中康雄）

引用・参考文献

有田秀穂　2004　「キレる脳・セロトニン神経からの考察」『小児科臨床』第57号 1265-1272p.

土井隆義　2003　『〈非行少年〉の消滅―個性神話と少年犯罪―』　新山社

藤岡淳子　2001　「非行の背景としての児童虐待」『臨床心理学』第1巻第6号　771-776p.

Goodman, R. & Scott, S. 1997 Maltreatment of children. *Child psychiatry.* Oxford : Blackwell Science. 162p.

橋本和明　2004　『虐待と非行臨床』　創元社

鯨岡　峻　2002　『〈育てられる者〉から〈育てる者〉へ』日本放送出版協会

村瀬嘉代子　2001　「児童虐待への臨床心理学的援助・個別的にして多面的アプローチ」『臨床心理学』第1巻第6号　711-717p.

坂井聖二　1998　「子どもの虐待のスペクトルとメカニズム」『保健婦雑誌』第54巻第8号 610-619p.

品川裕香　2005　『心からのごめんなさいへ　一人ひとりの個性に合わせた教育を導入した少年院の挑戦』中央法規出版

杉山登志郎　2000「軽度発達障害」『発達障害研究』第21号　241-251 p

田中康雄　2003　「発達障害と児童虐待（Maltreatment）」『臨床精神医学』第32巻第2号　1593-159p.

田中康雄　2004　「日常の生きやすさの支援は、日常に棲む環境の総体にある―ＡＤＨＤのある子どもへの精神療法―」『思春期青年期精神医学』第14巻第2号　101-111p.

田中康雄　2005　「発達障害と非行」村尾泰弘（編）『現代のエスプリ　非行臨床の理論と実際』第461号　38-49p.

Widim, C. S. 2000 Understanding the consequences of childhood victimization. Robert M. Reece (Ed.), *Treatment of child abuse*. Baltimore and London : The Johns Hopkins University Press. 339-361p.

上田秀一・中舘和彦・野田隆洋・榊原伸一　2004　「キレる脳・虐待と攻撃性・実験動物からのアプローチ」『小児科臨床』第57号　1257-1264p.

第2節　児童相談所からみた児童虐待と非行

1　はじめに

児童相談所は、主に一八歳未満の子どものあらゆる相談にあたっているが、児童相談所の相談機関としての特徴は、子どもの権利を守るために、児童福祉法に基づいて親の意向に反しても子どもの問題に介入できる権限を有しているということにある。この権限は、虐待相談や非行相談のように、問題の認識に乏しく相談に応じようとしない家族に対して大きな力を発揮する。児童虐待と非行の家族背景は酷似していて、家族崩壊や経済的困窮などの家族ストレスにさらされ、社会から孤立し、相談意志が持てないことも多い。そしてこの二つの問題が同じ家庭に生じることも稀ではない。

低年齢から反社会的行動を示す子どもたちの多くは、家族の中で傷つき、幼い頃より親との信頼と安心に基づく関係の樹立が不十分であるか、大事な人間関係を崩壊した体験を有し、一部は虐待と名付けられるほどの有害な子育て環境の中で育ってきていることは児童福祉の現場ではよく知られている［Wasserman, 2001／犬塚、2006／犬塚ほか、2006］。一方、この二〇年余りの間に虐待が社会問題化するとともに、児童相談所や児童福祉施設では虐待を受けた子どもが急増し、虐待による発達のゆがみや滞りからの回復や成長への支援に、大きな労力をさいて取り組んできている。その実践の中から、暴力や逸脱行動などの反社会的行動が虐待を受けた子どもたちに高率に出現することを経験し、その行動が思春期になるにつれてエスカレートしていくため、対応に苦慮している現状がある［伊東ほか、2003／犬塚、2004］。

児童相談所の調査などから、虐待と非行の関連を概観し、虐待を受けた子どもが非行行動を発現するメカニズムを検討し、その対応策を考えたい。

2 調査から見た児童虐待と非行との関連

(1) 従来の調査・研究より

最近のいくつかの調査は、反社会的問題行動を持つ子どもの多くが被虐待体験を有していることを実証している。藤岡［2003］によれば、英語圏の非行と虐待の疫学調査からは、非行少年・犯罪者のうち、子ども時代に被虐待体験が認められるものは、約50〜90％であり、逆に被虐待体験があった者のうち、長じて犯罪者になった者は、一〇人中おおむね一・五人〜二・三人という結果が出されているという。

日本でも非行少年の被虐待体験の実態調査が実施され、少年院在院者の調査［法務総合研究所、2001］では50％（男子50％、女子57％）、児童自立支援施設［国立武蔵野学院、2000］では49％（男女差なし）に被虐待体験があり、内容としては万引きがコントロール群に比べて有意に高かったという。

(2) 児童相談所における非行相談の全国調査

児童相談所の非行相談は、少年法に定められた「触法少年（刑罰法令に触れる行為をなした一四歳未満の少年）」や「ぐ犯少年*（その性格や環境から判断して将来罪を犯し又は刑罰法令に触れる行為をするおそれのある少年）」を主な対象とし、一四歳未満の低年齢の子どもの非行対策において重要な役割が期待されている。最近、国レベルでの初めての児童相談所の非行相談に関する全国調査が実施された［犬塚、2006／犬塚ほか、2006］。担当児童福祉司が記入する形のアンケート調査で、全国の児童相談所（平成一五年度は一八二ヶ所）において平成一五（二〇〇三）年度に非行相談として受理した子ども全員を対象とした。一六九ヶ所（92.9％）から回答があり、無効回答を除いた一一、五五五事例（男子七、三〇五人：64.3％、女子四、〇六三人：35.7％）を分析した。ここでは主に養育者の変更や虐待などの不利な養育環境に関する分析結果を提示する。

ぐ犯少年
↓213ページ。

① 養育環境の問題（虐待以外）

a．家族構成および経済状態

ひとり親家庭48％（母子家庭34％、父子家庭14％）が実父母家庭42％よりも多く、30％の家庭は経済的に困窮していた。

b．養育者の変更

養育者の変更を経験した子どもは50％（女子＞男子）で、そのうち乳幼児期に変更を経験しているものは44％、三歳未満は24％、二回以上の変更の経験者は21％であり、この数字から親との愛着関係の樹立に失敗している子どもが多いことが推定される。虐待などの不適切な養育を受けている確率や親が精神疾患を抱えている割合も高く、養育者の変更を経験していない子どもと比べるとより低年齢で非行行動が発現する傾向（**図1**）と変更時期が早ければ早いほど非行行動が早く発現する傾向が窺われ、養育者の変更が発現の契機となっていることも推定された。両親の離婚を体験した子どもは38％（女子＞男子）で、そのうち26％は三歳未満に離婚があった。

c．養育者の特徴

心身の健康について「問題ない」養育者は57％、「神経症・情緒的に不安定」９％、「人格障害・性格の偏り」９％、「アルコール（薬物）依存」５％、「知的障害」２％であった。保護者の養育態度が適切とされたのは30％で、70％は何らかの不適切な状況にあった。特に「無関心・放任」は30％で、不適切の中では最も多く、「甘やかし」19％、「過干渉」14％、「厳格」14％がこれに続いた。

②　虐待

24％に被虐待歴があり、重複して虐待を受けていることが多く、身体的虐待61％、ネグレクト52％、心理的虐待27％、性的虐待は５％であった。平均初発非行年齢は一一・三二歳で被虐待歴のない子どもの一二・〇八歳と比べて有意に低く（**図1**）、より低年齢で単独で非行行動を生じやすいことが示された。経済的困窮や養育者の変更や養育者の精神的問題の出現率は、虐待のない群と比較して有意に高かった。

非行内容は、男女とも傷害、無断外泊、金品持ち出しの出現率が、被虐待歴を有する子

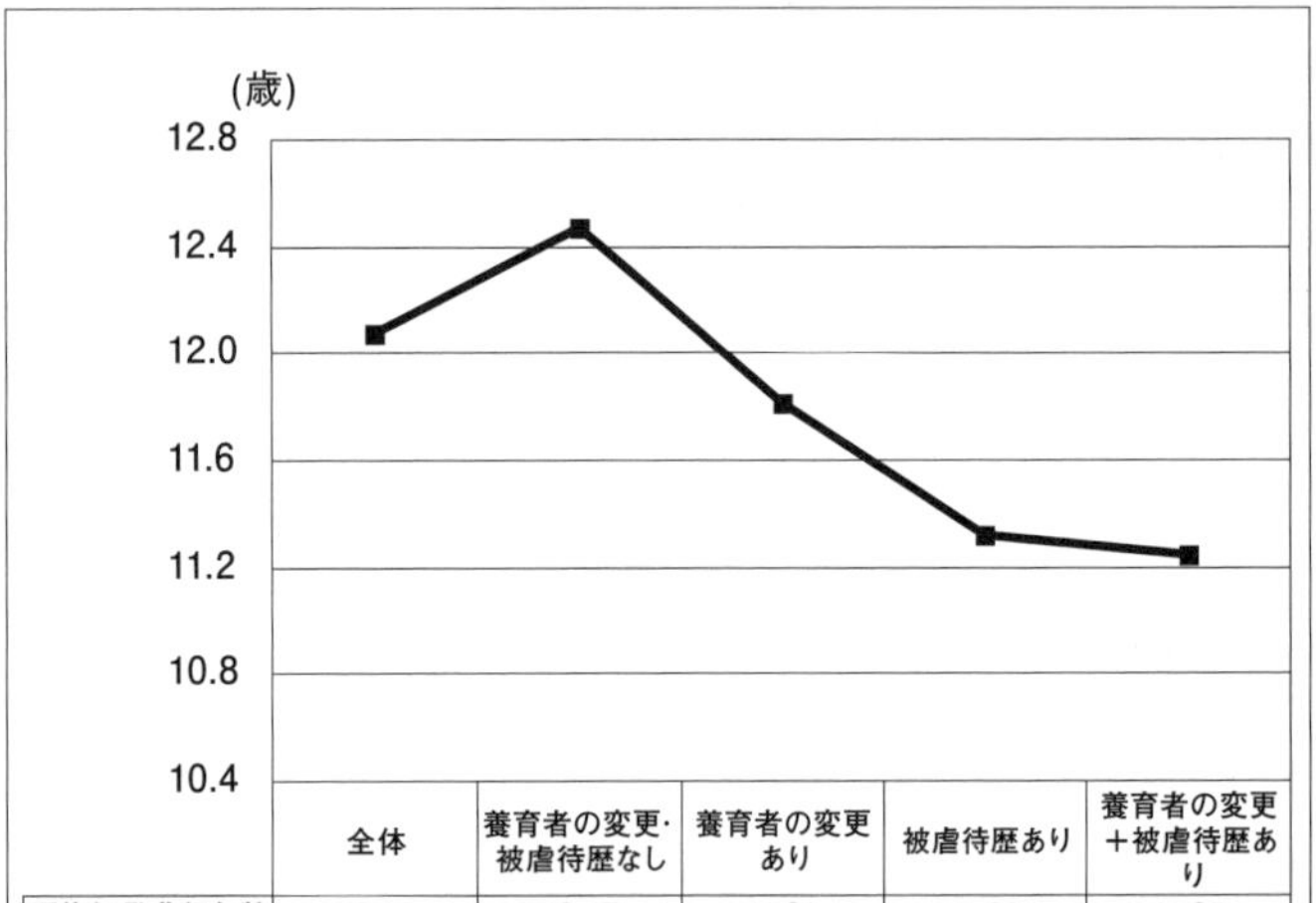

	全体	養育者の変更・被虐待歴なし	養育者の変更あり	被虐待歴あり	養育者の変更＋被虐待歴あり
平均初発非行年齢	12.08	12.47	11.81	11.32	11.25

図１　養育者の変更歴・被虐待歴を有している子どもの平均初発非行年齢
（児童相談所における非行相談の全国調査より）

どもの方が虐待のない子どもより有意に高く、また男児では窃盗が、女児では性的非行の出現率が有意に高かった。

さらに虐待を受けた子どものほとんどが何らかの心理的・精神的問題を抱えていて（93%）、**図2**で示すように「無気力・受動的」以外は、被虐待歴のない群と比較して有意に高い割合を示し、その中でも衝動的・攻撃的傾向を有する割合は42%と非常に高い値であった。さらに年長になるにつれて非行が深化しやすい可能性がうかがわれ、受けた虐待の種類が多いほどこれらの傾向は強かった。

(3) 児童相談所の非行相談から見た養育環境のまとめ

経済的問題、養育者の変更、養育者の精神的問題、虐待などの養育環境上の問題は、いくつも重なっていることが多く、その養育環境上のストレスは子どもの人格の成長を損ない、心理的問題を大きくし、非行行動の発現を早くする傾向が窺われた。その中でも特に虐待が子どもに及ぼす不利な影響は大きく、早期対応の必要性が示唆された。

3 被虐待体験から反社会的行動へのメカニズム

(1) さまざまなメカニズムの存在

虐待的環境におかれている子どもが最初に示す反社会的行動は、そのつらい環境からの回避として理解されることが多いが、虐待的環境から離れ安全な居場所を得てからも非行

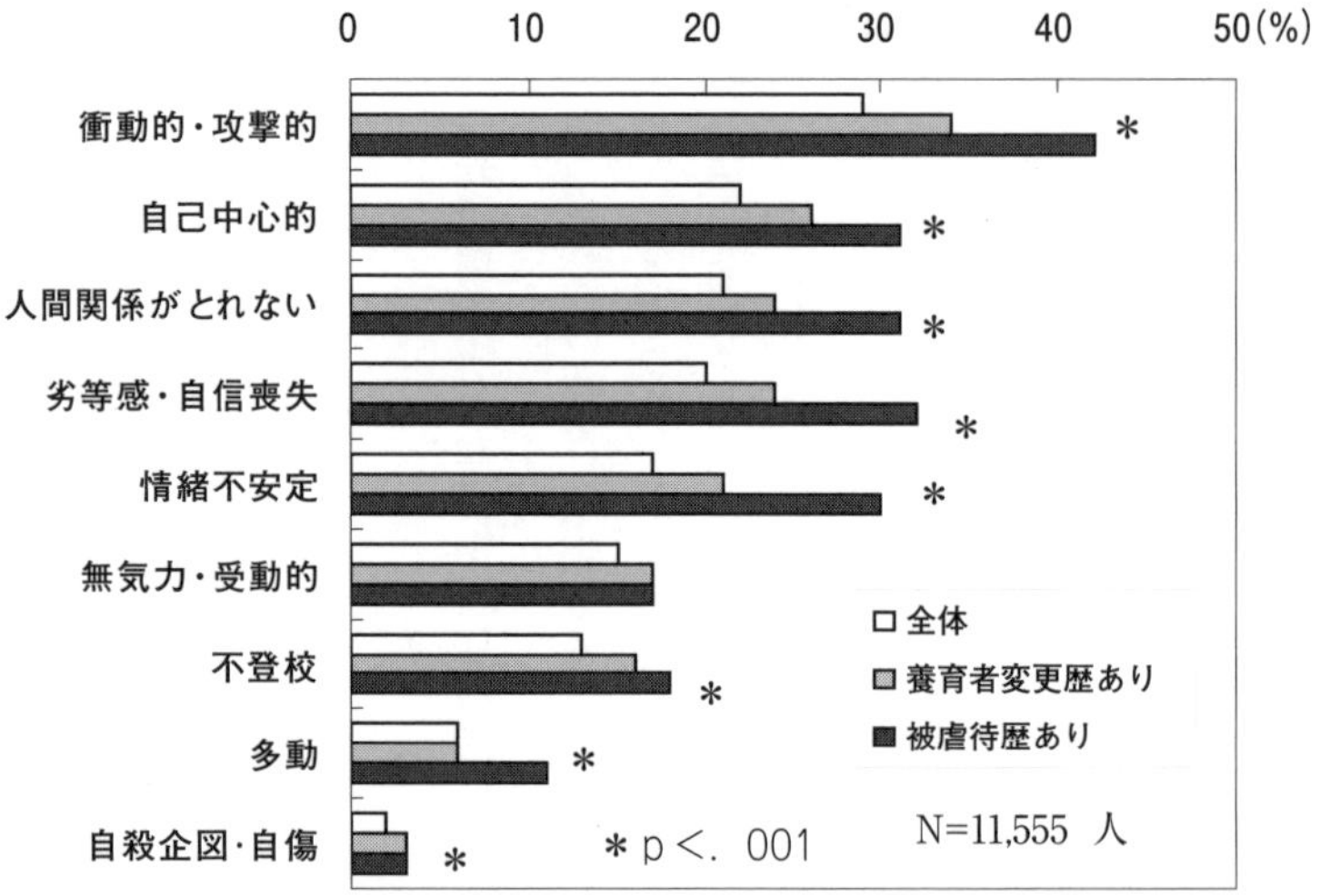

図２　養育者の変更歴・被虐待歴を有している子どもの心理的問題の出現率
（児童相談所における非行相談の全国調査より）

行動が長期続く場合があることや、虐待的環境にいた頃にはなかった非行行動が新たに出現する場合もあることなどが、筆者らの行っている虐待を受けた子どもの前方視的追跡調査や［犬塚、2004／犬塚ほか、2004］、情緒障害児短期治療施設における縦断的研究［滝川ほか、2005］であきらかになっている。

平成一一（一九九九）年より筆者らが毎年実施している、児童相談所で保護した被虐待児の前方視的追跡調査は、一時保護後の子どもの情緒・行動上の問題を縦断的にとらえている。児童相談所で一時保護された六五人（退所時平均年齢一〇・八±二・九歳）をその後二五・九±一五・一ヶ月（三ヶ月〜六二ヶ月）追跡し判定した調査の結果によると、一時保護前に反社会的行動を有していた子どもは一三人（20％）で、内容としては、万引き、火遊び、暴力行為、家出、外泊などであった。一時保護終了後適切な養育環境を得ることで、五人は反社会的行動が消失したが、八人は継続し、追跡期間中新たに一三人の子どもが万引き、無断外泊、性的逸脱行動、暴力などの反社会的問題を抱えることとなった。安全な環境を手に入れてからの方が出現する割合が高かった（32％）。

情緒障害児短期治療施設に入所した被虐待児の五年間の縦断調査によると［滝川ほか、2005］、抑うつ、気分変動、過敏、解離などの問題の改善は比較的早く、半数が一年半で改善するが、攻撃・衝動的行動の改善には時間がかかり二〜三年を要するという。そして暴力、器物破壊、非行行動などの問題行動は、程度は軽減するが完全に消失することは困難であることが示されている。

このように回避だけでは説明できないメカニズムの存在が推定され、そのメカニズムについては愛着障害*、行動の学習、心的外傷（トラウマ）*、解離*、脳障害など、さまざまな観点から論じられている。

愛着障害
愛着とは子どもに生得的に備わっているもので、子どもが危険や不安や空腹や不快など好ましくない状態を感じた時に、愛着対象に接近してそれを取り除いて守ってもらい安心を得る行動をさす。この子どもからの接近に適切に応えられないことが度重なると、愛着対象への接近がなくなるか混乱したものとなり、愛着障害と呼ばれる、重篤な対人関係パターンの異常をきたすとともに、自己概念や自己調節の問題を生じさせる。（詳しくは3(3)愛着の問題を参照）

心的外傷（トラウマ）
何らかの外的出来事により、強い不安・恐怖や無力感が引き起こされ、それが個人の対処方法や防衛の能力を超えてしまった結果陥った心的状態。

解離
強いストレスから自分を守るために、その痛みの感覚や記憶や考えな

(2) 虐待の回避・虐待的環境に対する反応

虐待を受けている子どもが初期によく行う家出や盗み（金品持ち出し）などの非行行動は、虐待を回避し虐待の被害から逃れるための適応行動と理解され、助けを求めるサインとして受け止めて虐待的環境を改善することが援助の第一となる。しかしそれが反復長期化する過程で、非行文化や不良仲間との出会いなどにより、回避の意味が薄まり、楽しさやスリルに転化して常習化し、粗暴・傷害や薬物依存や性的逸脱行動を示すなど非行行動がエスカレートしていくことも少なくない［橋本、2004］。

(3) 愛着の問題

養育者との安定した愛着関係の樹立は、人や世界に対する信頼と安心の感覚と自分自身をかけがえのない大事な存在と感じる自己尊重の感覚を育んでいき、自己調節の能力を発達させ、他者への共感性と思いやりの能力を築いていく［Bowlby, 1993］。そして信頼感で結ばれた親への同一化の過程で、親の価値観や規範を内在化し向社会的な行動を身につけていく。しかし虐待的環境の中では、親との安定した信頼と安心の関係を築けず、愛着関係の中断を経験することも多い。そのためこれらの人格の基礎が脆弱なものとなり、世界は不安と悪意に満ちたところと感じられるようになり、愛着障害と呼ばれる対人関係や自己概念や自己調節の問題を抱える。人との関係では誰とも関係を求めず情緒的に引きこもってしまう場合と、甘えられる相手には誰彼かまわず寄っていくが、表面的で持続的な関係が結べない場合がある。大人との信頼関係を樹立できないため、社会規範を学び内在化していくというプロセスは起こりにくく、他人の苦痛を思いやれず、罪責感も育まれに

どを自分から切り離して自分に起こったことではないようにする結果、記憶、意識、人格の一貫性やまとまりが一時的に失われる状態。具体的には次のような症状が出現する。自分の生活歴の一部や特定の出来事を忘れてしまったり（健忘）、感情や感覚を麻痺させたり（感情麻痺）、意識がぼーっとしたり（意識の切り離し）、気がついたら別の場所にいたり（遁走）、現実感、実在感を失わせたりする（離人症状）。また二人以上の異なった人格が備わっていて、その人格が交代で行動をコントロールする状態（多重人格障害）などがある。（3⑤③も参照）

くい。自分を否定的に眺めるようになり、自信が形成されず自分をかけがえのない存在と感じられない。そして「不当に扱われた」あるいは「与えられるべき物が与えられなかった」という被害的な思いと不安と怒りに強く捉えられたまま成長していくため、反社会的行動に及びやすい［Winnicott, 1990／Bowlby, 1993］。また低い自己評価を否認し、幼児的な万能感を投影して誇大的な自己イメージを作り上げる場合もあり、空想の中で育ててきた万能感に満ちた自分を守ろうとして反社会的行動に及んだと解釈できる事例も稀ではない。

虐待を受けた時期が乳幼児期であれば特にその傾向は強い。愛着関係がどの程度樹立されていたか、そこを通じて獲得される基本的信頼感や共感能力、自己肯定感がどの程度育まれているかはパーソナリティの健康度を決定し、健康度が低いほど心的外傷の影響を強く受け、それからの回復力にも限界を与えてしまうため、人との安心と信頼の関係を形成することが援助の基本となる。

(4) 反社会的行動の学習

行動心理学的研究は攻撃的な行動パターンが学習されやすいことを示しているが、暴力を自ら受けていたり、父から母へのDVなど家庭の中で暴力を目撃したりして、子どもが頻繁に暴力場面に遭遇すると、暴力を学習しそれを模倣して実行するということが起こるという。脳の最近の研究において、ある行為をするということと見るということを同じニューロン（ミラーニューロン）が司っていることが発見され、模倣行動や自分がされたことを人に繰り返してしまう傾向を脳レベルで説明するものとして注目されている［岡田、2005］。

(5) 心的外傷(トラウマ)の影響

虐待は長期的に反復して子どもに強いストレスを与えるため、発達途上である子どもの感情、認知、行動はさまざまな影響をこうむる(「他に特定されない極度のストレス障害(DESNOS)」[Kolk, 1996](**表1**)。これらの情緒・行動上の問題が反社会性を帯びることも少なくない。

① 感情コントロールの欠如、怒りを調節することが困難

心的外傷の影響により、警戒的で緊張が高く、些細な刺激でも過敏に反応しやすく、感情のコントロールが悪いため、感情を爆発させたり、怒りの感情が行動化され暴力などの攻撃的行動に及んでしまうことが少なくない。そしてその行動によって引き起こされたマイナスの結果が、さらに刺激への反応しやすさを強めてしまうという悪循環を形成しやすい[Greenwald, 2002]。

② 外傷体験の侵入的再体験

何かの刺激で外傷記憶が思い出されると、恐怖や怒りや悲しみの交じり合った強い感情が惹起され、パニックや突発的な激しい攻撃行動を生じさせる。あるいは侵入症状にともなうつらい感情を麻痺させるために薬物やアルコールなどに依存していったり、摂食障害を呈したりすることもある。

また自分が受けた外傷体験を、他者に被害を及ぼすというやり方で再現してしまうこともよく知られている。これは再現することでトラウマを克服しようとする試み(マステリ

表1　他に特定されない極度のストレス障害（DESNOS）：診断基準試案［van der kolk, 1996］

A. 感情覚醒の制御における変化
　① 慢性的な感情の制御障害
　② 怒りの調節困難
　③ 自己破壊的行動および自殺企図
　④ 性関係を調節することの困難さ
　⑤ 衝動的で危険に飛び込むような行動
B. 注意や意識における変化
　① 健忘
　② 解離
C. 身体化
D. 慢性的な人格変化
　① 自己認識における変化：慢性的な罪悪感と恥の意識、自責感、自分は役に立たない人間だという感覚、取り返しのつかないダメージを受けたという感覚
　② 加害者に対する認識の変化：加害者から取り込んだ歪んだ信念、加害者の理想化
　③ 他者との関係の変化
　　a）他者を信頼して人間関係を維持することができないこと
　　b）再び被害者になる傾向
　　c）他者に被害を及ぼす傾向
E. 意味体系の変化
　① 絶望感と希望の喪失
　② 以前の自分を支えていた信念の喪失

ー）とも解釈できるし、前述の行動の学習や虐待者との同一視という観点からも説明できる。さらに外傷体験となっている被害を繰り返し受ける傾向がある。例えば性的虐待を受けた人がレイプの被害にあう可能性が高いことが知られている。

このように外傷体験の侵入的再体験は繰り返される傾向があり、子どもに被害者と加害者の双方の役割を演じさせて悪循環に陥っていくことも多いため、早期の治療的介入が必要である。

③ 解離、感情麻痺、現実感の希薄

虐待という強い苦痛から自分を守るために、意識や記憶や知覚や感情の連続性や統合性が失われる状態が「解離」である。自分の生活歴の一部や特定の出来事を忘れてしまったり、感情や感覚を麻痺させたり、意識を切り離したり、現実感、実在感を失わせたりするなどのさまざまな「解離」を使用して、つらい状況から自分を守り、何もなかったかのように毎日を過ごしていることも少なくない。これは虐待的環境の中で生き延びるための適応的な行動と考えられるが、虐待以外のあらゆることに対しても、感じない、考えない状況を作り出してしまい、他者の痛みや感情にも鈍感になるため、極端な行動になりやすい。自分が行った反社会的行動についても「意識がとんで」覚えていなかったり、現実感をともなっていなかったりすることもある。

(6) 脳への影響

最近の脳科学の進歩は、子ども時代の激しい虐待は脳の一部の発達を阻害し、脳自体の機能や神経構造に永続的なダメージを与えることを明らかにした。前述の外傷体験による

さまざまな症状の基盤に脳障害の存在が推定されており、左半球の発達の遅れ、左半球の海馬や扁桃体の萎縮、前頭前野や脳梁《のうりょう》の未発達、小脳虫部の異常などが指摘されている。これらの変化は、ストレス反応系の過度の活性化をもたらし、怒りや攻撃・衝動行為や警戒反応を生じやすくするという。いずれも虐待という危険に満ちた過酷な世界の中で生き残るために、その不利な環境に適応しようとした結果とも考えられる。このことについてタイチャー［Teicher, 2006］は「極端なストレスは、さまざまな反社会的行動を起こすように脳を変えていく」と述べている。

(7) 被害者から加害者への転回

以上のように虐待は反社会的行動を生じやすい傾向を作り出すが、虐待を受けた子どもすべてが反社会的行動を発現するわけではない。虐待者以外の家族や身近な大人や友人と絆といえる信頼関係（愛着）が保たれていて、子どもを支える環境があり、家庭や親戚や地域など身近に犯罪・非行文化が存在しない場合は、反社会的行動を起こすことが少ないか、もし起こったとしても常習化していくことは少ないという［松田、2006］。

藤岡［2001］によれば、非行少年・犯罪者を含め、被害者から加害者の相に転回していく人にとっては、解離の項で述べた感情麻痺がストレスに対する主要な対処法になっていることが多いという。しかしこの場合も、被虐待による痛みから身を守るために生き生きした感情を麻痺させてきた子ども全員が加害者に転じるわけではない。「やられる前にやれ」という生き方を選択するという意思をもち、同時に「親に愛されたい」とか「人に認められたい」という愛着を断ち切る場合にその転回が生じる。その時に湧き起こってくる激しい怒りの感情は、子どもを孤立させ反社会的ネットワークに追いやり、そこで反社会的価値観など独特の考え方を身につけ、これが怒りの感情に方向付けを与えて反社会的行動としての発現を促していくという。そのため愛着の絆が細々とでも誰かとつながっていると、その選択やその後の進行を阻止することとなる。

一方、この反社会的行動は親の虐待に理由を与えることになってその激しさを増すため、さらに反社会的行動を促進させるという悪循環に陥らせる。年齢が低い場合は親への愛着の気持ちを残していることも多いが、この悪循環の中で満たされない思いが膨れ上がって怒りが増幅し、常習化の道へと押しやられていく。

4　事例

ここで、主に身体的虐待を受け、低年齢から反社会的行動を示した男子の事例を示す。プライバシー保護のために、論旨に影響のない部分は大幅に変更が加えられている。

(1)　生育歴

両親とも暴力で家族を支配する未熟な父のいる家庭で育ち、若くして結婚。父は家族への愛情はあるが短気で、子どもや母親に暴力を振るった。母親は父親を怖れて忍従する一方、本児を大人のように頼りにし、期待通りに動かないと激しく叱責した。本児は安心と満足が得られない生活の中で、小学校低学年より家の金銭を持ち出し、徐々に万引きや火遊びや年少の子どもへの暴力に発展していった。これらの行動は常に単独で行われ回数も多くはなかったが、(年に数回) 父が罰として暴力を振るうという悪循環に陥っていた。

小学校四年生時、些細なことで父に殴られ顔中腫らして登校したところ、かねてから父の暴力を問題視していた学校が児童相談所に通告し、学校から直接本児を一時保護するに至った。

(2) 一時保護以後の経過

一時保護中は、年齢より幼い雰囲気で人なつっこく陽気で多弁で、大人へ甘えを示した。衝動的な行動が多く、落ち着きのなさが目立ち、反抗的な態度を示すこともあったが、強いものには萎縮した態度をとり、叱責に対しても「固まる」状態であった。基本的信頼関係は不十分ながら樹立されていたが、対人関係は支配と服従の関係になりがちであった。父からの暴力の場面のフラッシュバック、不眠、落ち着きのなさなどの過覚醒状態、親についての話題の拒否や強いタイプの大人の男性の忌避などの回避などが見られ、ＰＴＳＤ*と診断された。両親への感情や被虐待体験については言語化できないまま、両親の面会を拒否し、児童養護施設入所を自ら決断した。両親も本児の決意を知って入所に同意した。

入所後三、四ヶ月経過し、護られた生活の中で安心感や満足感が得られるようになった頃より、些細な刺激で外傷体験が想起されてパニックが生じ、年少児への暴力といじめ、大人への挑発、短絡的で自分本位の行動、思い通りにならない場面の興奮などの問題行動が出現した。衝動コントロールの乏しさや外傷体験の侵入的再体験による不安定さに加えて、育ちそびれていた幼児的な対人関係が展開された。「暴力を振るわれていたんだから、自分が振るって何が悪い」という言葉も聞かれていたため、担当の男性職員との関係を密にして信頼感を育み、日常的なやり取りを通して育てなおしをはかることに力を注いだ。そして本児の望ましい行動に積極的に肯定的注目を与えて自己評価を高め、暴力などの問題行動に対しては行動療法的なやり方を試み、自己コントロール力を高めていった。また

PTSD (Post Traumatic Stress Disorder)

外傷後ストレス障害。外傷的な出来事にさらされた後に起こってくる次のような状態で、三つの中核症状が一ヶ月以上続いている場合に診断される。

①「再体験・侵入」繰り返し外傷体験の記憶が不快な感情（恐怖、怒り、無力感、悲しみなど）とともに蘇ってくる。まるで現在その外傷体験の真っただ中にいるような感じに襲われることもある（フラッシュバック）。

②「麻痺・回避」外傷体験にともなう苦痛な感情から自分を守るために何も感じなくなったり、その体験を思いだすような場面を避けるようになり、感情や生活の幅が非常に狭くなることがある。

③「過覚醒」外傷時の体の反応が持続して、常に覚醒水準が高まった状態となる。睡眠障害が起こり寝つきの悪さや早朝覚醒を示す。神経過敏となりちょっとしたことでびくびくしたり怒りっぽくなったりする。さらに気が散りやすく落ち着きのない状態を呈す。

ＰＴＳＤ症状に対しては児童相談所の精神科医による薬物療法を実施するとともに、施設の心理職員による心理ケアも開始した。学校では幼い対人関係や強い被害感のため集団から浮いてしまい不登校に陥ったため、相談学級を利用し、小人数の集団で対人スキルを学んだ。

これらの多面的対応が功を奏し、入所後二年を過ぎる頃より自分を客観視し内省することが少しずつ可能になり、問題行動が軽快し、対人関係においても成長が見られた。自分の感情や過去の被虐待体験もわずかずつではあるが言葉で語ることができるようになった。また本児の希望により入所して半年後より両親との交流を開始し、それぞれの親との関係は改善していった。

しかし中学入学が目前にせまったこの時期に、両親の関係は悪化し、母親が家を出て別居となった。さらに中学入学にともない、施設の寮の変更があり、信頼していた担当職員と別れることとなった。これらの喪失体験について言葉で自分の気持ちを表現することができないまま、施設内の他児の持ち物の盗み、自宅への外泊時の金銭持ち出しに始まり、非行傾向のある年長男児とともにコンビニでの万引きを重ね、年少児への暴力や無断外泊へと問題行動がエスカレートし、大人への反抗的態度が激しくなっていった。さまざまな支援をするも問題行動は改善しなかったため、一時保護を経て児童自立支援施設に入所となった。

児童自立支援施設では枠のある生活の中で行動化が阻止され、自分本位な行動で時々トラブルを起こしながらも、自分の気持ちを職員に話したりすることができるようになっていった。両親は離婚となったが、それまでに面会場面で父親と母親と別々に話す機会を得て、自分の感情を不十分ながらも伝えることができ、悲しみの気持ちを自覚するとともに現実を受け入れていった。児童養護施設の職員も面会に訪れて話し合いを重ね、本児は支えられていることを実感することができ、一年後には元の児童養護施設に戻ることとなった。行動化されやすい傾向や自己中心的な言動は続いているが、反社会的な行動には至らず中学卒業の時を迎えることができた。今後も行動のコントロール力を高めるための支援を継続していくことが必要である。

(3) 事例のまとめ

父からの身体的虐待、母からの不適切な養育の中で育ち、基本的信頼関係は樹立されているものの愛着関係の歪みがあり、低年齢から金銭持ち出し、盗みなどの反社会的行動を呈した。施設入所後は、怒りのコントロールの悪さや外傷体験の侵入的再体験や行動の学習の結果とも考えられる暴言・暴力が出現したが、安全で安定した生活の中で大人との信頼関係を軸に育てなおしをはかることにより、パーソナリティの発達を促すとともに、行動のコントロール力を養うための支援とＰＴＳＤ症状に対する治療を行い、一定の効果が得られた。しかし両親の別居や担当職員の変更などの愛着関係の中断が、見捨てられ不安を惹起し、思春期という年齢もあって激しい反社会的行動を引き起こした。児童自立支援施設入所により、行動化が制限されて気持ちの言語化が可能になり、人との信頼の絆を再認識できて改善した。行動のコントロール力などの社会的能力を養うためには、守り育てる人との信頼関係の持続が重要であった。

5　児童福祉における支援

反社会的行動が固着し人格の歪みが大きくならないうちに、早期に支援することが望まれる。脳の神経生物学的な変化が起こっていても適切な支援によって回復と成長が促されるという［Teicher, 2006］。適切な枠組みのある安心できる養育環境を提供することがまず大事であるため、虐待的環境に対する支援が功を奏しない場合は虐待者との分離が必要となる。その際、非行行動がエスカレートしていない子どもは児童養護施設に、地域を巻き込んで非行行動がエスカレートして学校不適応が顕著な子どもは児童自立支援施設への入所となる。生活を共にする中で人との安心と信頼の関係を築き、自己肯定感や自己有能感を回復・獲得することが支援の基本である。そして信頼できる人との関係を通して行動のコントロール力を育み、基本的習慣や対人関係のスキルや社会のルールなどを学び、認知のゆがみを修正し社会性を養っていく。

生活の場が安心できる居場所となった段階では、大切に守られているという環境に支えられて徐々に凍結していた自分の感情に気づき始め、過去の被害体験や親への思いが語れるようになる。個別面接の中では言葉によってだけでなく、遊びや描画などを通じて信頼できる援助者との間で外傷体験を想起し、それにともなう感情や考えを整理していき、親との関係への整理へと進んでいく。外傷体験からの回復には、認知行動療法*［佐藤、2001］やＥＭＤＲ*［Tinker et al., 1999］などの治療方法も有効性を持つ。またフラッシュバック時の興奮や激しい攻撃的行動に対しては薬物療法も必要となる。

この間、親に対しても治療や支援を提供し、親子の交流を重ねながら望ましい家族の形

認知行動療法
感情や行動は、ある出来事をどう受けとめたか、どう解釈したか（認知体系）によって喚起されるため、否定的認知や非合理な信念は否定的な感情や行動に結びつき、心の問題や症状として現れることがある。この認知過程に働きかけてこれを変化させることで、感情や行動や思考の変化を起こし、症状や不適応行動を低減させることを目指す心理的介入法が認知行動療法である。この治療法はＰＴＳＤ（外傷後ストレス障害）に対して有効であることが証明されている。安全な環境の下で、外傷記憶やそれにまつわる状況に系統的なやり方でゆっくりと繰り返し向き合うことを設定することにより、記憶や感情の処理が進み、肯定的な見方や感情のバランスを取り戻し、症状が改善される。

ＥＭＤＲ（眼球運動による脱感作と再処理法）
Eye Movement Desensitization and Reprocessing の略。一九八九年にシャピーロによって開発された統合的な心理療法で、ＰＴＳＤ（外

態について探っていくことも重要である。家庭復帰後の非行行動の再発は少なくないため[犬塚ほか、2007]、家庭に戻る場合は、子どもの非行行動の改善に加えて、親の虐待傾向の減弱や親子関係の改善や地域の支援ネットの存在を確認することが必要である。そして復帰後も親と子どもへの支援を継続することが欠かせない。

斉藤[2006]は虐待を受けた大人への豊富な治療経験から、衝動統制能力を高めていく支援は改善するまでに長期間を要し、「この作業は治療というより、身体的ハンディキャップを抱えた人のリハビリテーションに似ている」と述べている。虐待を受けた子どもについても同様で、その反社会的行動の改善には時間がかかり、大切に護られていると感じられる環境を準備し、スタッフとの関係を通して攻撃性をコントロールする力を根気よく育むことが重要であるため[滝川、2005]、多くの人の手と連続性をもって長期的に子どもを支えるシステムの構築が必要不可欠である。

（犬塚峰子）

傷後ストレス障害）の治療において短期間で症状の改善が見られる効果的な方法として注目されている。その効果のメカニズムについて次のような仮説が示されている。人の脳は情報処理システムを備えており、通常の体験においてはそれが作動して、必要なことを記憶にとどめ、出来事に対して肯定的な意味づけを与え、陰性の思考や感情が消却されていって健康な精神状態に導かれる。一方外傷体験においては、情報処理システムが適切に機能しなくなり、陰性の感情や認知が神経システムに固着してしまい、さまざまな症状を引き起こす。この治療法では、心的外傷体験の記憶を思い起こしながら眼球運動を行うことにより（あるいは両側性の刺激を与えることにより）記憶の情報処理過程を活性化させることができるため、記憶が再処理されて肯定的な感情や認知に至る。その結果として症状は消失し適応的な行動が可能になる。

引用・参考文献

Bowlby, J. 1979 Effects on behavior of disruption of an affectional bond. *The making and breaking of affectional bonds*. Tavistock Publications.

Bowlby, J. 1988 *A secure base : Clinical implications of attachment theory*. Routledge & kegan Paul.（二木　武（監訳）1993『母と子のアタッチメント—心の安全基地』医歯薬出版株式会社）

藤岡淳子　2001　『非行少年の加害と被害』誠信書房

藤岡淳子　2003　「非行と児童虐待」『臨床精神医学』第32巻第2号　167–171p.
Greenwald, R.(Ed.)　2002　*Trauma and Delinquency*. The Haworth Maltreatment & Trauma Press.
橋本和明　2004　『虐待と非行臨床』創元社
Hirschi, T.　1969　*Causes of delinquency*. University of California.（森田洋司・清水新二（監訳）　1995　『非行の原因』文化書房博文社）
法務総合研究所　2001　「少年院在院者の被害経験に関する調査」『法務総合研究所研究部報告』第11号
犬塚峰子　2004　「児童福祉における行為障害」『こころの臨床 á. la. carte』第23巻第4号　396–401p.
犬塚峰子　2006　「児童相談所における非行相談―非行相談に関する全国調査から」『現代のエスプリ』第462号　117–129p.
犬塚峰子・伊東ゆたか・柴﨑喜久代ほか　2004　「児童相談所における子ども・家族のアセスメントに関する研究―児童相談所で保護した被虐待児の前方視的追跡調査―」厚生労働科学研究（子ども家庭総合研究事業）『児童福祉機関における心理的アセスメントの導入に関する研究』平成一五年度研究報告
犬塚峰子・蓑和路子・清田晃生・瀬戸屋雄太郎　2006　「児童相談所における非行相談に関する全国調査（2）」厚生労働科学研究（こころの健康科学研究事業）『児童思春期精神医療・保健・福祉の介入対象としての行為障害の診断及び治療援助に関する研究』平成一七年度報告書
犬塚峰子・蓑和路子・清田晃生　2006　「児童相談所における低年齢非行事例の追跡調査」厚生労働科学研究（こころの健康科学研究事業）『児童思春期精神医療・保健・福祉の介入対象としての行為障害の診断及び治療・援助に関する研究』平成一八年報告書
伊東ゆたか・犬塚峰子・野津いなみ・西澤康子　2003　「児童養護施設で生活する被虐待児に関する研究（2）―ケア・対応の現状と課題について―」『子どもの虐待とネグレクト』第5号　367–379p.

国立武蔵野学院　2000　『児童自立支援施設入所児童の被虐待体験に関する研究』

van der Kolk, B.　1996　The complexity of adaptation to trauma；Self-regulation stimulus discrimination, and characterological development. In：Van der Kolk, B., McFarlsne, A. C. & Weisaeth, L.(Eds.), ***Traumatic stress.*** Guilford.（西澤 哲（監訳）　2001　『トラウマティック・ストレス』誠信書房）

松田美智子　2006　「虐待と非行―少年院在院者の場合」『現代のエスプリ』第462号　84–94p.

岡田尊司　2005　『悲しみの子どもたち』集英社新書

斉藤 学　2006　「児童虐待と境界性パーソナリティ」『子どもの虐待とネグレクト』第８巻第３号　304–305p.

佐藤健二・坂野雄二　2001　「ＰＴＳＤの認知行動学」加藤進昌・樋口輝彦・不安・抑うつ臨床研究会（編）『ＰＴＳＤ　人は傷つくとどうなるか』日本評論社）

滝川一廣・四方燿子・高田 治ほか　2005　『児童虐待に対する情緒障害児短期治療施設の有効利用に関する縦断的研究　平成一六年研究報告書』子どもの虹情報研修センター

Teicher, M. H.（監修）友田明美（著）　2006　『いやされない傷』診断と治療社

Tinker, R. H. & Wilson, S. A.　1999　***Through the eyes of a Child；EMDR with children***. Norton.

Wasserman, G. A.& Seracini, A. M.　2001　Family risk factors and intervention.In：Loeber, R. & Farrington,D. P.（Eds.）, ***Child delinquents.*** Sage Publications, Inc.

Winnicott, D.W.　1975　The antisocial tendency. ***Through paediatrics to psychoanalysis***. Basic Books.（北山 修（監訳）　1990　「反社会的傾向」『児童分析から精神分析へ』岩崎学術出版社）

第6章　家庭・学校と非行

――家庭内暴力、いじめ、不登校、校内暴力、その発生要因と対策――

1　はじめに

非行と関連が強い家庭および学校における問題行動の現況について、文部科学省の「平成一七年度児童生徒の問題行動等生徒指導上の諸問題に関する調査」および警察庁生活安全局少年課の「平成一七年中における少年の補導及び保護の概況」「少年非行等の概要（平成一八年一〜一二月）」といった統計を中心に記述する。ここでは、家庭内暴力、いじめ、不登校、そして校内暴力の四つを取り上げる。さらに、非行問題への対応に関して、非行少年の社会内処遇を担う保護観察官の経験を生かした家族臨床の事例およびスクールカウンセラーとしての筆者の臨床経験をもとに具体的に述べていくことにする。なお、紹介する事例は、プライバシーの保護に十分配慮して、主旨を損なわない範囲で必要な改変を加えている。

2　家庭内暴力と非行

平成一八（二〇〇六）年四月、二六歳の男性がひきこもりに対する支援を目的とするNPO法人の寮において鎖で拘束され、死亡した事件が発生した。同時期に、昭和五〇年代後半に訓練生が死亡・所在不明となった「戸塚ヨットスクール事件」で服役していた校長が、傷害致死罪などによる懲役六年の刑期を終えて刑務所から出所してきたニュースが流れた。それにしても、家庭内暴力に関わる二つの事件には二〇年以上の隔たりがあるが、その間に大きな相違はあるのだろうか。少なくとも、困窮をきわめた親が、民間施設に頼らざるをえない状況は不変であり、それは、思春期青年期精神医療をはじめとする専門機関の力不足から生じていることは間違いない。

家庭内暴力は、わが国では昭和五〇年代前半から注目を集めるようになった。当時の家庭内暴力に関して、思春期青年期を専門とする精神科医は、

(1) 素直な、言うなれば親の期待通りに、「良い子」として育ってきた青年が、ある日突然に、家庭の中で暴力をふるいだす。

(2) 暴力行為の対象はもっぱら母親であり、行為が拡大してくると、家具什器、さらには父親に向かう例も若干ある。きょうだいに対する暴力はほとんどない。

(3) 母親に対して全身傷だらけとなるような激しい暴力を加える反面、母親に強い甘えや依存的態度を示すことが少なくない。

(4) 家庭の中では悲惨な状況が生じているのに、家庭外では、当の青年は従前通りの良い子としての外面を維持している。

(5) 暴力行為の初発は、一三歳から一七歳までの間に多く、青年の知的水準は高い。

といった特徴を見出している［清水、1983］。

家庭内暴力事案の統計を警察庁が取り始めたのは昭和五五（一九八〇）年だが、少年の就学・就労別に件数の推移を見たのが、**表1**である。少年による家庭内暴力のうち、警察が事件として認知した件数は、昭和五八（一九八三）年に一、三九七件とピークに達し、

表1　家庭内暴力の少年の就学・就労別認知件数の推移

（昭和55年〜平成17年）

年次	総数	学生・生徒						有職少年	無職少年
		小計	小学生	中学生	高校生	浪人生	その他		
55年	1,025	678	32	360	252	…	34	100	247
56	1,194	845	38	476	290	…	41	81	268
57	1,099	775	24	472	249	—	30	62	262
58	1,397	965	23	594	313	—	35	98	334
59	1,131	732	25	427	247	—	33	66	333
60	1,107	739	17	427	266	—	29	78	290
61	856	556	14	280	235	10	17	55	245
62	798	527	14	313	180	9	18	48	223
63	860	555	11	324	191	9	20	49	256
元	839	545	13	313	190	10	19	54	240
2	779	490	3	276	176	16	19	63	226
3	848	530	13	315	168	11	23	55	263
4	757	481	15	277	157	12	20	68	208
5	715	466	14	253	168	13	18	58	191
6	654	414	12	218	152	13	19	40	200
7	688	479	19	268	164	11	17	38	171
8	744	547	18	299	201	3	26	40	157
9	827	614	37	316	234	5	22	41	172
10	1,000	713	19	424	252	4	14	38	249
11	931	660	19	355	259	7	20	42	229
12	1,386	997	34	524	386	10	43	63	326
13	1,289	968	40	541	353	4	30	55	266
14	1,291	913	50	419	384	12	48	75	303
15	1,154	848	38	441	325	8	36	52	254
16	1,186	888	56	473	328	3	28	64	234
17	1,275	1,023	53	570	366	4	30	51	201

注　警察庁生活安全局の資料による。

その後多少の起伏を示しながらも、減少ないし横ばいを続けていた。しかし、平成七（一九九五）年からは漸増傾向に転じ、平成一二（二〇〇〇）年に急増して以降は一、〇〇〇件を超える状態が続き、平成一七（二〇〇五）年は一、二七五件であった。

家庭内暴力を質的に分析すると、学職別では、どの年次も中学生の割合が多く、平成一七年は44.7％を占めていた。家庭内暴力の対象は、母親が過半数を占める状態には変化はなく、平成一七年では60.6％であり、家財道具など14.7％、父親8.7％と続いている。原因・動機別では、「しつけ等親の態度に反発して」が53.6％を占めており、子どもの甘えの対象であり、しつけを担っている母親への暴力が突出している理由が理解できる［法務省法務総合研究所、2006］。

非行との関連を示すものとして、家庭内暴力それのみと、他の問題行動（不登校・ひきこもり、不良行為・非行）が絡んだものとに警察が分類したものがある。平成一七年では、「家庭内暴力のみ」の割合が56.9％、「家庭内暴力＋不良行為・非行」21.3％、「家庭内暴力＋不登校・ひきこもり」21.7％となっており、非行が併存するものが五分の一を超えているのが特徴的である。

家庭内暴力の最悪の悲劇は、被害者であった親が、その苦しみに耐えかね、家庭崩壊を回避するために我が子を殺害するに至った事例である。例えば、平成一〇（一九九八）年に二年間にわたり家庭内暴力を繰り返した中学三年生の長男を金属バットで殺したとして、殺人の罪に問われた父親に対し懲役三年の判決が東京地方裁判所で言い渡された事件が大きくマスコミで取り上げられた。

かつては、「登校拒否型」「非行型」のように家庭内暴力を分類した時期もあったが、現在では、学校への不適応、家庭内での葛藤状態、そして社会的逸脱行動が併存しているものが臨床現場では大半を占めている。子どもの問題行動に対処しようとする保護者の関わりが悪循環、ボタンの掛け違えとなり、少年の反抗がエスカレートしてしまった事例が非行臨床における典型的なものであろう［生島、2003］。

3　いじめと非行

いじめについて、文部科学省は、「自分より弱い者に対して一方的に、身体的・心理的な攻撃を継続的に加え、相手が深刻な苦痛を感じているものであり、起こった場所は学校の内外を問わない」ものと定義して件数を把握している。それによると、公立の小・中・高等学校および特殊教育諸学校における平成一七年度（会計年度）の発生件数は、二〇、一四三件（前年比7.1％減）であり、校種別の割合は、小学校25.3％、中学校63.5％、高等学校10.9％となっている。ただし、行為の性質上、学校側が実態を正確に把握することはきわめて困難であることは容易に想像がつく。

また、態様別について見ると（重複計上）、「冷やかし・からかい」が九、三六二件と最も多く、「言葉での脅かし」（五、三三一件）、「暴力をふるう」（四、六三七件）、「仲間はずれ」（三、九〇四件）の順であった。その態様はさまざまであり、「暴力をふるう」といった外形的に把握できるものは別として、すべてのものが刑事司法手続の対象にされるわけではない。

このような状況にあって、いじめに起因する事件として警察が認知・処置したものは、昭和六〇（一九八五）年の六三八件をピークとして減少傾向にあり、平成一八（二〇〇六）年は二三三件であり、「いじめ加害事件」一二三件、「いじめの仕返し」一〇件である。さらに、検挙・補導人員で見ると、平成一八年は四六〇人であり、小学生3.9％、中学生76.5％、高校生19.6％となっている。また、いじめの原因・動機として警察が把握したものは（複数回答）、「力が弱い・無抵抗」が約五割を占めて最も多い。「何となく気にくわない」といった些細なことから仲間への凄惨なリンチ事件に発展することがあるが、そのような重大非行につながる「問題性＝非行の芽」をうかがわせるものであり、早期に教育的対応を行う必要性を痛感する。

いじめ被害は、不登校の要因にもなるもので、学校臨床にとって看過できない深刻な「教育問題」ではある。一方、いじめ加害については、警察や児童相談所が介入して、家庭裁判所といった司法機関や保護観察所などの少年処遇機関が関与すべき「非行問題」としての意味合いは、全体から見れば薄れてきたと言えるであろう。しかし、それが自殺の誘因となるような深刻なものは、非行事件として対処すべきである。

4　不登校と非行

文部科学省は、不登校を「何らかの心理的、情緒的、身体的、あるいは社会的要因・背景により、児童生徒が登校しないあるいはしたくともできない状況にあること（ただし、病気や経済的な理由によるものを除く）」と定義し、年間に三〇日以上欠席した国・公・私立の小・中学校における不登校児童生徒数を調査している。最近一〇年間の推移を見たものが**図1**であり、平成一七（二〇〇五）年度の不登校児童生徒数は合計一二二、二八七人、平成一四（二〇〇二）年度から四年連続で減少した。また、在籍児童生徒数に占める割合は、小学校では0.32％、中学校では2.75％となっている。

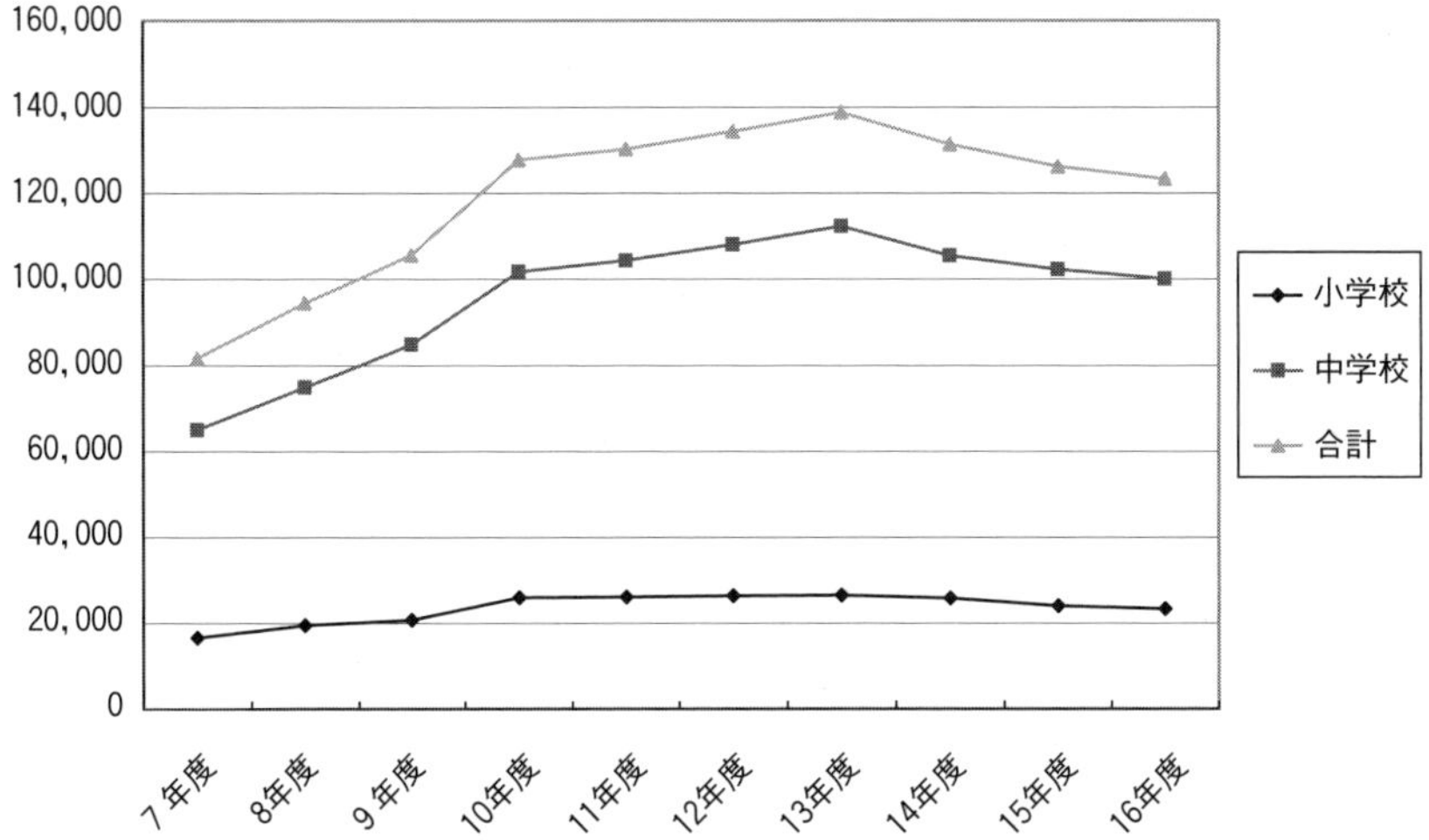

図1　不登校児童生徒数の推移（平成七年度～一六年度）

学年別で見ると、学年が進むにつれて多くなり、中学三年生で最も多いが、小学六年生の七、四八三人から中学一年生の二二、五六六人への急増ぶりが目立つ。不登校となった直接のきっかけとして学校側に認識されているのは、小学校では「本人の問題に起因」、中学校では「学校生活に起因」が一番高い割合となっている。肝心の「不登校状態が継続している理由」として学校があげているのは、「登校の意志はあるが身体の不調を訴え登校できない。漠然とした不安を訴え登校しない等、不安を中心とした情緒的な混乱によって登校できない・しない」が約三割、「無気力でなんとなく登校しない。登校しないことへの罪悪感が少なく、迎えにいったり強く催促すると登校するが長続きしない」が約二割を占めている。スクールカウンセラーである筆者の臨床経験からも、「体調不良」を理由とする不登校が近年際だっていると感じている。それは、自分が被害者となるいじめから由来するものは案外少なく、「友だちの悪口を自分の親友が言っている、そういうクラスが嫌だ」といった友人関係のもつれとも呼べないような、しかし生徒自身からすれば学校に自分の居場所がない・クラスの空気が嫌いといった「感じ方」にすぎないものが特徴的である。

非行との関連であるが、不登校が継続している理由として「遊ぶためや非行グループに入ったりして登校しない」を学校があげているのは、小学校ではほとんどなく、中学校で約一割にすぎない。しかし、現実に非行臨床に従事していると、不登校→中卒あるいは高校中退→無職あるいは就労が不安定な生活の中で、不良交遊が要因となって非行に至る子どもが大半であることは間違いない。

5 校内暴力と非行

文部科学省は、校内での暴力行為の具体的内容、程度などについて例示して、それを上回るようなものを対象に公立の小・中・高等学校の児童生徒が起こした件数を調査している。次の四形態に分類しているが、それぞれについて例示とともに紹介すると、教師の胸ぐらをつかんだ「対教師暴力」、下級生とけんかとなりけがをさせた「生徒間暴力」、卒業式で来賓を足蹴りにした「対人暴力（対教師、生徒間暴力を除く）」、補修を要する落書きをした「学校の施設・設備等の器物損壊」となっている。なお、平成一二（二〇〇〇）年から小学生も計上されるようになり、同年から校内暴力事件の定義のうち、「生徒間暴力」および「学校の施設・設備等の器物損壊」事件の前提要件から「集団による又は集団の威力を背景とする」が削除されたことに留意したい。

平成一七（二〇〇五）年度について見ると、発生件数は三〇、二八三件、校種別には、小学校二、〇一八件（6.7％）、中学校二三、一一五件（76.3％）、高等学校五、一五〇件（17.0％）となっている。特に、小学生が、統計で取り上げられて以降、増加傾向にあることが社会の耳目を集めた。また、暴力行為が学校内で発生した学校数は五、七二〇校にのぼり、全学校数に占める割合は15.4％、実に中学校の32.2％で校内暴力が起きている。そして、学校内外の暴力行為を行った加害児童生徒のうち、小学校では3.2％、中学校では12.2％、高等学校では8.3％が、学校の教育的指導に留まらず警察の補導などの措置を受けている。

一方、警察が校内暴力事件として検挙・補導した人員および事件数の推移は、**表2**のとおりである。検挙・補導人員は昭和五六（一九八一）年の一〇、四六八人、事件数は五八

表２　校内暴力事件の検挙・補導人員・事件数の推移

（昭和53年～平成17年）

年次	件数	検挙・補導人員			
		総　数	中学生	高校生	小学生
53年	1,292	6,763	4,288	2,475	…
54	1,208	6,719	5,141	1,578	…
55	1,558	9,058	7,108	1,950	…
56	2,085	10,468	8,862	1,606	…
57	1,961	8,904	7,952	952	…
58	2,125	8,751	8,227	524	…
59	1,683	7,110	6,657	453	…
60	1,492	6,094	5,683	411	…
61	1,376	5,225	4,924	301	…
62	947	2,852	2,698	154	…
63	943	2,581	2,409	172	…
元	939	2,651	2,479	172	…
2	780	2,260	2,130	130	…
3	625	1,702	1,568	134	…
4	567	1,600	1,430	170	…
5	470	1,293	1,137	156	…
6	494	1,166	1,092	74	…
7	464	1,005	917	88	…
8	448	897	837	60	…
9	571	1,246	1,117	129	…
10	661	1,208	1,093	115	…
11	707	1,220	1,150	70	…
12	994	1,589	1,422	163	4
13	848	1,314	1,175	133	6
14	675	1,002	887	99	16
15	716	1,019	893	121	5
16	828	1,161	1,022	114	25
17	1,060	1,385	1,255	109	21

注　1　警察庁生活安全局の資料による。
　　2　平成12年以降は、小学生を含む。

（一九八三）年の二、一二五件をピークとして減少し、平成一八（二〇〇六）年は、それぞれ一、四五五人、一、一〇〇件となっている。検挙・補導人員の中では中学生が92.0％と圧倒的に多く、平成一二（二〇〇〇）年から小学生も計上されていることは既に述べたが、平成一八年は二七人である。こうした状況の中で、小学生から教師が足を突然蹴り上げられる、腕に噛みつかれるといった事例が報道され、その激しい多動や衝動性をコントロールできない子どもの急増が指摘されている［朝日新聞、2006］。これらの事例では、親からの虐待経験やＡＤＨＤ*などの軽度発達障害などとの関連が容易に想像されるであろう。本章では、紙数の制限があって取り上げないが、児童虐待については第5章、発達障害については第9章を参照されたい。

6　家族臨床における非行問題への対応

公的な非行臨床機関、特に、警察の少年相談（少年サポートセンター）、家庭裁判所、児童相談所、保護観察所などは非行少年の家族への援助を業務として行っている。それは、法的な手続きがとられて〈非行少年〉と呼ばれるクライエントに仕立て上げられる子ども自身には治療的動機付けがなく、その問題行動に難渋する家族、特に親への援助的関与が欠かせないからである。具体的なアプローチとしては、父親も含めた合同家族面接を基本として織り込みながら、家族の過去の病理を取り上げるのではなく、面接室の中で〝今、ここで〟展開される家族の交流パターンにダイレクトに介入するのが有効である。機能不全に陥った家族は、家族内のサブシステム*の境界が不明瞭になっていたり、親の養育放棄といった家族員の機能の混乱・喪失が見られるので、これを明確化・回復していく。子ど

ＡＤＨＤ
↓237ページ。

サブシステム（Subsystem）
家族システムの基本的構造単位。祖父母、両親、きょうだいなどがあり、それぞれ世代が異なるので、その間には境界がある。これらの世代間境界は明確である必要があり、それが曖昧だと、「親代わりの祖母や

もの心情の理解・共感にとどまらず、再非行の抑止を目標として、次々と起きる問題行動への現実的な対処が優先されることは言うまでもない。

近年、前述の公的な非行臨床機関に加えて、スクールカウンセラーや臨床心理士なども非行のある子どもを抱えた家族への援助を行う機会が増えてきている。そこで、筆者が臨床心理士として扱ったA子（一六歳）の事例を紹介する［生島、2006］。事例の経過は二年余りに及ぶが、治療的動機付けのないクライエントとの面接を継続する上でのポイントとなるジョイニング*をていねいに行いながら、同時にA子の問題行動に即応した介入を心がけた最初の三回の面接概要を紹介したい。

(1) 生育歴・問題行動歴

A子は、私立女子高校一年生。中学三年生になって酒、たばこに手を出し、髪を染めて耳にピアスをあけ、さらに出会い系サイトを頻繁に利用し、中学卒業後の春休みは、そのほとんどを男友達の家で外泊していた。私立高校に入学したが、入学後二週間で不純異性交遊が学校に知られて自宅謹慎処分となり、処分が解けても早々に万引きをして警察に補導され、親がそのことを咎めると家庭内で暴れて手に負えなくなっていた。

(2) 家族状況

実父母、妹（中学一年生）、弟（小学四年生）、父方の祖父母と同居している七人家族。父親は、祖父から継いだ食品の卸売り業を自営しており、母親も家業を手伝っている。

長女」といった状態が顕在化して子どもの問題行動や症状につながるおそれがある。

ジョイニング（Joining）
面接者が家族と関わろうとするときの「波長合わせ」の過程であり、家族と一緒に治療システムを作り上げていく手段。家族のコミュニケーションの流れや様式に逆らわずに従う。例えば、母親が支配的であっても性急な介入は控える。また、家族の言葉使いやしぐさなどをまねることも有用である。

(3) 面接経過

A子の行動化が激しかった前半の一年は、一週間から一〇日に一回のペースで面接を行い、生活が落ち着き始め通信制の高校に転校した後半は、月一回のペースになった。

初回面接

父母とともにA子も来談し、両親に挟まれる形で着席した。まず、来談した理由について面接者がA子に尋ねると、「勝手に親から違うことを言われると嫌だから」と答え、面接者の「両親を監視に来たんだね」の言葉にA子は頷いた。母親はこれまでの経過を話すとともに、A子が家で泣きわめいて暴れ家具を壊すことに困っていると訴えた。A子が苛立ってきた様子を見計らい、面接者はA子との心理的距離を縮めてサポートする姿勢を示すために、彼女の席を両親から離して面接者の傍らに移した。

第二回目

父母とA子が来談。最初に合同家族面接で、「ここが役に立つとしたら何かな?」と面接者がワンダウン・ポジション*で尋ねると、A子は「これからの生活のこと。自分でどうしていけばいいか、まとまらない」と心許ない気持ちを述べた。その後、A子との単独面接では、仲間との連絡を絶つため、両親がA子の携帯電話をとり上げていることが話題になった。面接者の「携帯がないことで不自由な反面、少し安心感もあるのかな?」との質問には黙って俯いていた。引き続いて父母との面接で、A子は、携帯を何が何でも返してほしいとは思っていないことを面接者から話し、「携帯がないことで、友達づきあいがうまくいかない状況を親のせいにできる利点をA子はなんとなくわかっている。親としては〝含み損〟ではないが、親のせいにされているということを知りながら、そのままにして

ワンダウン・ポジション(One-down position)
面接者が、専門家として家族より上位の立場から情報を得たり、指示したりすることを避ける態度や姿勢。例えば、「家族についてはほとんど知らないので教えてほしい」、「子どもを効果的に援助するためにあなたの助けが必要だ」と伝えることにより、家族との信頼関係が結ばれ、抵抗を和らげることができる。

おいてもよいのではないか」と助言した。

第三回目

母親から面接者に、「A子が学校に完全に行かなくなった」と進路について不安をぶつけてきたので、「A子本人は思うように生きたいのだが、その〈思うように〉というところが見つからないのではないか。自己決定はもちろん望ましいが、親から多少の押しつけがないと反発もできないのでA子としてはかえって苦しいのでは」と言い含めるように話した。その後、面接場面において親の主導、面接者のサポートのもとで進路の話合いがもたれ、A子も同意して通信制高校への編入の方針が決まった。

(4) 事例のまとめ

家族面接は、悪化するA子の問題行動のために激しく対立していた親子関係の調整の場になった。面接者は、初回面接で「両親を監視に来たんだね」という介入で不本意にも連れて来られたA子の心情に寄り添おうとしている。そして、両親とA子それぞれ個別の面接時間を持つなど対応を工夫しながら、その両方にうまくジョイニングすることに成功した。治療の動機づけをクライエントが持たない非行の事例において、面接に継続的に通ってくるかどうかは、合同家族・本人単独・母子並行といった多様な治療構造*を織り込むなどの面接者の細やかな配慮と親へのサポートがものをいうのである。

7 学校臨床における非行問題への対応

学校にとって非行問題への対応の難しさは、それに関わる専門機関の多さにある。警察

治療構造

治療を行う上での費用や時間、学校かクリニックかといった場所、面接者が医師か臨床心理士かといった職種など治療関係を規定するのが治療構造である。さらに、患者単独面接、親面接、合同家族面接、親子並行面接などの面接形態も治療構造の重要な要素である。

からはじまって、一四歳未満の触法少年であれば児童相談所、児童自立支援施設が中心となり、一四歳以上の犯罪少年であれば、家庭裁判所、少年鑑別所、保護観察所、少年院など非行問題を扱う機関がさらに増加する。

学校臨床の担い手であるスクールカウンセラーは、不登校に加えて、いじめ、非行問題に介入することを求められているが、その際には学校外の専門機関との連携、つなぎ手となるべき資質が必要である。そこで、筆者が少年院からの仮退院者などの社会復帰を支援する保護観察官であった経験を生かして、スクールカウンセラーとして関わった児童自立支援施設から中学校に復学したB子の事例を紹介する［生島、2005］。

(1) 生育歴・問題行動歴

B子は、中学二年生女子、小学校低学年からいじめの加害者となり、万引きを繰り返していた。中学に入ったばかりの四月には窃盗などで警察に補導され、児童相談所へ一時保護された後に児童自立支援施設入所となった。この施設の標準的なプログラムである一年後の中学二年生の五月に退所して中学校へ復学した。

(2) 家族状況

実父母と兄（一六歳）が同居家族である。父親の母親への暴力により、B子が小学三年時に離婚、しかし施設退所の頃に復籍することなくよりを戻している。兄は、本人が施設入所した同じ時期に窃盗・恐喝で少年院送致となり、B子より二ヶ月前に少年院から仮退院し、アルバイトをしながら定時制高校に通学している。

(3) スクールカウンセラーの働き掛けの経過

B子が施設入所直後から担任および学年主任に働き掛け、退所までの一年間に計八回、中学校から車で片道二時間以上はかかる施設に赴いての面会が実現している。多くの事例では、学校関係者が入所施設に出かけるのは運動会などの行事に限られるが、中学生としての生活がほとんどなかった本人にとって教員との継続的な面談は、円滑に復学する上で重要な支えとなった。

復学後は、毎週のスクールカウンセラーの勤務日ごとに担任から情報を得て、家庭訪問の強化など必要な助言を継続した。ところが、復学後二ヶ月を経過して遅刻・無断外泊が増加したことから、再非行のリスクが高まる夏休みに備えるために、スクールカウンセラーが各関係機関に呼びかけ、ケースマネジメント会議を児童相談所において開催した。

(4) ケースマネジメント会議

出席者は、中学校からは担任および学年主任とスクールカウンセラー、児童相談所からは担当児童福祉司、児童自立支援施設からは寮長である児童自立支援専門員と心理専門職員であった。その目的は、本人および家族に関する情報を共有し、将来予想される問題行動に関するリスクアセスメント*を行い、各機関の介入＝「出番」の時期と役割を相互に理解することである。

夏休み中の対応については、中学校は定期的な家庭訪問に加えて、個別の学習指導を行うとした。児童相談所は、本人・母親の定期面談の回数を二週間に一回から毎週に増やすとした。さらに、本人に危機感を持たせるために、相応の行為があれば一時保護を再び検

リスクアセスメント (Risk-assesment)

問題が再び再発する危険性を客観的に評価すること。問題の所在を明らかにし、情報の収集、情報の統合化、解決しうる援助計画を立てるために行うもので、児童虐待問題などに適用されている。問題を抱える者にいたずらにレッテルを貼るだけで終わることのないように注意しなければならない。

討すると言明した。児童自立支援施設は、退所児童のアフターケアとして、学校および家庭訪問を継続的に行うとした。それに対し、スクールカウンセラーは、夏休みに期間限定したショートステイを提案したが、施設側からは組織運営上困難であるとの回答であった。そこで、本人への心理的規制の意味を込めて、児童自立支援施設内の家庭寮で行う親子関係調整のための面談を提案し、参加機関の賛同が得られた。夏休み後からは、スクールカウンセラーの専門性を生かして、父親も含めた合同家族面接を実施する計画も立てられた。その後本人は何回かの危機を乗り切り、専門学校への進路が決まった。

(5) 事例のまとめ

ケースマネジメント会議の開催については、参加機関の実行可能なこと、不可能なことの相互理解が深まり、具体的な介入方法を吟味することができた意義は大きい。関係する機関は漏れなく参加することが望ましいが、「船頭多くして……」とならぬように、夏休み中の関わりが重複しないなど全体の調整は児童福祉司が行うことになった。ところで、少年院からの仮退院者は必ず保護観察に付されるが、同様のアフターケアのシステムが、児童自立支援施設からの退所に際してはいまだ確立しているとは言いがたい。そこで、児童相談所が施設退所後のアフターケアのマネジメントを行う主体であることを明確化するためにも、会議の開催場所に選んだのである。

一方、関係機関が集う会議を開く際に注意する点も少なくない。まず、当事者である本人の参加は事実上難しいとしても、指導の要となる保護者の参加は必要である。非行臨床機関には、処遇方針の検討に際して本人参加が原則となっていないが、それぞれの機関の関わりの効果がすぐには現れない非行臨床の特質から、本人を支える保護者がくたびれ果てないようにエンパワーメント*する働き掛けが不可欠であるからだ。次に、関係機関の役割や権限を理解するのは望ましいが、早々に他の機関にまかせるべきと、自らの役割を縮小して考えてしまう危険性があることに留意すべきであろう。相互の連携が、他機関への丸投げや依存関係に陥ることがないように、どの機関も忍耐強く関わっていくことが求められる。「どちらが何をするか」という役割分担ではなく、「お互い何ができるか」という協働体制の実現が、つなぎ手を目指すスクールカウンセラーの役割である。

8 おわりに

平成一七（二〇〇五）年六月の東京都内の社員寮で管理人夫婦を高校一年生の長男が殺害・放火した事件、一八年三月の東京都内で中学二年生の男子生徒が自宅に放火して生後二ヶ月の妹が殺害され父親らに重傷を負わせた事件、そして六月にも奈良県で高校一年生の長男が自宅に放火して継母と弟・妹を焼死させた事件など「家庭内殺人」事件が続発している。これらに共通しているのは、母親などへの執拗な「家庭内暴力」が顕在化しないまま、父親やきょうだいを含めた家族員への殺意が暴発し、その方法も放火によって「イエ」自体をなきものにしようとしたことではないだろうか。従来の「家庭内暴力」を行っていた少年の思春期特有の心理と大きく変わるところはないものと筆者は考えているが、動機・きっかけと現実には重大非行となった実行行為までのスペースがほとんど認められない。

これに加えて、すでに述べたように、体調不良で「行く気がしない」との理由で不登校となり、駄々をこねるように依存している親に暴力をふるい、「何となく気にくわない」

*エンパワーメント（Empowerment）
クライエントが自ら関わる問題状況において、主体者として自己決定能力を高め、問題に対処していく力を発揮していくことを促進する過程。専門家は、本来持っている力を発揮できない当事者に対して、その力を取り戻す手助けをするために、その対人関係や取り巻く環境に働きかけていくのである。

と同級生をいじめ、突然キレて校内暴力に至る現象は、子どもたちが「悩みを抱えられない」証左であると考える。だからこそ、「家庭でも学校でもうまくいっていない原因の幾分かは自分にある」と直面化をはかり、身のほどを教える作業が、教育相談やスクールカウンセリングなどの心理的援助のポイントになることを改めて強調したいと思う［生島、1999］。

（生島　浩）

引用・参考文献

朝日新聞　2006　「小学生の暴力最多2018件」二〇〇六年九月一四日付朝刊
法務省法務総合研究所　2006　『平成18年版犯罪白書』
清水將之　1983　「家庭内暴力」『岩波講座　精神の科学7』　岩波書店　181-212p.
生島　浩　1999　『悩みを抱えられない少年たち』日本評論社
生島　浩　2003　『非行臨床の焦点』金剛出版
生島　浩　2005　「学校臨床における非行問題」村尾泰弘（編）『現代のエスプリ―非行臨床の理論と実際』第461号　170-178p.
生島　浩　2006　「非行のある子どもの家族援助」生島　浩（編）『現代のエスプリ―非行臨床の課題』第462号　198-206p.

第7章　薬物乱用と非行
——問題点と防止——

1　はじめに

地方都市で精神科クリニックを開業している著者にとって、アディクション（嗜癖）は日常的な問題である。アディクションとは「害があるのにやめられない」不健康かつ不適切な習慣へののめりこみのことである。アルコールや薬物など「気分をかえてくれる物質」へののめりこみを物質アディクションと言い、また、過食も「気晴らし食い、ヤケ食い」という言葉があるように、食べ物が気分を変える物質となっている。ギャンブル、ショッピング、仕事など、「高揚感を与えてくれる行動プロセス」へののめりこみは、プロセスアディクションと呼ばれている。また、恋愛、夫婦関係、親子関係など互いに傷つけあいながらも離れなかったり、相手を自分の思い通り行動させようと必死になったり、自分を犠牲にして誰かのために奔走する、人間関係へのアディクションもある。自傷行為、暴力、虐待などもアディクションのカテゴリーに入る。すなわち、アディクションの特徴とは「はまっていく、コントロールの障害」ということになる。

アディクションは依存、逃避、回避の方法であり、この自罰的生活は最終的には放置すれば死に至るのである。ここに厄介な問題がある。アディクションは慢性進行性の病気で、再発のリスクが高いこと、そして他のアディクションとの併存や移行（クロス・アディクション）があることである。

地域の精神科クリニックは精神科病院より敷居が低く、受診しやすいのが特徴である。クライアントの多くはコモン・メンタル・ディスオーダー（不安と抑うつ）であり、心理的問題からさらに精神的問題・行動上の問題に進展している方が大方である。当院では世界保健機構（ＷＨＯ）の「精神および行動の障害の分類：ＩＣＤ‐10」を診断に使用している。気分障害（Ｆ３）、神経症性障害（Ｆ４）、摂食障害（Ｆ50）、非器質性睡眠障害（Ｆ51）などが主病名として付くが、人格および行動の障害（Ｆ６）の併存も多い。表面上「うつ、不安、不眠」で受診しているが、心が病んでいる時、また、過剰な自我防衛機制を使っている時、人は不適切な自己治療（アディクション）ないし自己防衛（時間、労力、お金などの使い方のアンバランス、身が危険に陥る行動、非社会性・反社会性）をしている姿がそこにある。すなわち、アディクションによるうつ状態を「うつ病」と誤解されるケースがしばしばあり、抗うつ薬を服用しても改善しない難治性うつ病とされてしまうのである。処方が問題の解決になっておらず、悪循環にはまっている。まさにこのようなケースではアディクションへの気づきが回復の第一歩である。

2　なぜクスリへ走るのか？

アディクションはどの年代でも起きうることであり、性別も無関係である。ただし若者は、まだ自律心や節度を養成されていない人生の初期の段階にあるため、依存が進行しやすい特徴がある。本題の薬物乱用に関してもアディクションのひとつにすぎないが、何故クスリにはまりやすいのか考えてみよう。

若者は一般的に空想的、願望的、熱情的、自己愛的、暴走的等々である反面、経験が少ないため傷つきやすさを兼ね備えている。思い込みが強い分、現実社会で報われないと現実を無視・否認し、更なる刺激を求めて暴走するか、はたまた現実を回避・逃避し、何かに依存する行動パターンをとりやすい。現にプロスポーツ選手の夢に挫折した者、大学進学に挫折した者、元々おちこぼれと言われている者、機能不全家庭で育った者などは「健全に生きる術の選択肢」が極端に少ないために、身近な誘惑、クスリに耽溺しやすい。物質がちょっと気分を変えてくれるからである。物質は現実の問題を何も解決してくれないのにもかかわらず。アルコールやタバコは身近にある依存性物質である。特にアルコールは手軽に酩酊できる物質で、テレビコマーシャルも派手で浸透しやすく、ファッション感覚で飲用できるため若者の飲酒が増えているのが現状である。

3　薬物乱用と非行・自己破壊行動、攻撃性、暴力との関係

一般に思春期の少年少女達はエネルギッシュで攻撃的であり、可能性は無限大である。ただし人生における発展途上段階にあり、また、社会生活技能を十分に備えていないため、ストレス耐性が低い特徴がある。良く言えば感性が豊かで、積極性があり、柔軟ともなるが、裏を返せば些細なストレスで攻撃的、なかには消極的になり、脆い思い込みの強い原理主義者などに転じやすい。「勝ち負け思考」が加わると、さらにこの傾向は増幅される。つまり積極的である分、判断や行動が不適切な方向に向くと、節度や自立心が弱いだけに行動に抑制がききにくい。例えば暴走する者＝暴走族は、命を顧みず制限速度を超えて走り回り、他者への迷惑も考えず、敵対する者との抗争や喧嘩に明け暮れる。また、ひきこ

もりは他者（多くは家族）に依存しながら、自己の世界に埋没し、自分自身と闘争し、非社会的となっている。両者とも成長や発展とは無縁の存在である。

ここでアルコール問題が加わった場合を想定してみよう。依存物質であるアルコールは少量なら、酩酊し気分を開放してくれるだろう。酩酊が進めば、抑制が取れすぎて判断力の低下を招く。アルコールは何ら問題解決を生まないので、前記両者の行動はさらに不適切になることは間違いない。酩酊物質は攻撃性を助長し、暴力を引き出しやすくし、最終的には自己破壊行動が止まらず、命を落とす危険性をはらんでいる。

さらに精神刺激性物質の場合はどうであろう？　覚醒剤はその所持・使用自体違法であるが、「覚醒剤は他のどんな麻薬よりも暴力に結びつきやすい」ことは良く知られている。覚醒剤使用者は幻覚や妄想がでやすく、怒りが激しい上に、敵対的で、人に当り散らす傾向が強い。覚醒剤は脳のシナプスで神経伝達物質ドーパミンの再取り込みを阻害する薬理作用を持つため、ドーパミン過剰の状態を引き起こし、脳は興奮し、錯乱が続く。覚醒剤の使用が長期に続くとシナプスに永続的な変化を起こす。初期には覚醒剤による効果が徐々に低下するので以前と同等の効果を得るのに、さらにに多くの覚醒剤を必要とする「耐性」という現象が起きる。簡単に言うと「感度の低下」である。耐性の後には強迫的に覚醒剤が欲しくなる。さらに特徴的なのは、「逆耐性」である。これは「感度の低下」とは逆の「鋭敏化」を指すもので、少量の覚醒剤で、また、覚醒剤の使用がなくても心理的ストレスで幻覚や妄想が再燃（フラッシュバック）しやすくなるのである。この鋭敏化は覚醒剤の使用を断っても年余に及ぶ。覚醒剤使用者は絶えず不安であることに気付くが、使用するごとに悪化する。猜疑心、曲解、妄想が進展し、精神と行動のコントロールを失い、暴力的になってしまう。

ここまでを見てみると、ストレスを受けやすいもの、受けているもの、受けてきたもの、作っているもの、すなわちストレス性健康障害と薬物乱用は共犯関係にあることが推測される。現実からのストレスで神経システムが過剰反応しているのを、薬物乱用でなだめているかのように見えてくる。脳はトラウマやストレスの悪影響（鋭敏化）を簡単に受けてしまうので、その解消方法や発散方法を学んでいないと、いともたやすく薬物の魅力の前に屈服しやすいのであろう。薬物乱用の繰り返しは家庭、学校、職業などの社会生活を破壊、崩壊の方向へ導くのにそう時間は要さないと思われる。

4　精神科クリニックから見た薬物乱用、非行、自殺

近年わが国では自殺者の増加が社会問題視されている。平成一〇（一九九八）年には自殺者が約三万二〇〇〇人と急増して以来、八年連続で三万人を超え、社会全体で自殺予防対策の推進が求められている。自殺の動機、理由に、「経済・生活問題」、「健康問題」などがあげられているが、精神疾患を有している者も多く、中でもうつ病であった者の割合が高いとの指摘がある。また、自殺者の低年齢化傾向も言われている。その治療薬として新しい抗うつ薬ＳＳＲＩ（デプロメール、ルボックス、パキシル、ジェイ・ゾロフト）やＳＮＲＩ（トレドミン）が市場を年々伸ばしているものの、自殺者数は減少を示してはいない。精神科医療の一端を担う臨床家としては残念でならない。効果がないと即断するには時期尚早と思われるが、うつ病、うつ状態を焦点にした視点が疑問視されかけているのも事実である。精神疾患の既往では確かに気分障害が最も多く、次いで物質関連障害（アルコール依存症、薬物乱用を含む）、統合失調症、パーソナリティー障害の順になってい

る。ポイントはこれらの障害が単に独立して存在しているのではなく、併存していることもあること、また、最も多い気分障害のなかに、うつ病だけを示す単極性うつ病と躁状態を併せ持つ双極性うつ病があることである。確かにうつ病の人は希死念慮を抱きやすく、自殺企図をする人が多いと思われる。精神科クリニックではいったいどうであろうか？
双極性障害に目を向けた著者のクリニックでの臨床経験を報告する。

【対象】

二〇〇三年九月から二〇〇四年八月までの一年間に双極性障害（躁うつ病）の診断で一年以上通院している患者さんは一五九人であり、全体の12.3％である。性別では男六八例、女九一例、平均年齢は四一・八歳。

【紹介時病名または初診時臨床病像】

うつ病・うつ状態が74％、不安障害45％、自傷行為・自殺企図31％、アルコール依存14％、人格障害14％、摂食障害8％などの順番であり、双極性障害と診断された者は16％と少なかった。

この結果は、単極性うつ病との比較研究ではないので、一概には言えないが、①全体の約三分の一に自傷・自殺行為が認められた、②双極性障害は他の病像を呈していることが多く、見逃されやすい、③アディクションや人格障害の併存が多い、というまとめになる。双極性障害は精神と行動のコントロール障害であり、「激しさ」を特徴としている。余談だが、双極性障害ではアルコールや食事のコントロール障害や生活習慣の乱れがあるため糖尿病の合併が7.5％あり、全患者数での糖尿病合併率2.3％に比し有意（p<0.01）に多かった。

すなわち、精神科クリニックを受診する薬物乱用群や自己破壊的行為をとりやすい者に双極性障害の併存が多いことを示した。

次に、精神科クリニックで問題になるのは、向精神薬の臨床常用量依存の問題である。抗不安薬を臨床用量の二・五倍使用する高用量依存者は気づかれやすいが、常用量を中止すると不安、不眠、抑うつ、いらだちなどの離脱症状がでるために、長期に、漫然と薬物が処方されているケースがある。また中にはアルコールやその他の薬剤に依存している多剤依存者がいる。パーソナリティ障害の存在も推測されるところから、処方上のルールを遵守し、教育的指導を心掛ける必要がある。また、最近処方数が増えている抗うつ薬ＳＳＲＩは中止後の離脱症候がでやすく、中止時には長期に亘る漸減法が必要となる。また、精神刺激薬メチルフェニデート（リタリン）、ペモリン（ベタナミン）はナルコレプシーの特効薬として、また、注意欠陥多動性障害の治療薬として使われるが、乱用や依存が生じやすい薬物なので、うつを主訴として受診しても安易に処方しないことが肝要である。

5　薬物乱用者に対する治療・処遇体制の現状と問題点

日本においては薬物の乱用・依存者は非行・犯罪を犯した者として、社会の安全と秩序を守るため、法による規制モデル（Legal Model）により処遇されるのが主流であった。そのうち、一四歳未満の少年は児童福祉法により保護の対象として、保護モデル（Protection Model）により処遇され、一四歳以上二〇歳未満の少年は少年法により教育の対象として、教育モデル（Educational Model）により処遇されている。さらに、成人の薬物乱用者は各種の薬物取締法により犯罪者として、矯正モデル（Corrective Model）により処遇される。法による規正モデルの場合、一般の刑法犯罪と同様に処遇されており、交通事犯者が交通刑務所で開放的に処遇されるような、薬物乱用・依存者の更正を主眼とした特別の行刑施設は未だ整備されていない（一部の矯正施設において薬物依存・乱用者用の更正プログラムは試験的に試みられてはいるが、一般的ではない）。

この他に、薬物乱用・依存者を薬物依存症という病気に罹病した患者として、医療とケアを施す医療モデル（Medical Model）がある。また、薬物を使わないと生きてはいけない社会生活の困難者として、ケアと保護を与える社会福祉モデル（Social Model）もある。

これらの各モデルの中で、施設内で処遇されている一日当たりの人数は大雑把に言うと、規正モデルにおいては一五、〇〇〇～二〇、〇〇〇人、医療モデルにおいてはその十分の一、社会福祉モデルにおいてはさらにその十分の一である。したがって、規正モデルと比較して、医療モデルと社会福祉モデルの整備が非常に遅れていると言える。

わが国では、覚醒剤や有機溶剤の使用自体が犯罪であるが、それは刑事司法領域において罪を償うことによって完結する問題である。使用自体が犯罪であるからといって、医療および社会福祉の領域で、薬物乱用・依存者のための治療・処遇体制の整備の必要性がないという理由にはならないのである。このことは是非、読者全員に確認しておきたいことである。

6　いかに防止するか？

若者における薬物乱用や依存は、本人だけではなく周囲を巻き込む社会的問題である。将来の地域社会の根幹をゆるがしかねないため、その予防は重要であり、その役割は家庭、学校、刑事司法機関、企業、精神科医などに分担されている。各社会レベルでの薬物の基礎知識、薬物の効用と弊害、乱用や依存症などに関する教育や啓蒙から各フィルターでの対応のあり方まで多岐にわたる。若者に必要なのは日常生活における社会参加するための訓練であり、社会生活における問題解決技能の習得と自分が存在する社会的規範の習得である。逸脱行動をする若者への対応では、各フィルターはイネイブリング（本人の自立を妨げる言動、本人の依存を結局促す対処）をやめて、自らの対応の限界を設定・認識しておく必要がある。まずは、自分の所属するパートができることで対応し、そのうえで適切なサービスを提供できる機関を選択し、先方の意思を確認したうえでつなげることが重要である。これが適切な連携を支える基本的な手続きであり、各機能の持ち寄りを可能にする。

精神科クリニックに求められるのは、受診に至った特別なケースと限定された期間であることが多く、その中での精神科医療サービスの提供ということになる。当院での診療内容は診断、個別並びに集団精神療法、薬物療法、デイケア、社会生活技能訓練などである。治療メニューに心理社会的治療法を載せているのは、前述したが薬物療法には乱用や依存の問題があるため処方に関しては細心の注意をして自らが乱用者や依存者を作らないように心掛けているからである。また、筆者は小学校の学校医、日本医師会認定産業医という立場から、待ち受けの精神科医としてだけではなく学校や企業での講演や相談会を実施している。

7　まとめ

薬物乱用と非行に関して、精神科クリニックという臨床の立場から、アディクションの総論、若者の薬物依存の背景、暴力や自己破壊行動・自殺との関係、精神疾患との併存、治療・処遇体制の現状と問題点、予防策などについて記した。薬物乱用の罠にはまらないという若い人達の決意を期待するとともに彼らの健全な成長を願っている。

（堀越　立）

引用・参考文献

平井慎二　1999　「有機溶剤乱用と関連精神障害、B治療」松下正明（編）『臨床精神医学講座8　薬物・アルコール関連障害』中山書店　271-283p.

堀越　立　2003　「精神科クリニックにおける精神療法と医療経済的評価」『日精協誌』第22巻第5号　46-51p.

堀越　立　2006　「Bipolar Disorder は見逃されていないか?」『Bipolar Disorder 4』アルタ出版　68-73p.

小沼杏坪　1998　『薬物依存症者に対する治療・処遇体制について』『アディクションと家族』第15

巻第2号　132-136p.
松島英明　2005　『関係性の中の非行少年』新曜社　17-45p.
中村伸一・生島　浩　2001　『暴力と思春期』岩崎学術出版
Niehoff, D.　1999　*The biology of violence.* The Free Press.（吉田利己（訳）　2003　『平気で暴力をふるう脳』草思社）

第8章　性犯罪と若者

1　青年期と性非行

(1)　青年が性と出会うとき

青年期に入ると、子どもは徐々に性に対して関心を示し始める。それは、教室の隅で友人同士でやり取りする〝ちょっとエッチな〟会話だったり、あまりおおっぴらにはしたくない大切な恋愛感情だったりと、さまざまな形をとる。また、この時重要な役割を担うのが、同性同年代の友人である。松井［1990］は、青年期の友人関係の機能として、緊張を解消し不安をやわらげる安定化の機能や、自分の知らない体験や意見・行動を提供するモデル機能などをあげている。特に性にまつわる話題は、両親や周囲の大人とは共有しにくい場合が多く、友人は心強い存在となる。性とは、青年にとって、不安と期待が相半ばしつつも、大人になった自分を実感できる、とても魅了されるトピックスなのである。

ただ、どのような出会いかたをするか、どのような友人と好奇心や不安などを分かち合うかによって、性は危険なものに変貌する。湯川と泊［1999］は、性的なメディアとの接触や対人関係などが、性暴力神話*の形成にどう結びつくのかを、一般の男子大学生を対象にして検討した。そして、メディアに描かれた確実性の低い性的情報を携え、身近な友人

性暴力神話
　性暴力を促進する要因となる、性暴力を合理化する誤った信念・態度のこと。この神話が信じられてきたがゆえに、性暴力の問題は、適切な処置のなされないまま、長年見過ごされることとなったが、近年、それらの誤りが指摘されている。大渕ら［1985］によれば、性的欲求不満・衝動行為・女性の性的挑発といった加害者（男性）の条件を合理化したものと、暴力的性の容認・女性の被強姦願望・女性のスキ・女性による捏造といった被害者（女性）に責任転嫁したものとがあるという。

や先輩とそうした性情報を交換することによって、性暴力神話につながるような根拠のない考えが形作られ、こういった誤った信念や態度が、最終的に性犯罪行為を実行化する可能性へと結びつくことを実証している。青年期は、友人への傾倒が強い時期だけに、被影響性も大きい。湯川と泊［1999］の結果は、メディアに影響された歪んだ性意識が、それを助長する周囲との相互交流の中で、修正されないままに変容・強化され、犯罪に関わっていく過程を示すものでもある。まだまだ社会経験が少ない彼らに対して、周囲の大人が、さりげなく、そしてきめ細やかに目配りしておくことの大切さが痛感される。

(2) 性非行とは

性非行とは、一般に、行為者が未成年である場合の性に関する逸脱行為のことをさす。しかし、何を逸脱行為とするかは、その時代の価値観や社会通念、法制度、文化的背景などの影響を強く受け、その内容も、強姦・強制わいせつといった犯罪や、フェティシズム・露出などといった倒錯性を含むもの、性的なからかいや性器露出など比較的暴力性が軽微だと考えられているものまで、多岐にわたる。また、未成年であれば、同意にもとづいたセックスや妊娠・出産であっても、性非行と認知される可能性があるし、行動の裏にあると推測される心理的メカニズムも、どういう人物が、何を、どういう状況下で、どのように行うかなどによって、多種多様である。つまり、性非行をどういう視点からとらえるかによって、定義そのものも千差万別というのが現状なのである。

このような状況をふまえ、針間［2001］は、性非行を「未成年によってなされた性的暴力行為」とし、具体的な内容としては、「強姦罪と強制わいせつ罪にほぼ該当する」としている。一方、藤岡［2006］は、行為者が未成年で、成人であれば規制の対象とならない行為によって、道徳的・慣習的に非難される場合を「性非行」、行為者が未成年であっても、成人が行えば性犯罪となる場合は「性犯罪」と区別して用いている。藤岡の定義にしたがえば、暴力性が比較的軽微でも、相手に自由に判断する権利を与えず、直接・間接的な危害を加えるものはすべて性犯罪となる。

本章では、未成年者を含む青年と性の問題について論じるため、針間［2001］にならって、性非行という言葉を主に用いる。しかし、その意味合いや具体的な内容は、藤岡［2006］に準じ、「他者に危害を及ぼすあらゆる性的暴力行為」とする。議論の混乱を避けるため、倒錯性の性非行に関しては稿を譲ることとしたい。

2　性非行の現状と取り組み

性非行の問題は、青年期状況特有の心のあり方や衝動性とも関係して、少年非行を考える上では重要なトピックスと言える。また昨今、小さな子どもが被害者となる性犯罪がたて続けに起こっており、予防の観点も含めた対策の確立を、社会全体が切望している感がある。

(1)　欧米諸国の現状と取り組み

①現状

『平成一七年度版犯罪白書』［2005］には、諸外国の少年非行の動向として、フランス、ドイツ、英国（イングランドおよびウェールズのみ）、米国の一九九四年から二〇〇三年までのデータが記載されており、青少年（フランスは一八歳未満、ドイツ・英国・米国は二一歳未満）による、殺人、強盗、傷害、窃盗、強姦の検挙人員と人口比の推移を見ることができる。各国によって、データの対象となる年齢が違っており、統計の取り方も一様ではないが、白書をもとに、筆者が過去一〇年間における各国の強姦の検挙人員をまとめたのが、**図1・表1**である。青少年を「青年」と「少年」とに分けている国もあったため、その場合は二つを合算した数値を示した。また、人口比に関しては、算出できるほどの充分な資料が手元にないため割愛した。検挙人員は、青少年人口の増減に影響されるため、動向を知るには不十分な点も多々あるのだが、各国の状況を大まかに把握するにはよいと思う。これによると、強姦に関しては、米国は暫減状態にあると言ってよいだろう。それに対して、英国はほぼ横ばい、フランスとドイツは、ここ一〇年のうちにかなり増加していることがわかる。

②取り組み

このような状況において、欧米諸外国はどのような対策をとっているのだろうか。米国と英国の例を簡単に紹介する。

藤本［2006］によると、米国の性非行・性犯罪者対策は、性犯罪者前歴登録告知法*を制定して、地域に防衛意識を持たせることと、施設内処遇によって再犯防止を試みることの二本立てになっている。施設内処遇においては、認知行動療法の考え方をベースに、思考過程や態度、認知など、犯罪につながると想定される個人の要因や行動を変化させ、被害者への共感性を高めるような処遇プログラムが作成される。入所者は、個々のプログラムをもとに、グループワークやロールプレイ、集団討議などを行う。特に、集団による討議

性犯罪者前歴登録告知法
ミーガン法に代表される、地域住民が、子どもを性犯罪から守るために、性犯罪の前科を持つ者の現住所や顔写真、犯歴などの情報を入手できるという法律。現在はすべての州に適用されている。ミーガン法は、危険度によって三つのカテゴリーに分かれており、危険性の少ないレベル1の者は警察・検察などの法執行機関だけが情報を共有し保管、レベル2になると、主に子どもが集まる公共の場所へ警告が与えられ、もっとも危険なレベル3の者は、警察が地域住民に直接告知し、警告を与えることになっている。

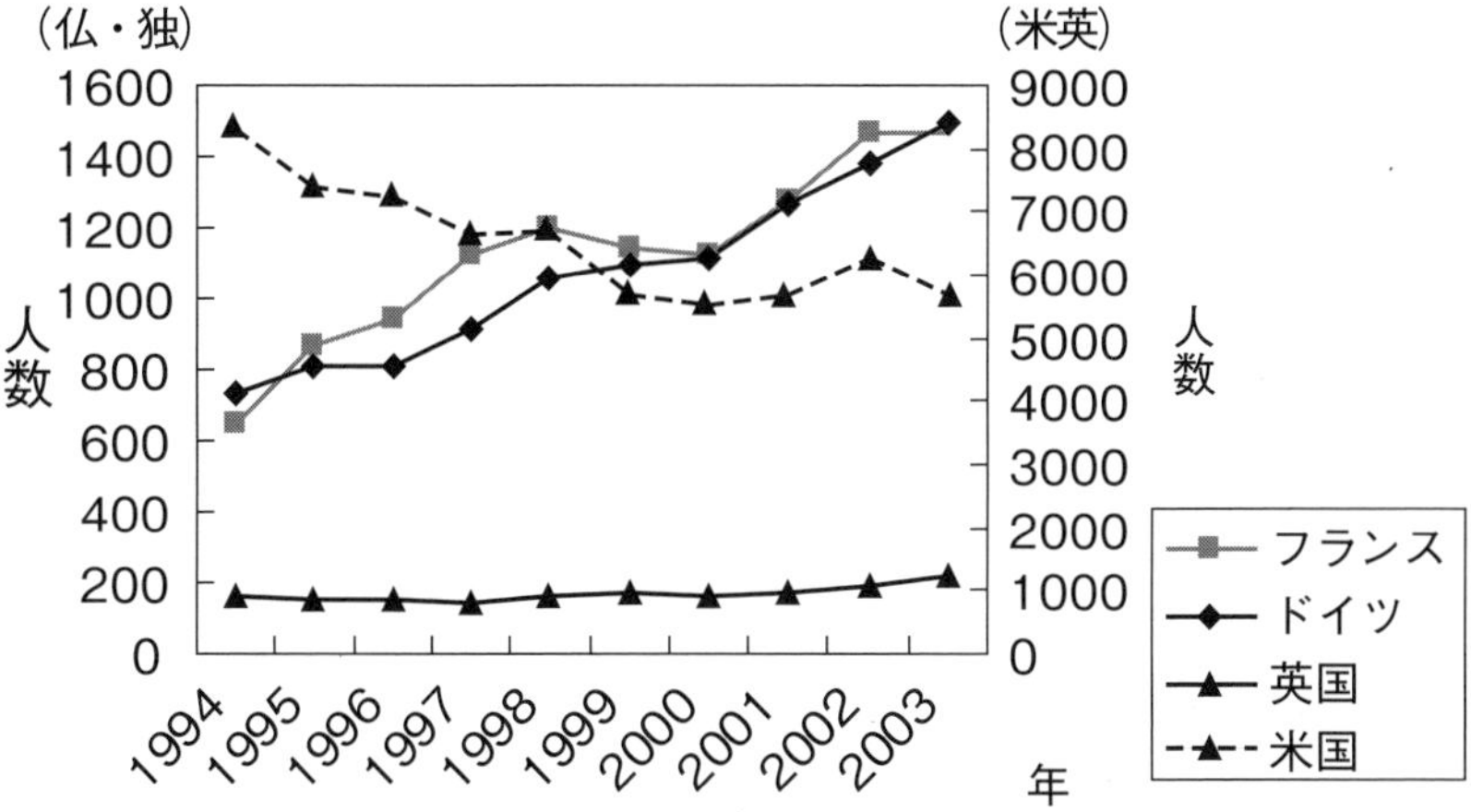

図1・表1　4ヶ国における強姦によって検挙された青少年の人数の推移

	検挙人員			
	フランス	ドイツ	英国	米国
1994	651	731	937	8287
1995	871	807	856	7405
1996	947	814	857	7232
1997	1121	918	794	6633
1998	1199	1058	931	6723
1999	1143	1096	938	5693
2000	1121	1111	913	5521
2001	1275	1263	979	5685
2002	1465	1381	1056	6282
2003	1469	1500	1234	5677

は、自分以外の性犯罪者の姿や考え方に触れ、お互い影響しあうことで、洞察を深める機会を得られるため、ある一定の効果が認められている。その他、男性の性衝動を減退させることを目的とした薬物療法も実施されている。

一方、英国では、二〇〇〇年に起きたサラ事件*とその後の世論の高まりを受け、政府は、従来の性犯罪に関する法律を整備し、一部の地域で実施されていた「多重機関公衆保護協働体制（Multi-Agency Public Protection Arrangement：以下、MAPPA）」を全国展開させた［守山、2006］。守山［2006］によれば、MAPPAは、一つの組織体として存在するものではなく、警察と保護観察所、刑務所などが協働して作る「地域社会において危険な犯罪者（特に性犯罪と暴力犯罪）のリスクを評価し管理して公衆の保護を図り、主要機関が協働してこれを実現する制度」である。そして、そのもっとも特徴的な部分は、再び罪を犯さないように監視するだけでなく、社会福祉や就職斡旋、教育などの機関に協力義務を課すことで、非行・犯罪者の社会復帰に向けた支援の側面もふまえた体制づくりを行ったことだと言われている。この試みは非常に今日的であるが、実施されてまだ日も浅く、リスク評価をする側の専門性の問題などさまざまな課題が指摘されている。効果の評定も含めて、今後の動向を見守る必要がある。

施設内処遇としては、認知行動療法をベースとした、犯行リスクを軽減させるためのプログラムが作成され、実施されている。コア・プログラム（core program）と呼ばれる、個人の自己統制力を強化し、犯行時の状況を認識させるためのプログラムを中心に、個人の特性や障害の有無などによって、いくつかのプログラムが選択・併用されている。

(2) 日本の現状と取り組み

サラ事件

二〇〇〇年七月、八歳の少女、サラ・ペインが、祖父母宅できょうだいと遊んでいる際に、何者かに誘拐され、強姦された後、殺害された事件。

①現状

平成一三（二〇〇一）年ごろ、非行の第四のピークが来るのではないかと危惧する声があった。しかし幸いにも、ここ数年間、検挙される刑法犯少年*の人口比は下降しており、その議論は下火になったかに見える。今日、日本の少年非行の特徴として指摘できるのは、強盗や粗暴犯など暴力がからむ事件が依然高水準で発生していること、薬物濫用の巧妙化、女子非行の増加と質的変化の問題であろう（**表2**）。女子は、多くが薬物非行か性非行であり、さまざまな犯罪の被害者になる可能性もあるため、早急な手立てを講じる必要がある。

さて、『平成一八年度版犯罪白書』［2007］では、平成八（一九九六）年から一七（二〇〇五）年までの一〇年間に発生した性非行・性犯罪を、さまざまな側面から検討している。そこでは、少年（二〇歳未満）による強姦の検挙人員は、平成一〇（一九九八）年にピークを迎えて以降、減少傾向にあること、強制わいせつは、おおむね横ばい状態にあることが示されている。そして、強姦・強制わいせつとも、若年層が多いなどの年齢的な特徴は見られず、強姦の共犯率は低下傾向にあるという。また、少年事件と成人のものとを合わせたデータではあるが、性非行・性犯罪の再犯率の高さも指摘されている。再犯をさせないためにどのようなアプローチが必要かつ有効なのかを探ることは、日本においても、今後の矯正教育のあり方に大きく関わってくるトピックスと言える。

刑法犯少年
日本では、交通事故に関わる業務上（重）過失致死傷を除く、刑法など規定されている罪で警察に検挙された一四歳以上二〇歳未満の者をいう。

②取り組み

平成一六（二〇〇四）年に奈良県で起きた小一女児誘拐殺人事件を契機に、性非行・性犯罪に対するさまざまな議論が公の場で活発にかわされるようになった。青山［2006］によると、警察庁は、性犯罪被害者対策として、被害相談窓口を設置したり、女性警察官を性犯罪捜査員として重点配備したりなど具体的措置を行うとともに、警察官による地域パトロールの強化、防犯訓練や防犯教室の実施、学校や地域への情報提供や緊急通報システムの整備などを通して、犯罪防止に努めているという。

また、平成一八（二〇〇六）年四月からは、法務省が中心となって開発した性犯罪者処遇プログラムが、全国二〇ヶ所の少年刑務所および一般の刑務所において実施されている。名執と鈴木［2006］によれば、このプログラムは、米国・英国と同様に認知行動療法を基礎としており、性的な動機にもとづいた事件を行った者すべてを対象に、再犯を抑止する技術が身につくよう構成されているという。中核的プログラムの他に、本人やその家族に対するプログラムが用意され、適宜組み合わせて実施されている。

従来から、性非行・性犯罪者と関わると、関わる側は、その特有の困難さに直面し、戸惑いを感じることが少なくないと言われている（例えば、藤岡［2001］、藤岡［2006］、針間［2001］など）。大谷ら［2006］は、その理由として、

・自らが犯した性犯罪（性非行）と自分自身の問題を結びつけることの難しさ
・被害者に与えた影響への無頓着さ
・対人関係の持ちづらさ
・家族の問題
・常習化している場合の対応の難しさ
・再犯を予測することの難しさ
・性というデリケートな話題を取り上げざるをえないことからくる処遇者側の躊躇

表２　触法少年の補導人員の推移　（平成 17 年警察白書より転記）

区分＼年次	7	8	9	10	11	12	13	14	15	16
刑法犯総数（人）	22,888	23,242	26,125	26,905	22,503	20,477	20,067	20,477	21,539	20,191
凶悪犯	188	172	167	182	173	174	165	144	212	219
殺人	2	1	1	2	1	0	10	3	3	5
強盗	17	14	26	28	33	30	25	25	29	28
強姦	4	6	8	5	12	15	5	14	14	7
放火	165	151	132	147	127	129	125	102	166	179
粗暴犯	1,374	1,275	1,525	1,455	1,507	1,869	1,696	1,613	1,467	1,301
窃盗犯	18,016	18,189	20,745	21,493	16,968	14,840	14,128	14,257	14,448	13,710
知能犯	33	34	24	32	21	30	37	31	39	46
風俗犯	83	89	108	95	81	95	110	131	132	116
その他の刑法犯	3,194	3,483	3,556	3,648	3,753	3,469	3,931	4,301	5,241	4,799
占有離脱物横領	2,228	2,442	2,509	2,628	2,773	2,287	2,682	2,825	3,592	3,184

の七点をあげている。今回始まったプログラムは、深層にある心の問題を扱うのではなく、行動パターンや認知の修正という明確な目標が設定されている点で、前記の七点の困難さを多少とも和らげる可能性があり、効果が期待されている。

いずれにせよ、試みは始まったばかりである。対象となる者の動機づけの問題や、プログラム自体が短期間で終わるために効果がどの程度持続するのか不明確であること、処遇者側の技術の向上が急務であることなど課題もある〔大谷ほか、2006〕。実践から得られた知見の積み重ねによって、プログラムがさらに改良され、少しでも現状が好転することを願って、今後の動向を見守りたい。

3 性非行の背後にある心理的特徴

性非行は、さまざまな要因が絡んで発生するため、質的な不均衡が大きく、なかなか研究が進まなかった感がある。最近では、バトラーら〔Butler et al., 2002〕が、性犯罪以外の犯罪歴のある性犯罪者は、性犯罪のみの者に比べ、子ども時代の問題行動が深刻で、現在の適応状況も悪く、再犯の可能性が高いとし、犯罪歴を一つの指標にすることを提唱しているが、まだまだ定まったものはないのが現状であろう。ただ、性に関する暴力行為は、男性が加害者となり、女性が被害者となることが多いのも事実である。佐渡〔1999〕は、男女間のコミュニケーションのあり方を、異文化コミュニケーションになぞらえ、ジェンダーにまつわる態度や価値観、信念などの違いが共有されていないがゆえにミスコミュニケーションが起き、それが男性から女性への性暴力を助長させるのではないかと述べている。性非行の背後に潜む心理的特徴には、ある程度性差があることは予測できよう。

（1） 男子による性非行

河野と岡本［2001］は、男性受刑者を対象に、彼らの自己統制能力と犯罪進度、家庭環境の因果関係を検討し、不適切な行動（頻繁な転職、逸脱行動など）が多い親に、不安定な家庭環境の中で育てられると、それを身近に見て育った子どもは、自己統制能力が低くなる可能性が高いこと、自己統制能力の低さは犯罪に関わる可能性を高め、それは二〇歳までの非行行動という形で現れやすくなること、特に父親の影響を受けやすいことを見出している。この知見は、性非行に限ったものではないが、男子による非行・犯罪行為と、それまでの親子関係のあり方、特に父親との関係とが、密接に結びついていることを示すものとして興味深い。また河野と岡本［2006］は、強姦と強制わいせつを含む対人攻撃性の強い犯罪歴を持つ男性受刑者は、そうではない者と比べて、他者の視点に立って物事を考えることが難しい傾向にあることを、質問紙調査によって示している。一方、ブラスケら［Blaske et al., 1989］は、青年期男子の性犯罪者・暴力犯罪者・非暴力犯罪者・無非行者を比較し、性犯罪者とその母親は、他の群と比較して、神経症的症状を訴えることが多いこと、友人関係は情緒的な結びつきが希薄であることを見出している。

一般に、男子による性非行は、自らの力や支配力を歪んだ形で誇示し、暴力によって相手を押さえつけるという意味合いが強い［藤岡、2001］と言われている。このような方法でしか自分の力を確認することができないほど、卑小感や自信のなさなどを抱えていると言い換えることもでき、それゆえ、対等な友人関係を形成しにくくなっていることは十分考えられる。こういった特徴の背後には、適切に社会化をうながすモデル（特に適切な父親像）を身近に見出せなかった可能性や、他者の視点に立って物事をとらえるという意味での共感性の未熟さがあることが推測される。また、藤岡［2001］は、激しい暴力行為を起こす少年の内的世界には、「脆弱感と自我肥大の混在する境界のはっきりしない自分」と「自分の思い通りにさせない敵意と悪意に満ちた、そしておそらくは圧倒的に強く、侵襲的であると感じられる他者」の存在があると指摘している。男子による性非行は、大部分が、直接的に女性性を痛めつけるものであり、大切に育まれ、守られているものへの激しい妬みが根底にあると考えられる。この観点からすれば、性非行少年は、「被害者」という対象に、自分を脅かし、飲み込もうとする強大なファリックマザー*や、強者を前にして立ちすくんで言うなりになるしかない卑小な自分を投影している可能性がある。性にまつわる非行・犯罪は繰り返される可能性が高いが、その理由の一つは、それ自体が、彼らの抱える根深い問題を克服する試みと結びついているからとは言えないか。もちろん、彼らは決して許されないし、矯正施設でさまざまな教育を受ける必要があるが、処遇者側は、早期の母子二者関係を含めた家族全体の病理も視野に入れながら、さまざまな働きかけをしていくことが重要であろう。

ファリックマザー
精神分析の概念。「ファルス＝ペニスを持った母親」つまり「権威的に振る舞う女性」のこと。

(2) 女子による性非行

佐藤［1985］は、女子の非行を女性の身体的性の特質から考察し、性的逸脱という行動の裏には、①生理的・身体的条件により、女性として成熟することに対立感情を抱きやすく、成熟過程での傷つきが、自己イメージを悪くし、「周囲に非難される自分」に強く同一化していく、②自己イメージの傷つきは、他者との信頼関係の構築をも困難とし、異性観の混乱を招く、③成熟への対立感情は生理的・身体的条件にもとづくが、社会文化的側面からも強化・増幅されやすい、というメカニズムがあると説明している。田村ら［1996］

は、テレフォンクラブに接触している女子中高生は、親との関係があまり良くないと考えている者がやや多く、学校での適応も悪い傾向にあること、性格は、外向的・軽躁的で、常に刺激を求める傾向にあり、友人の影響を受けやすいことを指摘している。石橋ら［1997］は、性交経験が度重なることが、罪悪感を深め、金銭への執着を高め、性的商品としての自らの価値に心を動かされやすくなると報告している。また、河野［2003 b］は、ある女子青年との心理面接過程から、より深い自我の問題や病理を露呈させないために、性的な関係を持つ場合もあるとする。この事例の場合は、寂しさや不安、罪悪感などに直面することが、精神病水準の激しい混乱と恐怖に結びつくため、性非行という行動化が、そういったものから目を背けるための手段として用いられていた。自我の脆弱性と性非行とが結びついているため、やめることは難しい。

女子の非行は、依存や関係性の希求が根本にあると言われている［藤岡、2001］。また、家族との関係のあり方が、男子以上に非行行動に大きな影響を及ぼすとも言われる。女性が女性としての性を自分のものとしていく過程においては、何よりもまず、信頼できる愛情関係を持つ健全な大人の女性モデル（たいていの場合、母親）が必要になる。充実した人生を生きているモデルとの関係を支えにして、自己を良いものとして受け入れ、大切にする心を育てていく。さまざまな要因によって母親のアイデンティティが揺らいでしまうと、それは身体的にも情緒的にも母としての機能を麻痺させることとなり、女子の精神発達に良くない影響を及ぼしてしまう可能性がある。従来の研究は、性非行にいたる女子が根底に抱えている、母親との同一化の失敗という問題を浮き彫りにするものと言える。もちろん、これは、すべての問題の原因を母子関係に帰属させるものではない。子どもと母親、そしてそれを取り巻く父親の三者関係、もしくは、その三者関係を取り巻く親族や地域といった環境との間に、相互円環的なひずみがあって、非行化が進んでいくのは言うまでもない。

一方、石橋ら［1997］の指摘する、罪悪感と金銭への執着という、相反する二つを両立させるためには、個人内で、罪悪感を持っていることを意識化しないという防衛が働くことが推測される。この過程においては、罪悪感を喚起させられそうな物事や感情などは、可能な限り無意識の奥底に押し込められ、ないものにされ続ける。病理の違いはあれ、結果として、心と身体の解離は進むこととなり、河野［2003 b］の事例のように、生きているという実感を持つことも、自分の力を確認する作業を行うことも難しくなることだろう。そんな彼女らにとって、性非行は、希薄になった身体の感覚や漠然としてしまった自己を一時的に取り戻す試みでもあるのではないか。昨今、社会病理現象として、歯止めのきかない暴力や薬物、摂食障害、自傷行為の問題が指摘されているが、少なくとも女子の性非行は、これらと本質を一にしていると思われるのである。過度の暴力は、人格の解離現象との関連が議論されているし、薬物は、幻覚や幻聴などを起こして、身体感覚を狂わせる。摂食障害は、食をコントロールすることで、自分をコントロールしようとするものであるし、自傷行為は、自分を傷つけることによって存在を確認しようとする試みに他ならない。性非行は、言うまでもなく身体の感覚をともなう。どれも、直接的に自他に働きかけ、強い身体感覚を求めることを通して、漠然としてしまいがちな自己を再確認しようとしているように見える。性非行もまた、彼女らなりの「自分探し」の手段であり、広い意味での自己確認の方法の一つと言えよう。

一方、数は少ないが、同性に対する性的暴力という形をとった性非行も存在するが、紙幅の関係上、割愛する。

4　性非行への対策

より非行性の進んだ者に対する対策は、施設内処遇のあり方も含めて2(2)を参照いただくとして、ここでは、もう少し一般的な性教育のありかたについて論じることにしたい。

(1)　性に関する正しい知識の習得

最近の中高生たちは、さまざまな性情報に触れているわりには本質的な理解に乏しいといわれている。門本ら［1998］は、男子非行少年は、避妊具の使い方を知らないなど、実際には性に関する知識が少ないにもかかわらず、そのことへの問題意識が希薄であると指摘し、具体的な知識をいかにして伝えるかが今後の教育上の大きな課題であると述べているが、このことは、何も非行少年に限ったことではないようである。また、女子の中にも、恥ずかしくて避妊してくれるよう相手に提案できないといった思いや、自分は妊娠しないという非現実的な思い込みなどがあり、それが性非行にさらに拍車をかけているとも聞く。性はその人の生き方につながる大切な事柄であるし、やはり対等な人間関係の中でこそ成立するものである。男子も女子も、性暴力神話から脱却するとともに、避妊の仕方や人工中絶などについての正しい知識を得る機会を持つことが必要である。

(2)　自分の生き方の問題と結びつけて性を考えさせること

さらには、性は、自分自身や自分の人生を大切にすることと密接に関係していること、それはパートナーやパートナーの人生を尊重し大切にすることにつながること、そのためには、自分自身の生き方を真摯に考え、自尊心を高めることが必要であることなど、性の本質についても、きちんと伝えるような教育が目指されるべきであろう。また、すでに性非行・性被害の経験などを通して、異性や大人への不信感や嫌悪感があったり、自分自身の価値を見失っていたりする場合は、PTSD*も視野に入れた、内界探求的な心理面接のような個別のかかわりに導入することも必要となるだろう。特定の面接者との安定した二者関係の中で、保護され、ゆっくりと自分について考えることで、彼らもまた、徐々に自らの傷つきと向き合うことができるようになるのではないだろうか。

(3) 対人関係構築能力を発達・促進させること

門本ら［1998］は、男子非行少年は、性的な衝動の高まりと、対人関係への関心や社会的スキルの発達とのバランスが悪いという。また、草野［2006］は、一般大学生を対象として、性的存在としての自己を肯定的にとらえることや、実際的に性的な対人関係を経験することが、性的リスク対処意識（妊娠や性感染症などの性的リスクの認識やパートナーに対する責任感など）にプラスに働くことを見出している。性行動は、パートナーが必要であり、そこには人間関係が存在する。効果的な性教育を考える際には、自分の心の中に沸き起こるさまざまな情緒を適応的に解消する方法をもつなどの自己統制力を高めることや、共感性や想像力など対人関係を構築する能力を発達・促進させることも視野に入れるべきであろう。

(4) 親へのアプローチ

子どもへの教育のみでなく、親の意識改革を促すことも重要である。特に、非行少年の

PTSD
外傷後ストレス障害（Post Traumatic Stress Disorder）の略。心の傷となるような出来事（災害・犯罪被害・戦争・暴力・虐待など）を経験した後に起きてくる慢性の疾患。再体験・回避・過剰覚醒などの特有の症候群を持つとされる。

家族は、形式的には家族の様相を呈していても、機能そのものは崩壊している場合もある。子どもの問題を考えるための個別の心理面接や、行動療法的アプローチなどを通して、親が親としての役割を果たせるように援助し、環境を整える必要がある。内容の生々しさゆえに、親の側に、意識的・無意識的に、性を話題にすることを避けたい気持ちなどが働く可能性もあるが、人間としての生き方の問題を検討するという視点を持つよう働きかけることで、抵抗感も多少は和らぐのではないだろうか。

5　おわりに

青年期に性について興味を持つことは、心理発達的に見ても健全なことである。ただ、身体的に成熟していても性的行動は禁止されるという社会的制約と折り合いをつける必要が出てくるし、相手への配慮や共感性を欠いて性的行動が暴走すると社会規範を犯すことにもつながる。

性教育は人間教育であり、その行動には、個人が生きてきた過程が反映されると言えよう。だとすれば、大人は、自分の生き方や行動、関わりのあり方が、子どもに多大な影響を与えていることに、もっと敏感になるべきではないか。そして、子どもの問題行動について考えるだけでなく、これまでの家族のあり方を含めたさまざまなすれ違いやゆがみが、たまたま子どもの性非行という形をとって表面化したにすぎないという認識を持つ必要があろう。それが、最も現実的で、かつ性非行を理解する上で意味のある視点を提供することにつながるのではないだろうか。

（河野荘子）

引用・参考文献

青山彩子　2006「警察による性犯罪対策」『犯罪と非行』第149号　17–33p.

Blaske, D.M.,Borduin, C.M.,Scott, W. & Mann, B.J. 1989 Individual, family, and peer characteristics of adolescent sex offenders and assaultive offenders. *Developmental Psychology*. 25(5), 846–855p.

Butler, S.M. & Seto, M.C. 2002 Distinguishing two types of adolescent sex offenders. *Journal of the American Academy of Child & Adolescent Psychiatry*. 41(1), 83–90p.

藤本哲也　2006「アメリカにおける性犯罪者対策」『犯罪と非行』第149号　88–111p.

藤岡淳子　2001『非行少年の加害と被害』誠信書房

藤岡淳子　2006『性暴力の理解と治療教育』誠信書房

針間克己　2001『性非行少年の心理療法』有斐閣選書

法務総合研究所　2005『平成17年度版犯罪白書』

法務総合研究所　2006『平成18年度版犯罪白書』

石橋昭良・石川ユウ・月村祥子・里見有功　1997「デートクラブ等に出入りする少女の実態と性意識」『犯罪心理学研究』第35巻2号　29–40p.

門本　泉・大木桃代・卜部敬康　1998「男子非行少年のセクシャリティ―行動・知識・意識面からの一考察―」『犯罪心理学研究』第36巻1号　23–32p.

河野荘子　2003 a「少年の性非行からみた性教育とは―女子の性非行を中心に―」『教育と医学』第51巻8号　38–45p.

河野荘子　2003 b『非行の語りと心理療法』ナカニシヤ出版

河野荘子・岡本英生　2001「犯罪者の自己統制、犯罪進度及び家庭環境の関連についての検討」『犯罪心理学研究』第39巻1号　1–14p.
河野荘子・岡本英生　2006「非行・犯罪者の共感性について(2)―対人攻撃との関係―」『犯罪心理学研究特別号』第44巻　84–85p.
草野いづみ　2006「大学生の性的自己意識、性的リスク対処意識と性交経験との関係」『青年心理学研究』第18号　41–50p.
松井　豊　1990「友人関係の機能」齋藤耕二・菊池章夫（編著）『社会化の心理学ハンドブック』川島書店　283–296p.
守山　正　2006「イギリス性犯罪対策の概要」『犯罪と非行』第149号　112–135p.
名執雅子・鈴木美香子　2006「法務省における性犯罪者処遇プログラムの策定経緯とその基本枠組について」『犯罪と非行』第149号　34–45p.
大渕憲一・石毛　博・山入端津由・井上和子　1985「レイプ神話と性犯罪」『犯罪心理学研究』第23巻第2号　1–12p.
大谷治子・藤山信彦・綿引久一郎・山口真美　2006「性犯罪者に対する保護観察処遇について―性犯罪者処遇プログラムの実施に向けて―」『犯罪と非行』第149号　71–87p.
佐渡真紀子　1999「男子大学生の性暴力観に内在するコミュニケーションの問題」『慶應義塾大学メディア・コミュニケーション研究所紀要』第49巻　133–148p.
佐藤友技子　1985「女子非行の急激な進行―身体的性の視点から―」『月刊生徒指導』238–251p.
田村雅幸・米里誠司・麦島文夫　1996「中学・高校生のテレホンクラブへの接触と社会適応状況」『科学警察研究所報告防犯少年編』第37巻第1号　48–59p.
湯川進太郎・泊　真児　1999「性的情報接触と性犯罪行為可能性―性犯罪神話を媒介として―」『犯罪心理学研究』第37巻第2号　15–28p.

第9章　現場から見た非行少年の実態

——非行の現状と対策、将来への課題——

第1節　児童相談所

1　はじめに

児童相談所は、児童福祉法に基づいて都道府県などの地方自治体が設置する行政機関であり、一八歳未満の子どもについてのあらゆる相談に応じる。寄せられる相談などの内容は、虐待を含む養護相談、保健相談、障害相談、非行相談、不登校やしつけなどの育成相談などで、直接子どもに関する相談であるが、養育里親や養子縁組里親の相談にも対応する。

児童相談所は、保護者、地域、諸機関からの相談・通告・送致*を受けると、調査・診断・判定し、援助・指導を行う。また、子どもの福祉のために必要な場合は子どもを一時保護し、乳児院・児童養護施設・障害児施設・児童自立支援施設などの児童福祉施設に入所させたり里親に委託したりする措置をとる。*

さらに、児童相談所は、児童福祉施設と里親に入所させたり委託したりしている子どもたちにも引き続き関わり、家族関係の調整や自立のための援助などを、施設や里親と協力して行う。

児童相談所は、平成一八（二〇〇六）年四月一日現在全国に一九一ヶ所設置されており、東京都には一一ヶ所ある。職員は、ケースワーカーである児童福祉司（東京都では定数一

通告・送致

「通告」は、権限ある官庁に係属していないものを、権限ある官庁に通知して職権行為を促す行為であり、「送致」は、既に権限ある官庁に係属している事件をほかの権限ある官庁の係属に移し、その職権行為にゆだねる行為である。「通告」を受けた場合は、その官庁は必ずしも受理を強制されないが、「送致」は定められた用件を具備したものであれば受理が強制される、とされる。

＊東京都児童相談所の入所施設・里親への措置児童数は約六千余人（平成一八年六月時点）である。

五九、平成一八年四月一日現在)、児童心理司（東京都では児童福祉司の約三割の人員配置)、事務職員、医師、弁護士などが、常勤や非常勤で配置されている。

このような機能と体制を持つ児童相談所は、子どもの非行についても後述するようなさまざまな援助を行っており、社会の少年非行対応体制の中で、重要な役割を果たしている機関である。

子どもの非行行動には地域差があり、その対応にも地域性が反映されるが、ここでは、筆者が勤務している東京都の現状を基にして、児童相談所の非行相談対応の現状と課題についての所感を述べる。

2 子どもの非行への社会の関与

(1) 子どもの状態に応じた関わり

子どもは、好奇心や冒険心が強いので社会からさまざまな影響を強く受け、しかも生活経験が短くて社会通念にうといので、いたずらや弾みや行き違いなどから問題行動をしてしまうことがある。それでも、ほとんどの子どもは、基本的には大人や社会が自分を愛護してくれていることをよくわかっていて、その関わりで行動を改めていく。

このような子どもへの関わりの過程で、保護者や学校が児童相談所に相談することもある。また、警察が関わって児童相談所に通告してくることもある。それでもほとんどの子どもは、保護者や学校の関わり、児童相談所の助言などで成長の方向を見いだしていく。

しかし、なかには、かなり複雑で困難な事情を抱えていて、後述するような児童相談所の援助が必要な子どももいる。さらに、児童相談所の関わりだけでは対応しきれない子どももいて、それらの子どもには、家庭裁判所などの「少年司法」といわれる分野が関わることになる。

(2) 児童福祉行政と少年司法の境界

少年法と児童福祉法は、子どもが刑罰法令に触れる行為をした場合や不良行為を繰り返しているような場合には、発見した者がその子どもを家庭裁判所か児童相談所に通告するよう定めている。

原則として一四歳以上の罪を犯した少年(「犯罪少年」)は家庭裁判所に通告・送致し、これを家庭裁判所の審判に付する。

一四歳未満で刑罰法令に触れる行為をした子ども*(「触法少年」)は児童相談所に通告する。一四歳未満の子どもは社会的に未熟で責任能力がないから、刑罰法令に触れる行為をしても「罪」に問わず、「要保護児童」と認められる場合だけ、福祉的援助の対象として児童相談所に通告するのである(児童福祉法第二五条)。

当然、「ぐ犯少年」*も一四歳未満であればすべて児童相談所に通告する。一四歳以上の「ぐ犯少年」を、家庭裁判所と児童相談所のどちらに通告・送致するかは、発見者の判断によることとされている。

ちなみに、子どもの非行をもっとも多く発見して家庭裁判所や児童相談所に通告・送致する機関は警察である。

相談・通告・送致を受けた家庭裁判所と児童相談所は、調査などの結果、その子どもに他方の対応が必要であると判断すれば、いずれも互いに事件を他方に送致することができ

刑罰法令に触れる行為
「罪を犯した」と「刑罰法令に触れる行為をした」について、行為としては同じであっても、一四歳未満の行為は「罪」に問わないので、後者のように表現される(刑法第41条「十四歳に達しない者の行為は、罰しない」)。

ぐ犯少年
少年法第三条第一項第三号
次に掲げる事由があって、その性格又は環境に照して、将来、罪を犯し、又は刑罰法令に触れる行為をする虞のある少年。
イ 保護者の正当な監督に服しない性癖のあること。
ロ 正当な理由がなく家庭に寄り附かないこと。
ハ 犯罪性のある人若しくは不道徳な人と交際し、又はいかがわしい場所に出入すること。
ニ 自己又は他人の徳性を害する行為をする性癖のあること。

る。家庭裁判所は、児童福祉的援助が必要であると判断すれば子どもを児童相談所に送致するし、児童相談所も司法の判断が必要だと判断した場合は一四歳未満の子どもも含めて家庭裁判所に送致することができる（「4　児童相談所の援助内容」参照）。

さらに、家庭裁判所は、犯罪少年（一四歳以上）について刑事裁判が適当であると判断すれば、事件を検察官に送致することもある。

少年法と児童福祉法による以上のような規定にかかわらず、児童相談所には、保護者や学校などから一四歳以上の犯罪少年と思われる子どもについての相談がよせられることがある。児童相談所は、これらの子どもに対してもまず福祉的援助を行い、罪を犯したことが明確である場合には原則として家庭裁判所に送致することとなっている。しかし、実際にはこれも児童福祉の立場から判断されており、機械的に行われているわけではない。

3　児童相談所が関わる子どもたち

ひとくくりに「少年非行」といっても、子どもの年齢・家庭環境・成育史などの実態は一様ではない。次に、前項で述べた法の規定にしたがって児童相談所が関わることになった子どもたちの実情を見てみたい。

(1)　相談件数と年齢

平成一五（二〇〇三）年に東京の警察署が検挙・補導した犯罪・触法・ぐ犯少年数は一五、九九八人である［警視庁生活安全部、2003］。一方、東京都福祉保健局が、平成一七（二〇〇五）年三月に発表した「東京の児童相談所における非行相談と児童自立支援施設の現状」（以下、「非行相談白書」と呼ぶ）によると、平成一五年度に東京都の一一ヶ所の児童相談所に寄せられた非行相談件数*（人数）は、一、四九五件（人）であった。うち二九六件は匿名などでの電話相談であったので、児童相談所の児童福祉司が調査や援助にたずさわった件数は一、一九九件（人）であった。すなわち、児童相談所の非行相談件（人）数は、警察の検挙補導人員の一割程度の数である。これは年によって多少の変動はあるが大きくは変わらない。ちなみに、この警察の検挙・補導人員には、喫煙や深夜徘徊などで街頭補導された約七五、〇〇〇人は含まれていない。

次に、子どもの学齢構成を見ると、警視庁の検挙・補導少年の約75％が義務教育終了後の少年で占められているのに対して、児童相談所の非行相談では、逆に約87％を小中学生が占めている。その内訳を見ると、全体の約72％が中学生、約15％が小学生である。最も多い学年は中学二年生で全体の32％である。

子どものほとんどは中学二年生で一四歳に達するから、この学年からは児童相談所に通告される子どもと家庭裁判所に通告・送致される子どもとが出てくる。そして、年齢があがるとともにほとんどの子どもが家庭裁判所に通告・送致されるようになり、児童相談所に相談通告される子どもは減少する。

こうして見ると、児童相談所は一四歳未満のすべての子どもの非行と、一四歳から一七歳までのぐ犯少年の一部の非行についての相談援助機関であるが、少年非行は義務教育終了後の子どもたちが大部分を占めていて、児童相談所が関わる低年齢の子どもたちは、少年非行全体のなかでさほど多くの部分を占めてはいないということがわかる。

非行相談件数
保護者や学校などからの相談、警察からの通告、家庭裁判所からの送致など、経路が異なっても児童相談所が受理したものはすべて含まれる。同じ子どもが、同じ年度に複数回カウントされることもありうる。

(2) 家庭環境

また、「東京都非行相談白書」によれば、東京都の児童相談所が非行相談で関わった子どものうち、実父母とともに生活している子どもは37％であった。同じことを東京の児童自立支援施設入所児童について見ると、20％ほどである。これらは、全国の少年院新規入所少年で実父母と生活しているものが46.7％（平成一六年版犯罪白書）であったのに比べてかなり低い。さらに、全国児童相談所長会の調査*からも、非行相談ケースのうち実父母と生活していた子どもが約42％で、その多くが転居や転校を何回も経験していることが報告されている。

これらからは、児童相談所の非行相談で関わる低年齢の子どもたちは、生育環境に不安定要因を抱えた子どもたちが多いという実態がわかる。

＊「児童相談所における非行相談に関する全国調査報告書」（「全児相」平成一八年六月、全国児童相談所長会）などが発表されている。

(3) 児童虐待の影響

最近、虐待と非行には強い関係があると言われてきている。「東京都非行相談白書」は、児童相談所が非行相談で関わった子どもの25％に被虐待経験が認められたとしている。非行相談ケースでは、関わりの発端からして必ずしも虐待に焦点を合わせて調査されてはいないと考えられるので、実際にはこの数字を超える現実があると思ってよい。

児童自立支援施設や少年院からは、入所児童・少年の中で被虐待経験を有するものは60％とも70％とも報告されている。

また、大人や社会に頼って成長するほかない子どもが、大人の意向や社会の規範に繰り返し違反するのは、背景に不適切な養育の存在を想定せざるをえないとして、特に低年齢の非行少年は、広い意味で言えばそのほとんどが虐待にさらされてきている、とする議論もある。

(4) 発達障害との関係

また、最近、著しい知的障害をともなわないが、周囲とのコミュニケーションがうまくいかない軽度発達障害といわれる子どもたち（ＡＤＨＤ、アスペルガー障害、高機能自閉症などと診断される）が、非行傾向を呈するようになりやすいということも指摘されてきている。発達障害そのものは非行とは本来は別のものであるが、障害に由来する躓きやすさや自己評価の低さなどから、二次的に反社会的・非社会的行動などをとるようになりやすいというものである。

発達障害傾向の子どもたちは、全体の数パーセント（一桁台の高くない数字が、研究者や現場の統計で報告されている）存在すると言われるが、最近全国児童相談所長会が行った調査からは、全国の児童相談所が受理した非行相談ケースのうち18.4％が、医師によって軽度発達障害や行為障害、解離性障害などの診断を受けていると報告されている。これも、非行相談があった子どものすべてが医師による診断*を受けるわけではないので、もし受けていればこれを上回る数字になることは間違いない。

現場実感としては、最近のこれらの障害傾向がある子どもたちの背景には、今日の社会の人と人との関わりの希薄さや表面性があり、生活環境が不安定な低年齢の子どもたちが、それらの影響を最も強く受けているように思う。

医師による診断
米国精神医学会の「ＤＳＭ―Ⅳ―ＴＲ精神疾患の診断・統計マニュアル」には、青年期までに診断される障害として、「精神遅滞」、「学習障害」「運動機能障害」「コミュニケーション障害」「広汎性発達障害」「注意欠陥および破壊的行動傷害」などの分類の下に「吃音症」や「自閉性障害」「行為障害」「異食症」「チック症」などの病名がある。近年日本でもこれらに基づく「精神疾患」の診断がさまざまな行動傾向を持つ子どもの診断に適用されるようになってきている。

4 児童相談所の援助内容

次に、前項で述べたような子どもたちに対して、児童相談所が行う相談援助について、東京の実態に即して述べる。

(1) 調査・診断・判定

相談や通告・送致があると、まず、児童や保護者との面接、必要な場合には学校や警察への調査などを行って、どのような援助が必要かを把握する。児童心理司や医師による診断、子どもを一時保護*しての行動観察も必要に応じて行われる。このように調査段階で子どもや保護者と関わる過程も、すでに援助・指導過程としての意味合いを持っている。警察や児童相談所などの関わりをきっかけにして、子どもと周囲の大人のコミュニケーションが復活し、改善に向けての取り組みが始められることも多い。

(2) 助言

児童福祉司や児童心理司が、子どもと直接面接して援助・指導したり、保護者や学校などとも話し合って、誤解の解消・関係調整を行ったりする。つまり、子どもや保護者の具体的な事情と、その中で行動を改善して成長していくための課題を明らかにし、子ども・保護者・周囲が協力して取り組んでいく関係作りを、そのケースごとの必要性に応じて援助するということである。この際に、調査・診断・判定の結果が活用される。

一時保護
児童福祉法第三三条
児童相談所運営指針第五章一時保護

(3) 継続的援助・指導

子どもや保護者に児童相談所に通所してもらったり、児童福祉司が家庭や学校を訪問したりしながら(2)の援助・指導をある程度の期間継続して行うこともある。この期間に定めはなく、数回の面接や訪問、電話連絡などで終わる場合もあるし、一年以上にわたる場合もある。

(4) 一時保護

一定期間(おおむね一ヶ月ほど)生活環境をかえて観察・診断・生活指導をすることが必要な場合に、保護者や子どもの同意を得て行う。子どもの当面の生活場所が確保できない場合や子どもを守る上で緊急性がある場合、あるいは子どもの行動が子ども自身または他人の生命、身体、財産に危害を及ぼすか、そのおそれがある場合には、同意を待たずに行うことができる。一時保護期間中には、児童福祉司・児童心理司の面接や関係者との面会などを通じて(1)~(3)の援助を行う。

(5) 児童福祉施設入所

(4)までの援助だけでは児童の福祉や成長を確保する見通しが立たない場合、児童福祉施設に入所させて援助することが検討される。

外からの刺激や人間関係をある程度コントロールし、生活の中での職員や子どもたちとの緊密なふれあいを通じて人間関係や生活のスキル、生きるよろこびなどを体感し、施設内に設置された少人数編成の学校教育などでさまざまな面での子どもの発達・成長を確保するとともに、家族関係調整や自立のための援助などが必要な場合は、児童自立支援施設に入所させる。子どもが、安定した生活の場があれば地域の学校に通って成長でき、家族関係調整や自立援助が可能であると見込める場合は、児童養護施設に入所させる。通院や服薬が必要な子どもは、施設から医療機関にかかる。

非行行為で相談があった児童であるからすべて児童自立支援施設に入所させる、というような機械的選択はしない。それぞれの子どもの成長のためにどの施設の機能が最適かという基準で判断される。

なお、子どもの施設入所が親権者などの意に反する場合には、児童相談所の判断だけではこれを実施することができない。

(6) 家庭裁判所送致

子どもや親権者らは拒否するが、どうしても子どもを施設に入所させての援助が必要であると判断される場合や、子どもが一時保護所や児童自立支援施設から無断外出を繰り返すような場合には、児童相談所は子どもを家庭裁判所に送致する。家庭裁判所の審判による保護処分（少年院送致、児童養護施設送致、児童自立支援施設送致、保護観察）などを求める場合と*、子どもに強制的処遇*（行動の自由の制限）を行う承認を求めてなされる場合とがある。後者の申し立てが承認された場合は、子どもは国立児童自立支援施設で指定された期間内の強制的処遇を含む援助を受ける。

(7) 家庭裁判所の決定の執行

家庭裁判所は、係属した少年について、児童福祉の援助が必要であるとして児童養護施

保護処分等を求める家裁送致
児童福祉法第二七条第一項第四号。一四歳未満でも重大な罪に当たる行為があった児童については、児童相談所は、原則としてこれを家庭裁判所に送致しなければならない、とする少年法の改正案が平成一九年五月に国会を通過した。

強制的処遇
児童福祉法第二七条の三
少年法第六条第三項
少年法第一八条第二項
児童福祉法第二七条第三項

設送致、児童自立支援施設送致の審判や、児童相談所長送致の決定を下す場合がある。このような場合は、児童相談所は児童福祉法に基づいて家庭裁判所の審判・決定内容を執行しなければならない。*

家庭裁判所の決定の執行
児童福祉法第二七条の二

(8) 施設入所中の援助・自立支援

児童が施設に入所した後も、児童相談所は施設と協力して子どもや保護者の援助を行う。親子関係や入所前に通学していた学校、地域との関係の調整、施設での悩みごと、施設退所後の進路選択などの相談に、施設を訪問するなどして対応する。子どもが無断外出などの問題行動を起こした場合も、子どもの安全確保や問題行動の原因の解明・解消などに取り組む。

(9) 施設退所後の援助

施設退所後も施設と協力して子どもと家庭を援助する。

東京都では、平成一七（二〇〇五）年度から、児童自立支援施設退所後に地域での援助を希望する子どもとその保護者に対して、地域の民生児童委員と児童相談所・児童自立支援施設が連携して援助する「児童自立サポート事業」を開始した。

5 福祉的援助の枠組み

児童相談所の援助・指導は、法に定められた措置を実施するものであるが、その方法は児童福祉の原則に基づくよう定められている。ここでは、それらの原則のうち、特徴的な事項について説明する。

(1) 「要保護児童」としての援助

児童相談所は、非行少年を児童福祉法に基づき「要保護児童」として援助する。この「要保護児童」は、必ずしも一時保護や施設入所が必要な子どもだけを意味するわけではなく、在宅したままでの面接指導、心理診断、親子関係調整などが必要な子どもも含むとされている。

往々にして児童自立支援施設入所措置などが処罰と誤解されることもあるが、児童相談所の相談援助活動は、あくまで児童の福祉と権利を守る目的で行われるものであって、処罰的な意味合いで行われるものではない。

平成一五(二〇〇三)年に東京の警察が検挙・補導した「触法少年」(一四歳未満)は一、〇三八人であったが、同年度に警察署が東京都の児童相談所に通告したのは、触法少年とぐ犯少年を合わせても五九〇人であった。このように、警察も非行行為を発見した子どものうち、児童相談所の関わりが必要な「要保護児童*」だけを通告しているのである。そして、その際の根拠法令は、被虐待児童などを通告する場合と同じ児童福祉法第二五条(要保護児童の通告)である。

(2) 自己決定の尊重

「児童相談所運営指針」[厚生労働省雇用均等・児童家庭局、2005]がさまざまな項で強調しているとおり、児童相談所の援助・指導は、調査活動も含めて、子どもや保護者の納得を得て行うことが原則である。

要保護児童
児童福祉法第六条の三「この法律で、……保護者のない児童又は保護者に監護させることが不適当であると認められる児童(以下「要保護児童」という)……」の規定がある。

その理由の一つは、福祉的相談援助活動は、子どもや保護者が、自ら問題を解決し困難を乗り越えていくことを援助するのであるから、子どもや保護者の力、自発的な努力がなければ成就できないという点にある。だから、児童相談所は、子どもや保護者の自己決定を尊重してねばり強く関わる。

実際の援助過程は、一時保護などのように当面必要と思われる援助を積み重ねながら進行し、同時に調査も進んでいくというような過程であるので、緊急の場合以外は、保護者や児童にその都度その援助の必要性や内容を説明して納得を得て実施していくことになる。

こうした援助過程がうまく進むためには、学校などの関係機関の協力を得ることが非常に重要である。筆者は児童自立支援施設で勤務した経験があるが、入所前に保護者・学校・地域などのねばり強い援助があり、入所後も親身な関わりがあった子どもは、施設でも大人や社会を信頼しながら成長できたし、退所後の自立もスムーズであった。

(3) 人権の保障

児童相談所が、極力子どもや保護者の納得を得て援助を展開しようとするもう一つの理由は、児童相談所が行う一時保護や施設入所措置は、子どもの福祉を確保するためとはいえ、ある程度子どもや保護者の人権を制限することになるからである。だから、児童相談所は、その必要性を十分説明し、子どもや保護者の理解を得て行うことに最大限の努力を払わなければならない。それでもなお保護者が同意せず、かつその意に反してもこれらの措置をとる必要がある場合は、まず必要に応じて都道府県児童福祉審議会の意見を聞き、最終的には前述したように司法の判断に拠らなければならない*。

緊急一時保護の場合でも、親権者などは、これに不服であれば行政不服審査申し立てや

＊児童福祉法第二七条第四項「第一項再三号又は第二項の措置（施設入所等の措置：筆者）は、児童に親権を行う者（第四十七条第一項の規定により親権を行う児童福祉施設の長を除く。以下同じ）又は未成年後見人があるときは、前項の場合（家庭裁判所の決定による指示がある場合：筆者）を除いては、その親権を行う者又は未成年後見人の意に反してこれを採ることができない。」

行政訴訟を起こすことができ、虐待ケースや非行ケースなどで実際に行われている。

6 子どもとの関わりの実際

児童福祉司は、相談や通告を受けると、まず子どもや保護者と連絡を取って面接や調査を行う。児童相談所から連絡を受けて面接に来所するときには、すでに親子でよく話し合って改善に取り組んできているケースもある。

だが、子どもが拒否的であるばかりでなく、保護者も共に関わりを拒否する場合もある。手を尽くして面接にこぎ着けても、事情が困難・複雑で直ちには援助の方向が見いだしにくいケースもある。

(1) 子どもの理解

効果のある援助をするためには、まず子どもをよく理解しなければならない。今置かれている現実の中を懸命に生きている一人の人間として子どもを見ると、社会性に乏しく十分な支えを持たない子どもが、日々さまざまな問題に直面して苦闘している姿が見えてくる。

例えば、親の離婚、転居や転校、虐待などがあって、強い緊張や不安のなかで生活する子どもの中には、他の多くの子どもたちと違った感じ方や感情表現の仕方を身につける子どもがいる。こうした子どもは、学校で仲間や先生となじむためにかなり多くの努力を払わなければならない。いろいろなことが気になって授業にも身が入らないことが多い。子どもはそれぞれ個性があって、どの子もうまくやっていくためにはそれなりのエネルギーを費やして成長していくが、大変な努力してもなじめず、はみ出してしまう子もいる。

小学校時代は、クラス担任がほとんどの教科を担当するので、子どもたちを一貫して掌握し、一定の関係調整もしてくれる。しかし、中学生になるとクラス担任はいても毎時間各教科担当の教師が交代で指導に当たるため、子どもは自分で携帯電話なども使って友達との関係を調整しなければならない。孤立傾向にある子同士が集まったり、仲間が見つからず、悩んだ末にネットやゲームにのめり込んだりする子もいる。嫌でたまらない悩みを忘れるためには、仲間の中にいるか何かに没頭するしかない。

それでも子どもは何とかみんなの中で認められるようになりたい。思春期になれば、仲間の承認を求める気持ちはますます強くなり、奇妙な服装や行動をとって注目を引いたり、大人に反抗して力を誇示しようとしたりもする。そういうことが成功して見通しが開けることはあまりないので、子どもの自己評価は低くなり、孤立感が深まる。そして、まれにはいわゆる「突然の凶行」につながる場合もある。

仲間といっしょに不良交遊や家出をしている子どもは、それでもまだ何とか「みんな」の中での位置を持っている。集団の中での位置を保とうとすると、大人との関係が破綻しやすくなる。大人に行動を改めるように注意され、約束をしても守れない。集団の中で苦労して何とか維持している今の立場をそう簡単に失ってしまうわけにはいかないからだ。説明してもわかってもらえそうにない。なかなか安心して眠れず、昼夜逆転の生活になることもある。

(2) 援助関係づくり

児童福祉司は、子どもや親と面接して、子どもの行動の意味を理解しようとするが、子どもがまともな対応をしようとしないこともある。「これからは絶対やらない」とか「ちゃんとできる」などと繰り返して何とかその場を切り抜けることに終始する場合もある。

このような場合、児童相談所はそのようには考えていないことをまず伝える。そして、子どもに、非行行為や逸脱行動の社会的な意味と、それが子ども自身の今後の生活に落とす悪影響への懸念を伝え、児童相談所は、処罰するつもりはなく、今後子どもが社会で元気にやっていけるように応援するつもりであることを伝える。しかし、それでも子どもが真剣に受け止められない場合は、年齢とともに重くなる社会的責任と、それを担保するために用意されている社会の援助の仕組みを理解させる。社会は、多くの人々が努力し支え合うことで成り立っており、子どもの非行行為をいつまでもそのままにはしておかないこと、社会には、子どもの状態や年齢に応じてさまざまな援助形態が用意されていて、必要であれば強制的な援助もあること、だから今子ども自身が真剣になって、社会の一員として成長する道筋を考える必要があることをしっかりと伝える。

大人に強い不信感を持っている子どもは、このように話しても一回や二回の面接ではかえって自棄的な態度をとるなどして援助関係が成立しない。友人関係の悩みや大人への不満、幼児期の思い出や祖父母などへの思い、子ども自身の長所と弱点などについていっしょに考えたりしながら、子どもが置かれた条件と自立や成長の現実的な可能性・課題について、具体的に話し合う。また、同様な立場にあった他の子どもの例なども交えて、可能性と困難性とを現実的に検討する。

援助者の態度としては、正しいことをわからせようとする姿勢よりも、子どもが自分の現実の中を生きていくのを応援する立場で、誠実で率直な態度をとるようにしていくことが大切である。

当面の行動としては、いきなり模範的な生活を約束させるのは得策でない場合が多い。

触法行為などはやめなければならないが、生活の立て直しはこれ以上悪くしないという程度から始めた方が長続きもし自信にもつながる。子どもの非行行為には困惑させられることも多いが、関わりが深まれば、置かれた立場の中で、良くないとわかりながらもやむなく行動し続けてきた一人の子どもの心情は、それなりに理解できていくものである。

(3) 保護者などとの協力

非行ケースの保護者は、子どもの非行に悩みぬいてきていて、子どもを攻撃したくなる気持ちと何とか受け止めていきたい気持ちとの間をさまよっている場合が多い。また、自分の養育に責任を感じながらも、どうにもできないという無力感に陥っていて、かえって関わろうとする学校や児童相談所を非難したりする場合もある。その苦悩を理解し、保護者が児童相談所を援助者と感じて、困難なことではあるけれども、あきらめずに子ども理解に取り組み、子どもを支え続けていく立場を維持できるように励まし援助する必要がある。

そして、大人同士や子どもと大人の、気持ちが通う率直なコミュニケーションを回復または実現しながら、他機関の種々の子ども家庭援助策や児童相談所への通所・一時保護、施設入所などの具体的援助策をも念頭に置きながら、子どもと大人たちが、子どもの成長と自立のために一緒に取り組んでいく関係の構築を目指すことになる。

(4) 紆余曲折する援助過程

援助活動が紆余曲折するのも非行ケースの特徴である。事実でない情報が信じられていたり、約束が反故にされたり、良くも悪しくも事態が思わぬ方向に展開したりもする。そうした経過のなかで、関係者の焦燥感が高まり、援助関係が崩れそうになることもある。また、非常に困難な状況にある子どもの中には、児童福祉の関わりだけでは改善できないものもいる。さらに、援助者にも当然限界があり、援助者が自分の援助方法に自信を失うこともある。

しかし、長年の経験から痛感することだが、子どもは、混乱したり一時的に挫折したりすることはあっても、社会参加の努力を完全に放棄してしまうことはまずない。援助者は、施設入所や家庭裁判所送致も含めて必要な援助を提案し、援助を受けるものの心情や立場も思いやりながらねばり強く調整することが大切である。また、挫折やしきり直しなども含んで紆余曲折するこの援助過程そのものが、子どもや保護者にさまざまなインパクトを与えていて、子どもの成長の大切な糧となるものであることを念頭に置きながら援助を行うことが重要である。

7 当面する課題

(1) 援助体制の課題

① 児童相談所・児童福祉施設

全国の児童相談所では、最近、虐待ケースを中心に相談件数が増加[*]し、緊急対応や司法の場での対応、親子分離後の再統合など、複雑な業務が増えた。そのため、非行相談ケースへの対応に、十分な時間を割くことが難しくなっているとの声が、全国の児童相談所現

相談件数の増加
東京都の非行相談件数は、昭和五六年度の二、八五四件から減少傾向が続き、平成一五、一六年度に微増に転じている。

場で起こっている。

児童相談所を設置している各自治体は、児童福祉司の増員に取り組んできているし、平成一七（二〇〇五）年、国は児童福祉法施行令を改め、一人の児童福祉司の担当区域を従来の「人口おおむね一〇万～一三万人」から「人口おおむね五万～八万人」に改めた。しかし、それでもなお現場実態としては、子どもや保護者・関係者への関わりに、十分な時間を割いてケースワークを展開できる状態とは言いがたい。

また、東京では、ここ数年、一時保護所の定員を超えて児童が入所する事態が頻発している。児童養護施設や児童自立支援施設の定員に余裕がなく、新たな子どもの入所調整に時間がかかるような状態も起こっている。このような中で、子どもたちに接する現場やその関係部局では、子どもたちの生活や援助の質の確保、一時保護所の増設、児童福祉施設の定員拡大などのため、懸命な努力や工夫を行っている。

児童相談所と児童福祉施設は、被虐待児や非行児など、困難な養育環境で育つ子どもたち（要保護児童）の援助において、きわめて重要な役割を持っている機関である。今後も、必要な子どもにいつでもスムーズに対応できるよう、児童福祉実施体制のいっそうの充実が望まれる。

②　地域児童相談体制

平成一七年度施行の改正児童福祉法では、児童相談需要の増加に対応するため、基礎自治体である区市町村が第一義的に児童相談に対応し、都道府県（児童相談所）はその後方支援や、専門的知識・技量を要する困難ケースに対応することとした。

東京都では、これより十年ほど前から、住民に身近な区市町村の児童相談機関、「子ども家庭支援センター」を設置する方針を定め、区市町村と協力して取り組んできた。現時点では自治体の取り組み状況に差があるが、それでもほとんどの区市に「子ども家庭支援センター」が設置され、複数のセンターを持つ自治体もでてきている。「非行相談」そのものについては、今後の課題としているところが多いが、そういうところでも地域の子育て支援活動ではすでに重要な役割を果たしている。

まず、住民に身近なところに子どもの相談援助機関が出現したことで、地域の人々や保護者の全体的な安心感が高まってきている。

次に、基礎自治体が実施している各種行政サービス、子育て・子育ち支援策が、困難をかかえる家庭により的確に適用されるようになって、虐待や非行の防止につながっている。

つまり、子ども家庭支援センターが中心となって、地域で活動している各機関や団体などが一人の子どもとその家庭の問題で連携・協力することにより、重層的な援助ができるようになるとともに、援助の開始が格段に早くなっているのである。

さらに、これらの支援は、虐待や非行が発生した後の家庭機能の回復、施設入所した子どもの家庭復帰のためにも有効に機能している。

児童相談所は、地域ネットワークに参加してその機能を支える役割を受け持つが、児童相談所が関与する子どもと家庭を地域支援ネットワークにつなげていくこともできるようになった。

このように、地域相談援助体制が整備されたところでは、子どもや家庭に対する地域での関わりが、以前に比べれば質量ともに豊富に確保されるようになってきている。

今後、住民に身近な基礎自治体の子ども家庭相談援助活動はいっそう充実され、子どもの虐待・非行防止対策の上で大きな役割を果たしていくことになるものと思われる。

(2) 児童相談所の専門性

最近、全国の児童相談所では、非行相談対応マニュアルを作成したり、非行相談専門の児童福祉司チームを置いたりする動きがある。前述した全国児童相談所長会の調査によれば、平成一六(二〇〇四)年一〇月時点で、全国で二六ヶ所の児童相談所が非行相談対応マニュアルを持ち、六児童相談所が非行相談の専従職員を置いている。

虐待相談ではすでにさまざまなマニュアルが作成されていて、多くの児童相談所に専門チームが置かれている。東京都の児童相談所では、外国籍児童の相談が増加し、その対応についての研究が行われて成果が報告された。このような動きの背景には、児童問題の多様化と相談・援助関係の変容がある。子どもの権利を擁護するための相談援助活動を行うためには、さまざまな分野での専門的な知識や技術の裏付けがいっそう必要になってきているのである。

児童相談所が非行相談での専門性を高めるためには、虐待相談対応と同様にスーパービジョン*体制や複数担当者制をとるべきである。また、必要な児童相談所は、専門児童福祉司の設置なども検討すべきであろう。非行相談は、虐待相談に劣らずさまざまな複雑な事情を含んでいて、緊迫した事態への対応や司法の場での対応なども求められる分野であるからである。相談対応職員の確保に当たっては、子どもの入所施設現場(児童自立支援施設など)での実務経験者を登用するなどして、知識だけでなく、実践力も含めた専門性を系統的に確保する必要がある。

また、これからは、心理学や精神医学が、診断の枠を超えて非行相談の子どもたちの生活指導・援助場面などに関与する機会が増えていくものと思われる。その場合、児童福祉

スーパービジョン
相談を受けるケースワーカーが、自分の担当する事例について第三者(スーパーバイザー)に報告し、適切な方向付けを得るための指導を受けること。スーパーバイザーは通常、ケースワーカーよりも心理療法について経験豊富な先輩などがなる。

司によるケースワークや施設などでの日常生活援助を、軸としてしっかり確立することが重要である。つまり、困難な事情を調査・解明し、複雑な関係を調整しながら、紆余曲折する事態に対応する、安定感のあるケースワークと生活指導・援助体制を、援助の土台としてしっかり確保するということである。そこに、心理学や医学が参加することになれば、いっそう厚みのある子ども・家庭理解の上に立った相談援助活動が可能となろう。

（印出井達夫）

引用・参考文献

警察庁生活安全部　2003　『平成一五年　少年育成活動の概況』
厚生労働省雇用均等・児童家庭局（監修）　2005　『子ども・家庭の相談援助をするために―市町村児童家庭相談援助指針・児童相談所運営指針―』　日本児童福祉協会

第2節　少年鑑別所

1　はじめに

少年鑑別所は、家庭裁判所から付託された未成年者を収容し、非行に対する処遇決定のための資質鑑別を行う施設である。対象となるのは反復・習慣性のある者、家庭の監護力に問題がある者、非行内容の深刻な者、資質上特に詳細な鑑別が必要な者などである。

非行の形成には多様な因子がさまざまな形で複合しているので、非行事例の解明と処遇には多面的なアプローチが必要である。例えば心身の成長にともなうさまざまな悩みから発達障害*に至るまでの心理学的・精神医学的問題、家族や学校、地域社会の機能不全、貧困や差別あるいはマスメディアやインターネットの影響といった社会経済的問題などが相互にも関連しながら非行を形成している。

少年鑑別所における資質鑑別ではこうした点を考慮した多面的アプローチが採用され、個々の少年たち（男子女子をともに指す）について詳細なケースレポートが作成される。担当の心理専門職による成育歴作成や心理査定、医師による身体および精神医学的評価、入所生活を直接指導する教官による行動観察レポートなどが、最終的に少年とその非行の全体像としてまとめられ、担当心理専門職により処遇意見を付されて家庭裁判所による処遇決定に供される。

発達障害
乳幼児期から安定的に経過する心理的諸機能発達の障害や遅滞。中枢神経系に生物学的原因があると推定されている。後述の注意欠陥／多動性障害（ＡＤＨＤ）、学習障害、広汎性発達障害のほか、言語や運動機能の特異的発達障害が知られている。

少年鑑別所はおおむね各県にひとつずつ設置され、施設ごとに少年個々の調査データを集計したものとして少年鑑別所年報を公刊しており、年間収容者数、非行種別の分布、社会人口統計学的特長、家族その他の生活環境の特徴、心理学的・医学的異常の分布などに関する統計を都道府県レベルで得ることができる。

この章では、非行に関連するこれら因子の統計データを提示して考察を試みる。年報の掲載項目は全国統一の規格があるのではなく各少年鑑別所の裁量に任されており、項目構成はしばしば変更されている。このため統計データは主に大阪少年鑑別所刊行の年報（一九九二年版から二〇〇四年版まで）を用いたが、必要に応じて神戸少年鑑別所年報や筆者による集計も使用した。

2 概観

まず近年の非行事例の動向について見る。**図1**は一九七三（昭和四八）年から二〇〇四（平成一六）年までの大阪府および全国における少年鑑別所年間入所者数の変遷である。大阪府、全国いずれにおいても入所者数は一九九五（平成七）年を境に増加に転じ、直近は高原状態にあるようである。

次に二〇〇四年の大阪少年鑑別所入所者の性別・年齢分布を**図2**に示す。入所者数のピークは男子一六歳、女子一五歳にあり、また男子が入所者の約85％を占めていた。男子が大多数を占めることは現在まで一貫した傾向である。

図3は二〇〇四年における男女別の非行種別の分布である。男女間において分布パターンにかなり違いが認められる。いずれも窃盗が多くの割合を占めているが、その他男子で

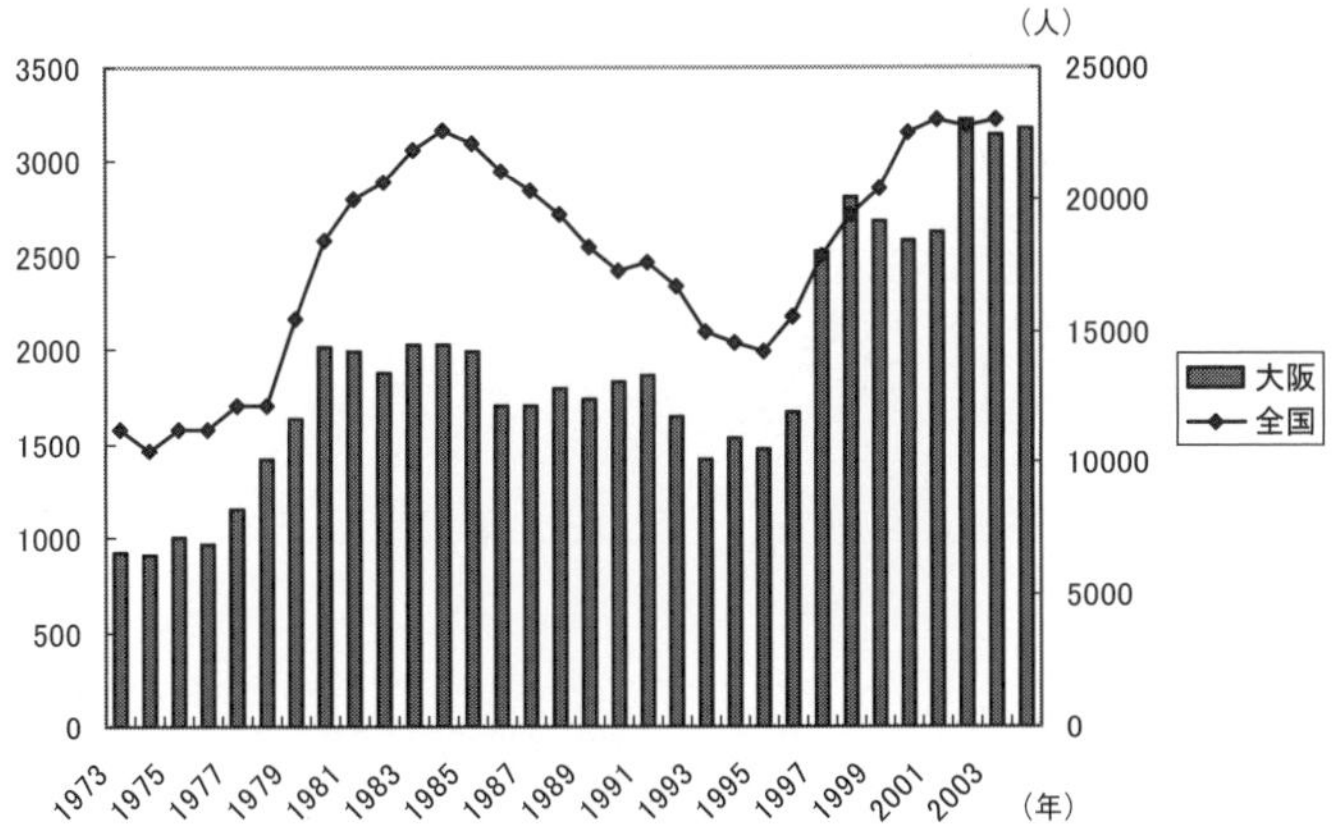

図１　年間入所者数の変遷

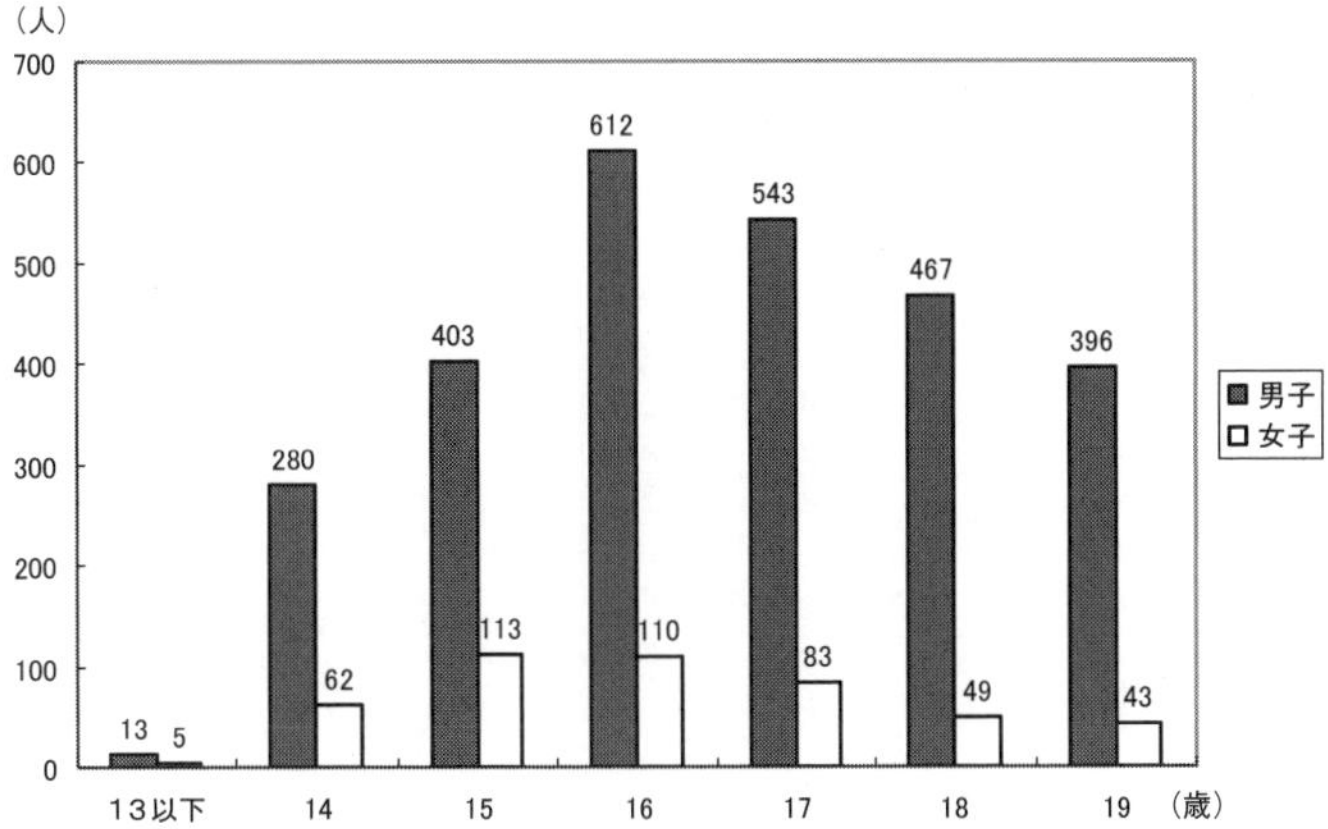

図２　入所者の年齢分布（2004年データ）

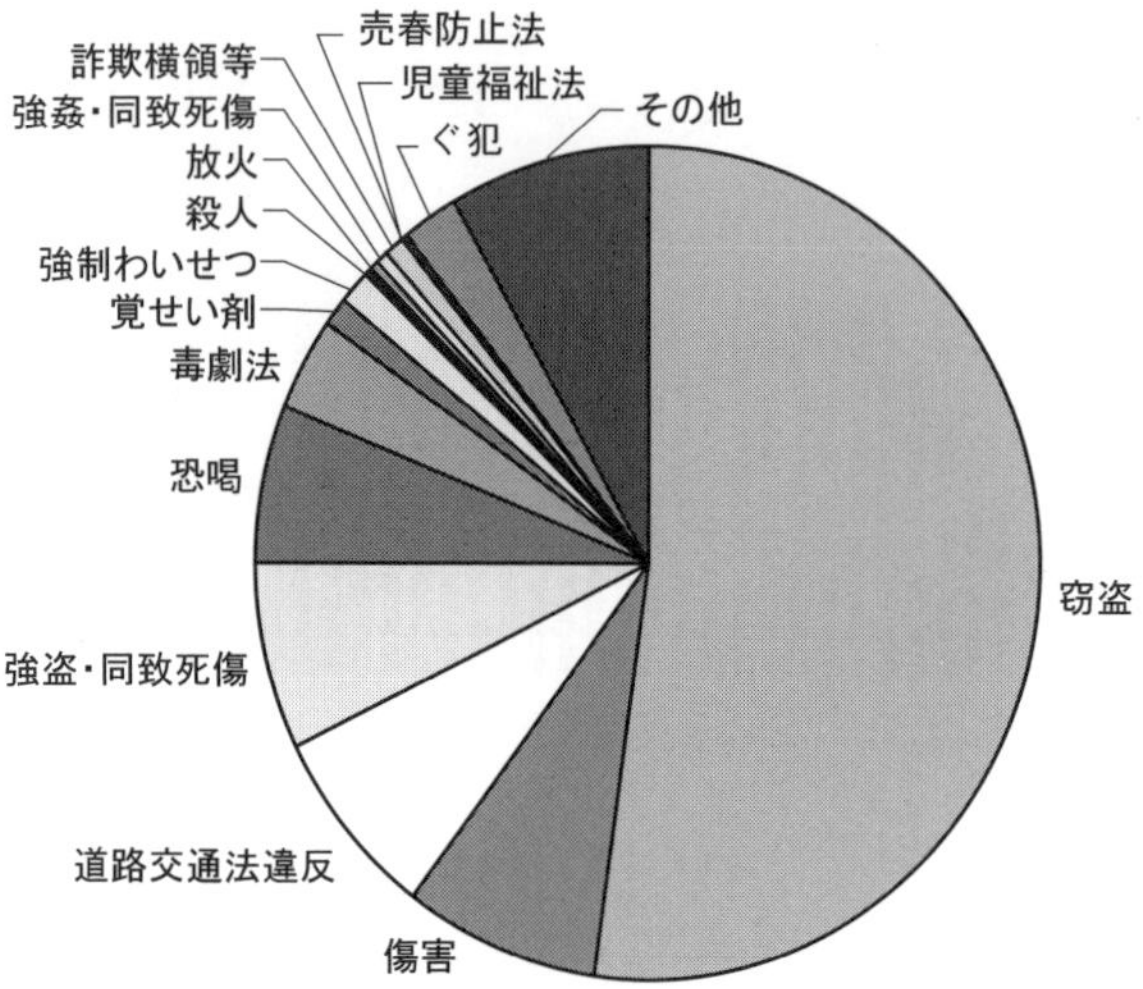

男子　2004年

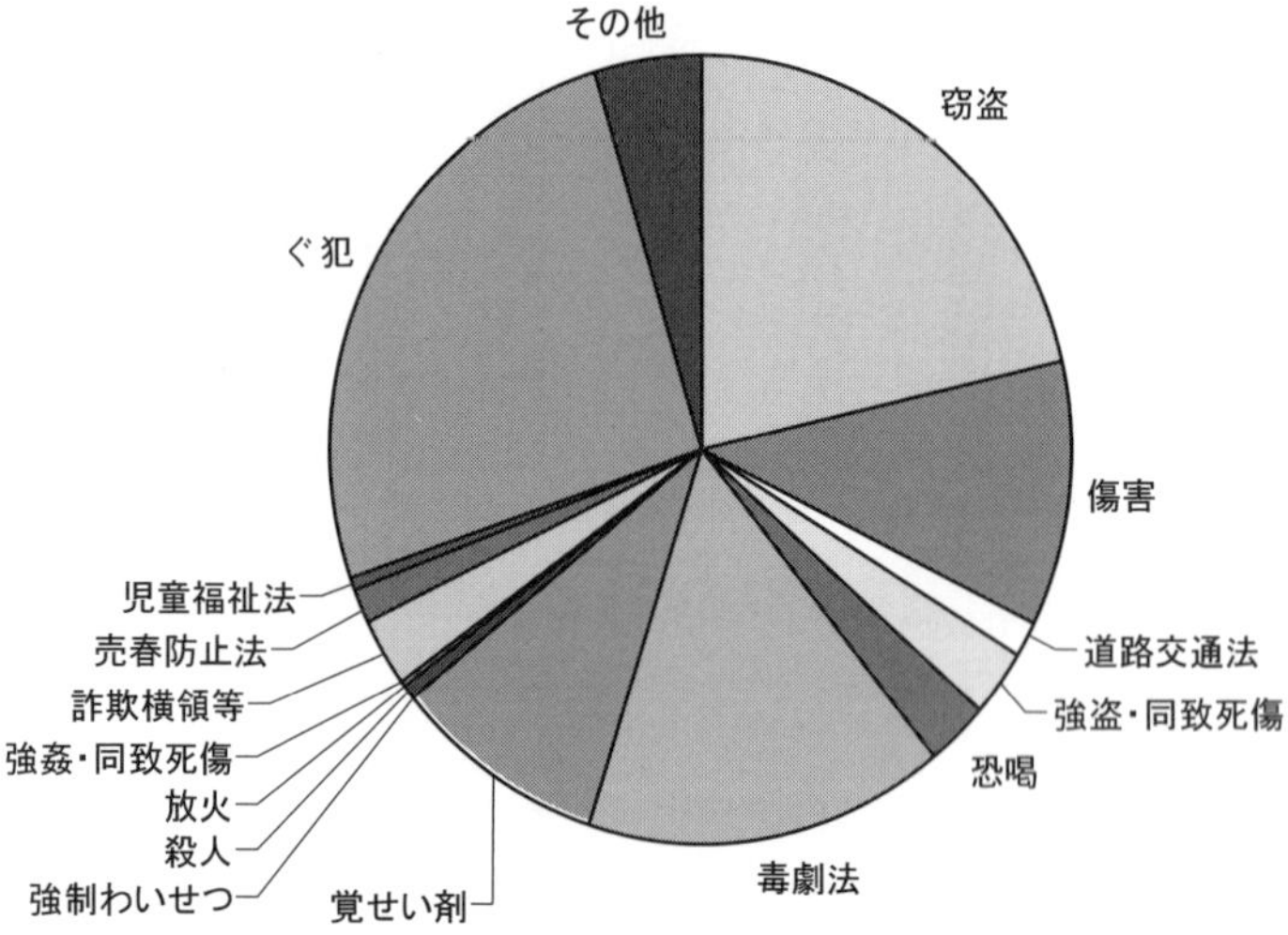

女子　2004年

図３　主な非行種別の分布（2004年）

は道路交通法違反が、女子ではぐ犯、覚せい剤やシンナー乱用の割合が多い。

3　個人資質上の特徴

図4に種々の問題行動既往の頻度を示す。ここでは詳細な分類がなされた最新のデータである神戸少年鑑別所年報一九九四年版のものを使用した。非行の前段階としての問題行動には、性体験のほか、男子では無免許運転、校内暴力、女子では薬物乱用や家出が比較的多いことがわかる。

図5は知能指数の分布である。全般的に一般人口よりもやや低い。全体の36.3％がIQ85～99の間に入ってピークをなし、また全体の約9.4％が定義上精神遅滞域となるIQ70未満に入っている。

図6は精神疾患の分布で、二〇〇三年から二〇〇五（平成一五～一七）年までの大阪少年鑑別所における筆者の集計による。少年鑑別所での精神医学的評価はすべての入所者に行うのではなく、入所以前から診療を受けている者、非行内容が深刻な者、入所時何らかの症状を呈する者などが対象となる。グラフはこの期間の鑑別終了者数七、〇二一人のうち、何らかの精神疾患と診断した者二五四人の内訳である。ＡＤＨＤ*（注意欠陥／多動性障害）などのいわゆる発達障害と診断される者の割合が近年多くなってきている。

4　家族・地域社会

図7に保護者構成の分布を示す。実両親のある者が男子47.7％、女子36.7％と低く、いわゆ

ＡＤＨＤ（注意欠陥／多動性障害）　多動性、注意の転動性、衝動性などで特徴付けられる発達障害。一般より非行化する傾向が強いという研究がある。

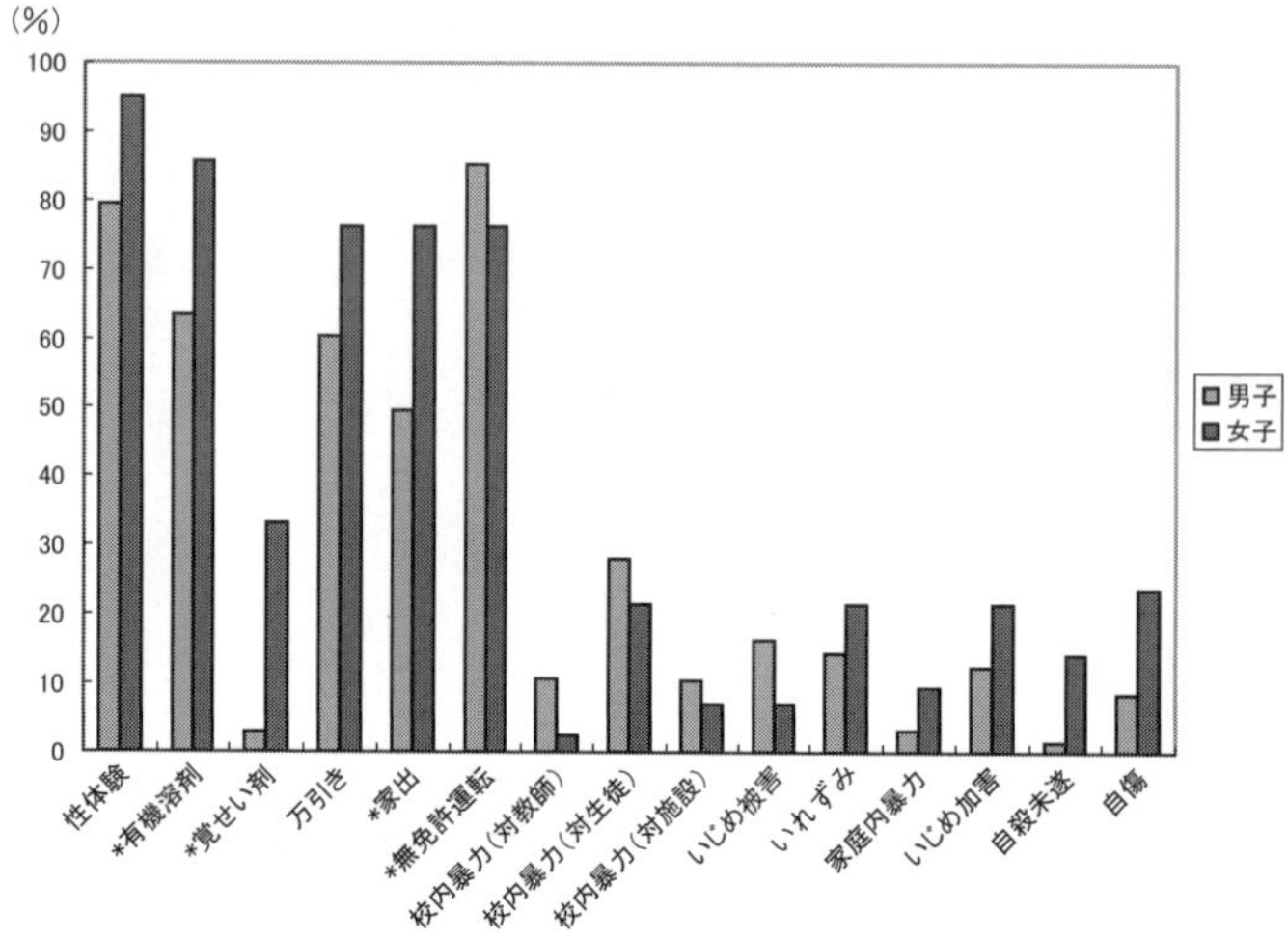

図４　種々の問題行動既往の頻度（1994年神戸少年鑑別所年報）

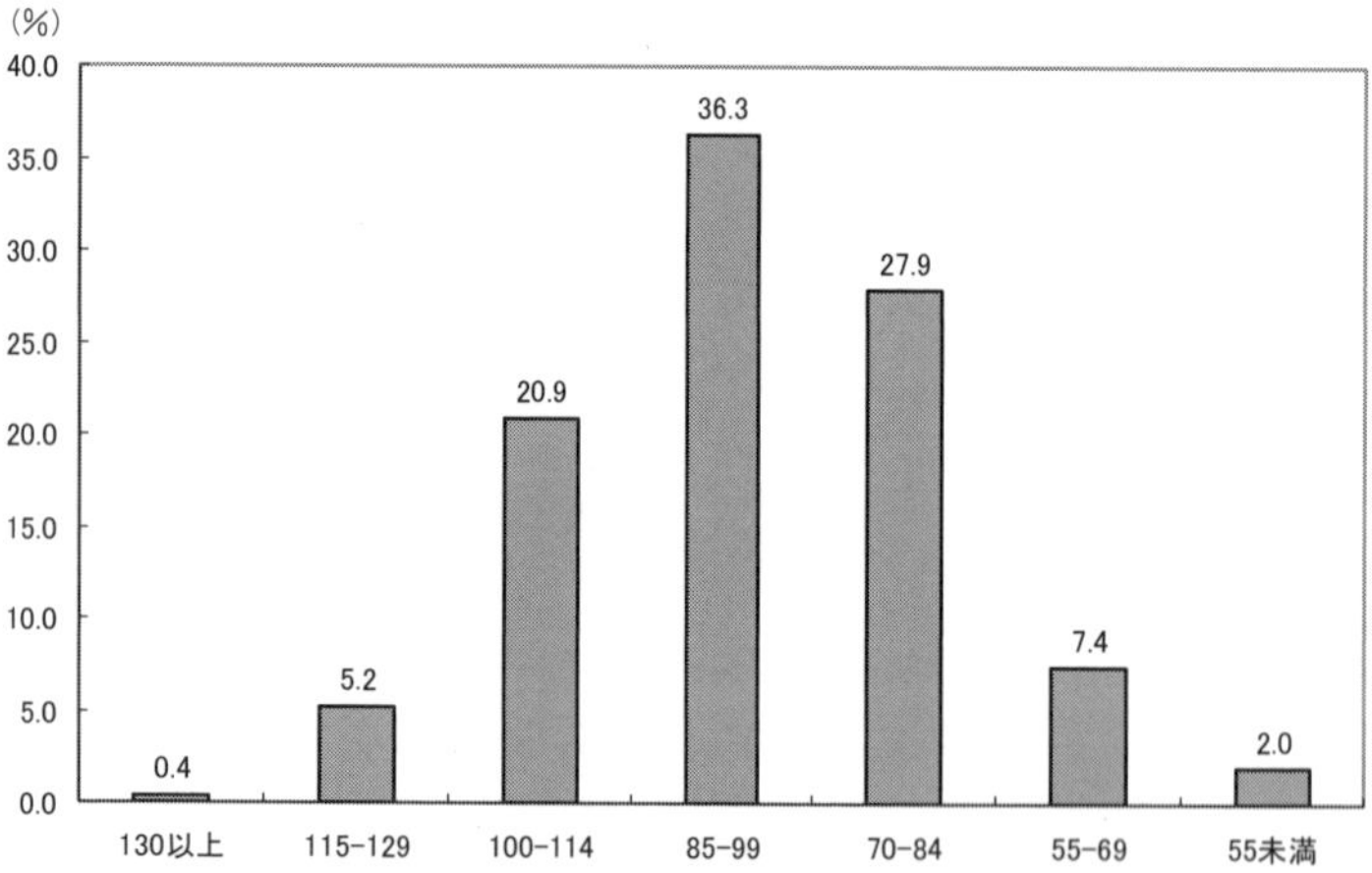

図５　知能指数分布

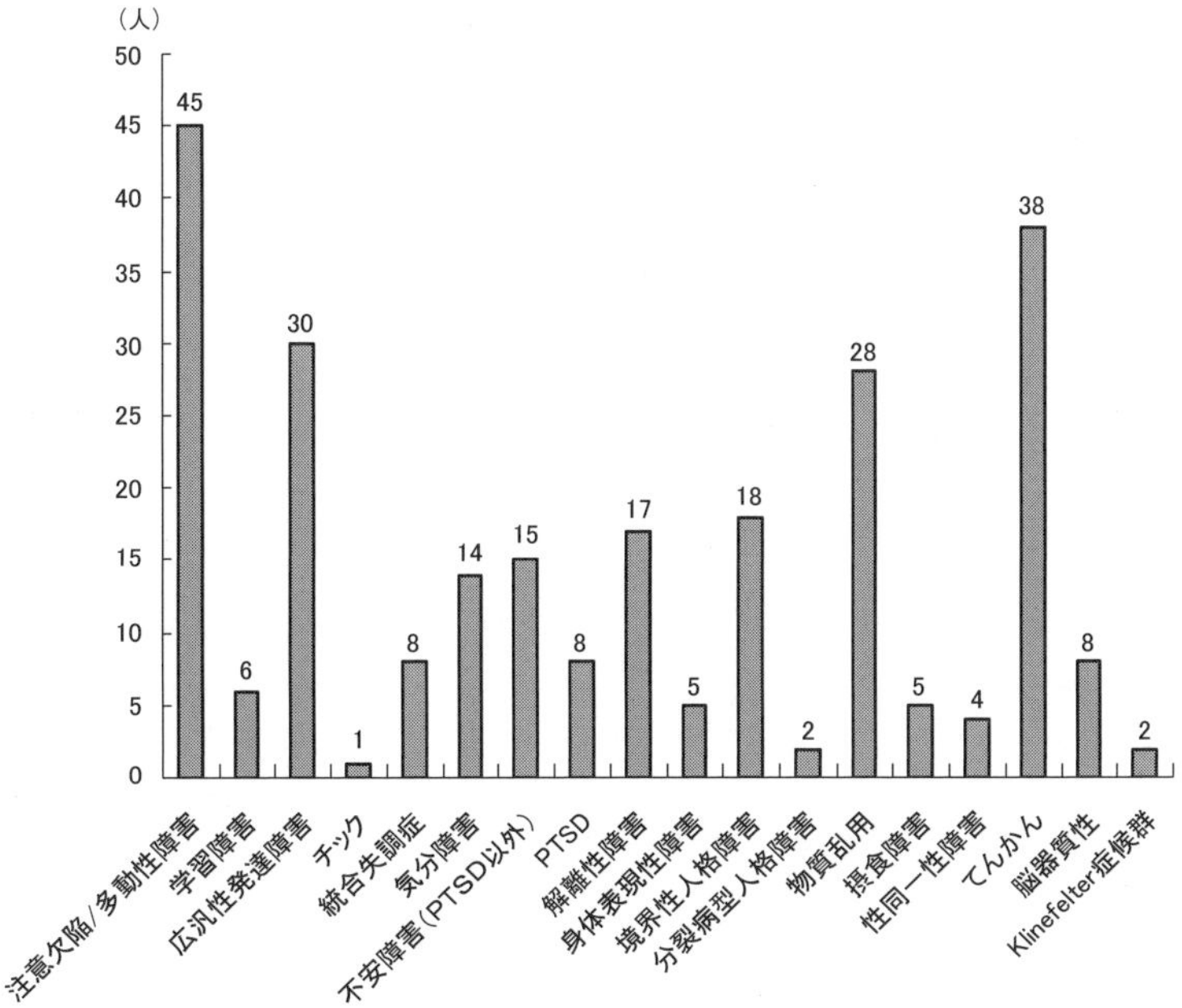

図 6　精神疾患の分布（2003年—2005年、鑑別終了者総数7,021人）

る母子家庭の者が男子30.8％、女子37.7％と多いことがわかる。
図8に種々の現在の家族の問題の頻度を示す。詳細な分類がなされた最新のデータである一九九八（平成一〇）年版大阪少年鑑別所年報のものを使用した。親の指導力不足やしつけ不足、親と少年との間の交流不足が多い。男子女子の分布はよく似ているが、いずれの項目でも女子でやや問題が多い傾向が見られる。また離婚などもあわせ家族構成員間での関係全般に機能不全の傾向が存在することがうかがわれる。
図9は共犯者数の分布を示す。男子では複数犯が多く、女子では単独犯が比較的多いことが指摘できる。**図10**に種々の不良集団への所属状況を示す。地域や学校の不良集団が男子女子ともに過半数を占めるいっぽう、暴走族は男子にのみ多く所属が見られる。

5　考察、課題

以上少年鑑別所年報を中心に、非行に関連する因子についていくつか見た。ここで紹介した資料の制約としては、統計が非行事例の中でも少年鑑別所送致となるような非行性の高い集団だけを対象としていること、また一般少年人口を対象とした統計との比較検討はできないことがあげられる。とはいえ、少年鑑別所が対象とする集団がそれ以外の「軽症の」非行群とは異質で年報の統計が非行事例全般の特徴を歪めてしまうというようなことは考えにくい。むしろ非行事例全般の特徴を濃縮して見せているもので、非行に関連する因子を見出すのにより有用なものであると考えている。

少年鑑別所への入所者数は、大阪府、全国いずれにおいても一九九五（平成七）年を境に減少から増加に転じ、直近は高原状態にあるようである。こうした動きに最も直接的な

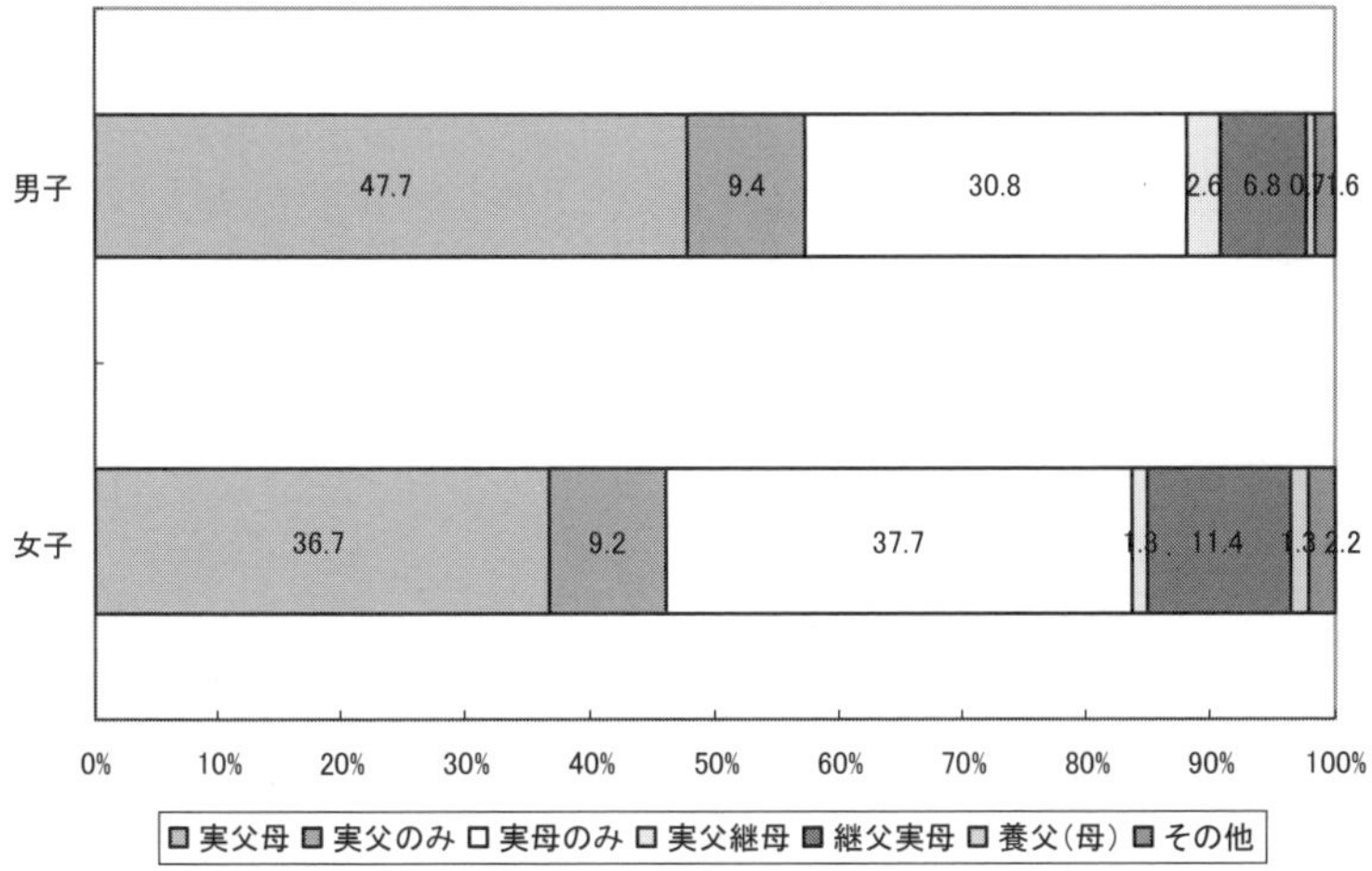

図7　保護者構成

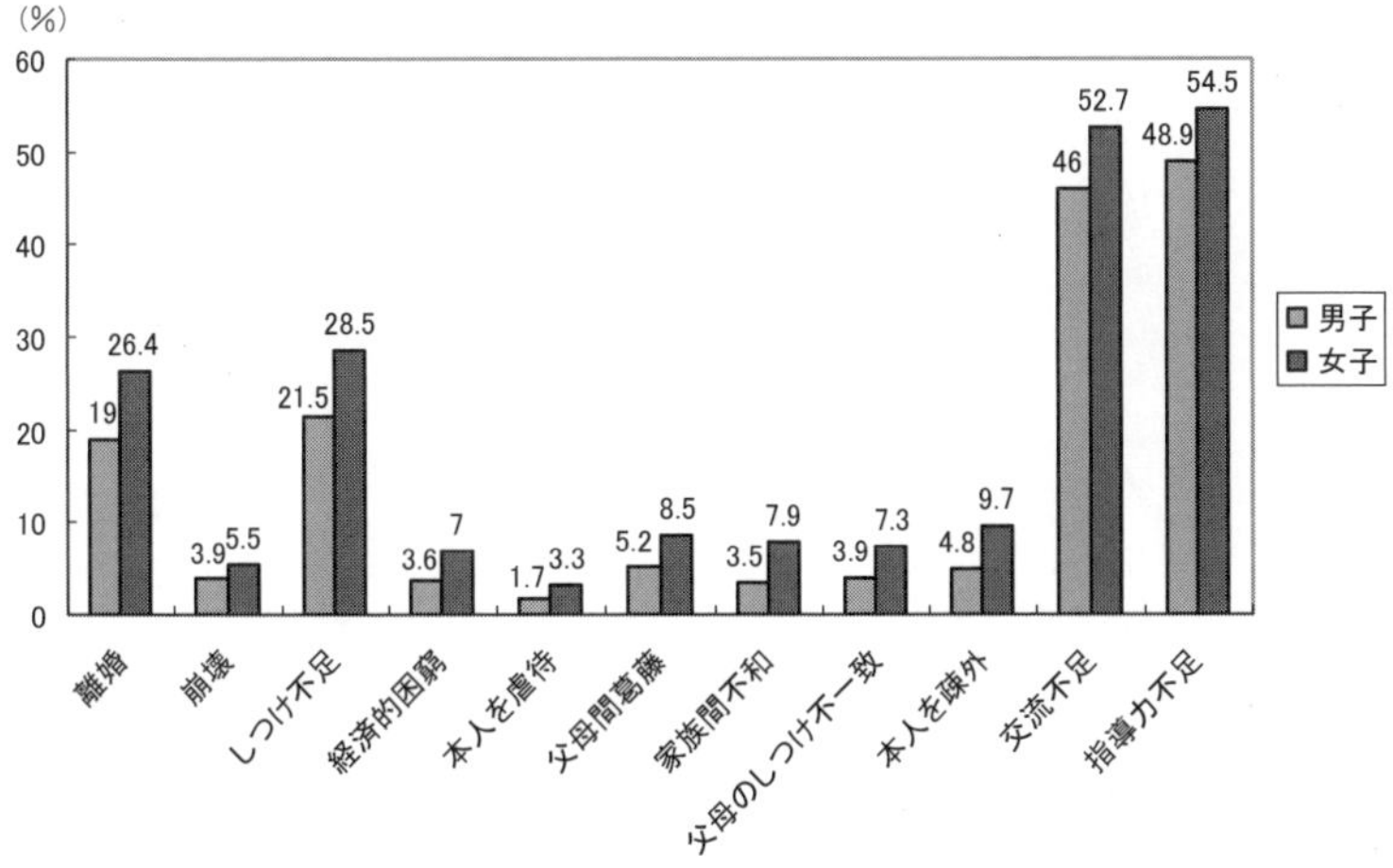

図8　現在の家族の問題

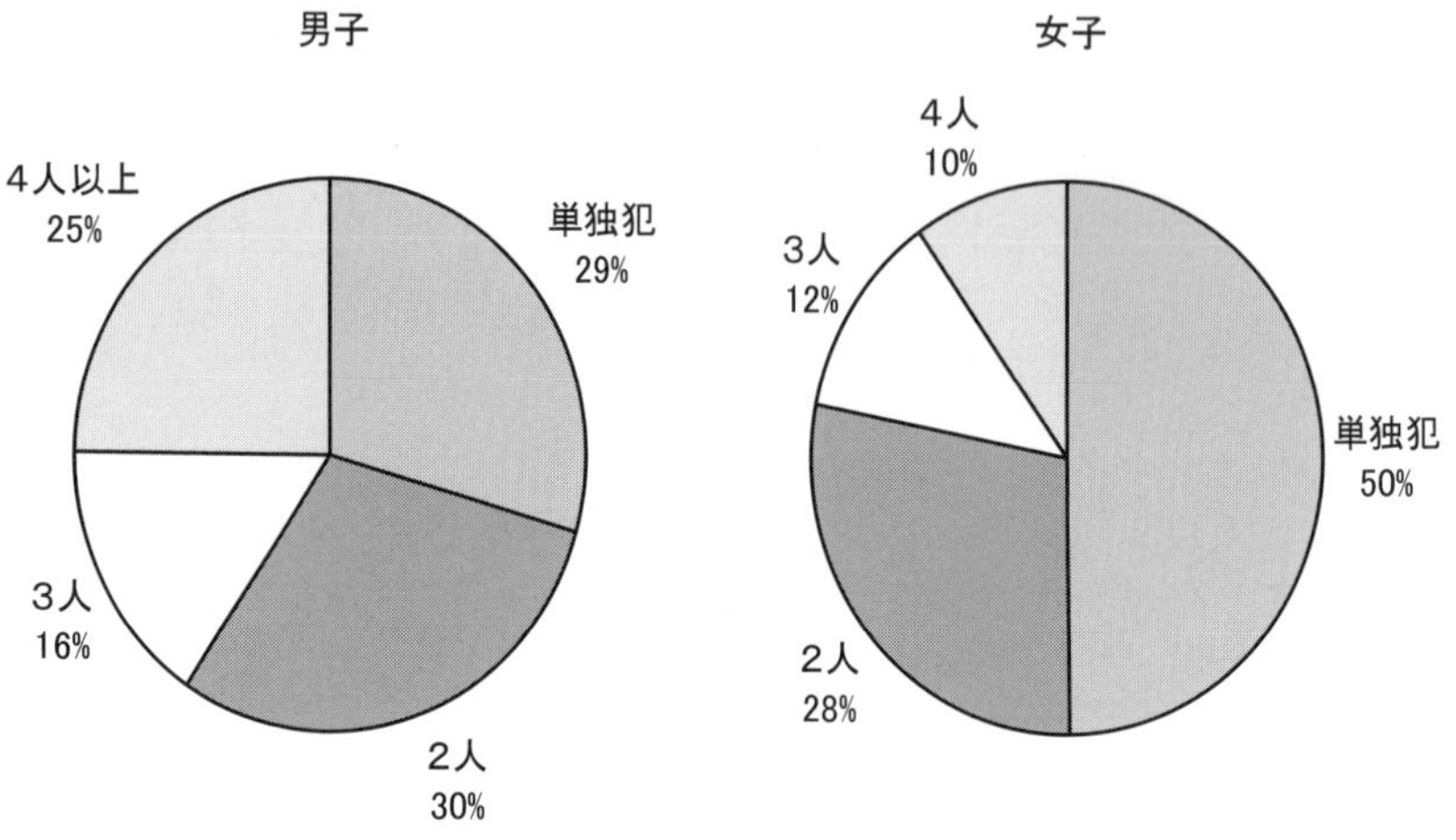

図９　共犯者数の分布

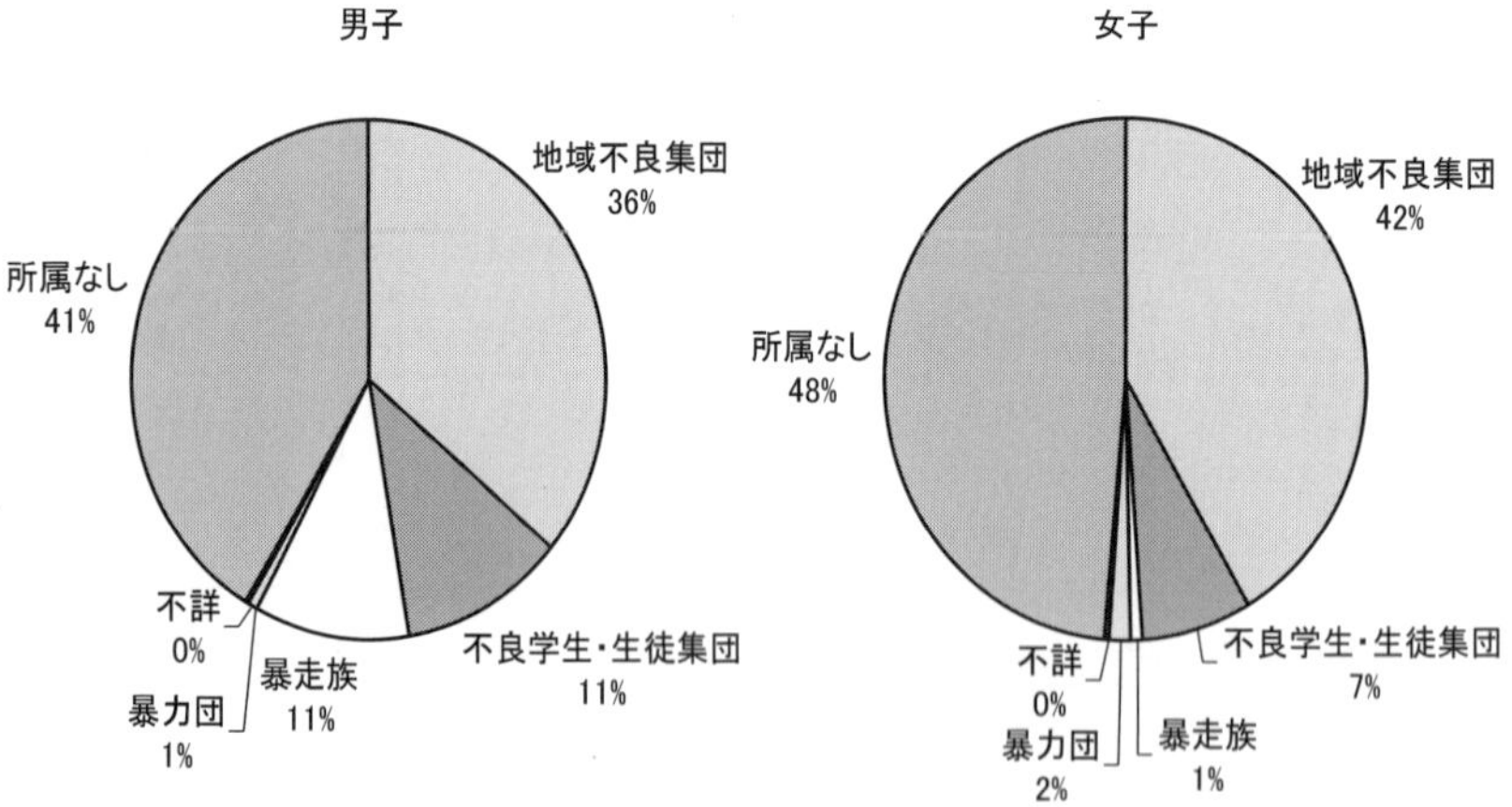

図10　所属する不良集団の分布

影響を与えているのは、いわゆるバブル経済の崩壊以後長引く経済的停滞ではないかと思われるが、しばしば言われる家族や地域社会のより長期的な衰退も忘れてはならないであろう。いっぽう近年の少年事件への社会的関心の高まりと、警察など行政機関の取り組みの強化なども少年鑑別所入所者数の動向に影響することが考えられる。このことは入所者の低年齢化にも指摘できる。入所者の年齢ピークは一九九二（平成四）年には男子一七歳、女子一六歳であったが、二〇〇四（平成一六）年には男子一六歳、女子一五歳と低下している。ところが両年における非行初発年齢で見た場合、ピークは男子女子とも一四歳でこの一二年間変化していない。入所者の年齢変化はむしろ警察の早期発見・対処への方針シフトを反映しているのではないかと思われるのである。

男子と比較すると女子には単独犯が多く、また薬物乱用やぐ犯が目立つ。家族の不和や養育放棄、虐待などの家庭の問題を原因として、早期から家出の繰り返し・不良交友などを経て薬物乱用・売春などへ至る悪化経路が典型的である。いっぽう男子では不良仲間での非行が多いが、近年はグループに入らない者が増え、グループそのものも小さくなっている印象があり、非行の場においても人のつながりが希薄になっていることを感じさせる。

近年は発達障害について理解が深まり、非行処遇においても重要視されるようになってきている。特にＡＤＨＤは頻度が高く、裾野は今回示したよりもはるかに広いものと思われる［吉永、2003］。ただし、実際の非行事例の検討からわかることであるが、発達障害が単独で非行を生じさせているわけではない。発達障害は色々な逸脱の原因になりやすいものではあるが、通常は本人を取り巻く家庭・学校・地域などの社会的ネットワークによりそうした逸脱の悪影響は吸収されている。ところが、このネットワークに何らかの原因（例えば家族そのものの孤立）があって代償能力が損なわれる場合に、破綻の一表現型として非行が生じると筆者は考えている［車谷ほか、2003／車谷、2006］。

家庭の問題と女子の早期の非行について先述したが、男子でも非行の淵源として家庭の問題が大きな比重を占めていることは同様である。男子女子とも非定型的な家庭に暮らす者が多く、また現在の家族の問題では、全般的には個々の家族構成員の問題よりも、父―母間および親―少年間の関係の不全が目立っていた。資質上の問題を有する者に限らず、誰しも青年期は成長過程の一環としてさまざまな困難を経験し、その分逸脱もしやすいものであるが、通常は家庭をはじめとする社会的ネットワークがこの逸脱傾向を有効に制御しえているということなのではないだろうか。筆者ら［車谷ほか、2005］は外国人少年の非行化においても家庭や母国人コミュニティーの脆弱さ・孤立が重大な役割を果たすことを論じた。非行を理解し処遇を考える上で、少年一個人だけではなく、少年を結節点のひとつとする社会的ネットワーク全体に目を向けることの重要性を強調しておきたい。

（車谷隆宏）

引用・参考文献

神戸少年鑑別所　1995　『鑑別統計年報　一九九四年版』

車谷隆宏　2006　「アスペルガー障害の非行事例」『現代のエスプリ』第465号　68-74p.

車谷隆宏・山下真帆子　2003　「広汎性発達障害児による非行：家族機能の障害との相互作用に起因した事例」『精神神経学雑誌』第105号　1063-1070p.

車谷隆宏・植本雅治　2005　「子供の異文化適応と非行―少年鑑別所の事例から―」『日本社会精神

医学会雑誌』第13号　172-179p.
大阪少年鑑別所　1992-2004　『鑑別統計年報』
吉永千恵子　2003　「シンポジウム　発達障害と非行」『矯正医学』第51号　35-39p.

第3節　家庭裁判所

1　はじめに

平成一三（二〇〇一）年四月に改正少年法*が施行された。改正法は、刑事処分可能年齢の引下げ（二〇条一項で、年齢制限が削除された）、原則刑事処分制度の新設（二〇条二項）、保護者に対する措置の新設（二五条の二）などを特徴としている。家庭裁判所（以下、家裁）では、少年の健全育成を目的とした少年法の理念を尊重しつつ、改正の趣旨に則した事件処理の在り方を模索してきた。また、特に調査過程で行われている保護的措置*の一層の充実をはかることと、少年審判手続が非公開であることから生じる同措置の内容のわかりにくさを解消することの努力を積み重ねてきた。これらは、高齢者福祉施設などでの対人援助活動、公園清掃などの社会奉仕活動、被害者が少年らに直接語りかける講習などに具現化した。現在、家裁が決定する処分は、これらの状況を背景としている。

さて、最高裁判所では、毎年、「司法統計年報*」において数値上の事件動向を公表している。よく知られているとおり、戦後の非行には、量的に三つの山があった。そして、一般保護事件*の新受人員のとおり、昭和六〇（一九八五）年から家裁で新たに受理した事件は減少してきた（**図1**）。しかし、平成九（一九九七）年、神戸で連続児童殺傷事件が発生して以降、一般に少年事件が増加しているかのような受け止められ方がされているよう

改正少年法
改正少年法の解説書として、甲斐行夫ら［2002］による『少年法等の一部を改正する法律及び少年審判規則等の一部を改正する規則の解説』などがある。

保護的措置
調査および審理の過程において少年や保護者などに実際上何らかの手当をすること。この措置については、安藤成行調査官ら［2005］による「家裁調査官が行う保護的措置の実証的研究」に詳しい。また、家裁の手続全般と裁判官が審判運営に工夫を凝らして行う保護的措置については、近藤文子裁判官［2005］による「少年審判運営の留意点、工夫について」を参照していただきたい。

だ。図に見るように、家裁の少年事件は、平成七（一九九五）年に至るまで減少し、その後、やや増加して平成の新たなピークが到来するのかと思われたが、平成一一（一九九九）年には再び減少に転じ、今では、ほぼ横ばいの範囲にあったと見てよいことがわかる。

家裁での少年事件受理は減少した。しかし、世間の心配とは別の意味で、私自身、落ち着かない日々を過ごしてきた経緯がある。この体感としての慌しさは何に起因しているのか。もちろん、少年法の改正にともなう制度変更への対応に追われた事情もある。しかし、私たち調査官の前に現れる少年たちに何らかの質的な変化があり、そのことを見きわめ、適正に対処するための方策を講じることに腐心していたのではないかと思う。

神戸の事件以降、少年の重大事件が連続して発生し、注目されたのが広汎性発達障害（高機能自閉症やアスペルガー障害）であった。* 同障害と非行については、藤川洋子調査官（現京都ノートルダム女子大学教授）の著作に詳しいが、藤川がこの障害を非行理解と処遇の軸として積極的に取り込んだことは、大変に重要な仕事であったと言える。この軸は、これまで少年非行を対人関係と心理とで説明し、処遇しようとした姿勢に一石を投じ、人をより生物としてとらえようとする。つまり、人を生まれながらにさまざまな特徴を備えた個体と見なそうとするものである。いわゆる宿命論的な悲壮感を帯びることを危惧する向きもあるかもしれないが、個体のありようを大事にし、それぞれに合った処遇を心がけようとしているのであって、私は理解と対処方法の幅を広げたと考える。* 例えば、この障害のある少年に対して、従前どおりに言葉によるカウンセリング的手法を用いようとすれば、その少年はそれでなくてもコミュニケーション能力に著しい問題があるのに、混乱し、治療者に敵意さえ持ちかねない。したがって、ここでは、新たな工夫が必要となる。現在、私的には、少年と向き合う際に不可欠な軸である。

*司法統計年報は、最高裁判所のホームページからも検索することができる。

一般保護事件
交通関係事件を除いた刑法犯、特別法犯および、ぐ犯を指す。

*十一《といち》元三《もとみ》によれば、平成一〇年に発生した強制わいせつ致傷事件の少年が広汎性発達障害の最初の鑑定例である。

*十一は、広汎性発達障害が大脳辺縁系諸組織の神経成熟停滞によることが解明されつつあるとしている。
また、岡野憲一郎は、脳についての知見を心理療法にも適用している。

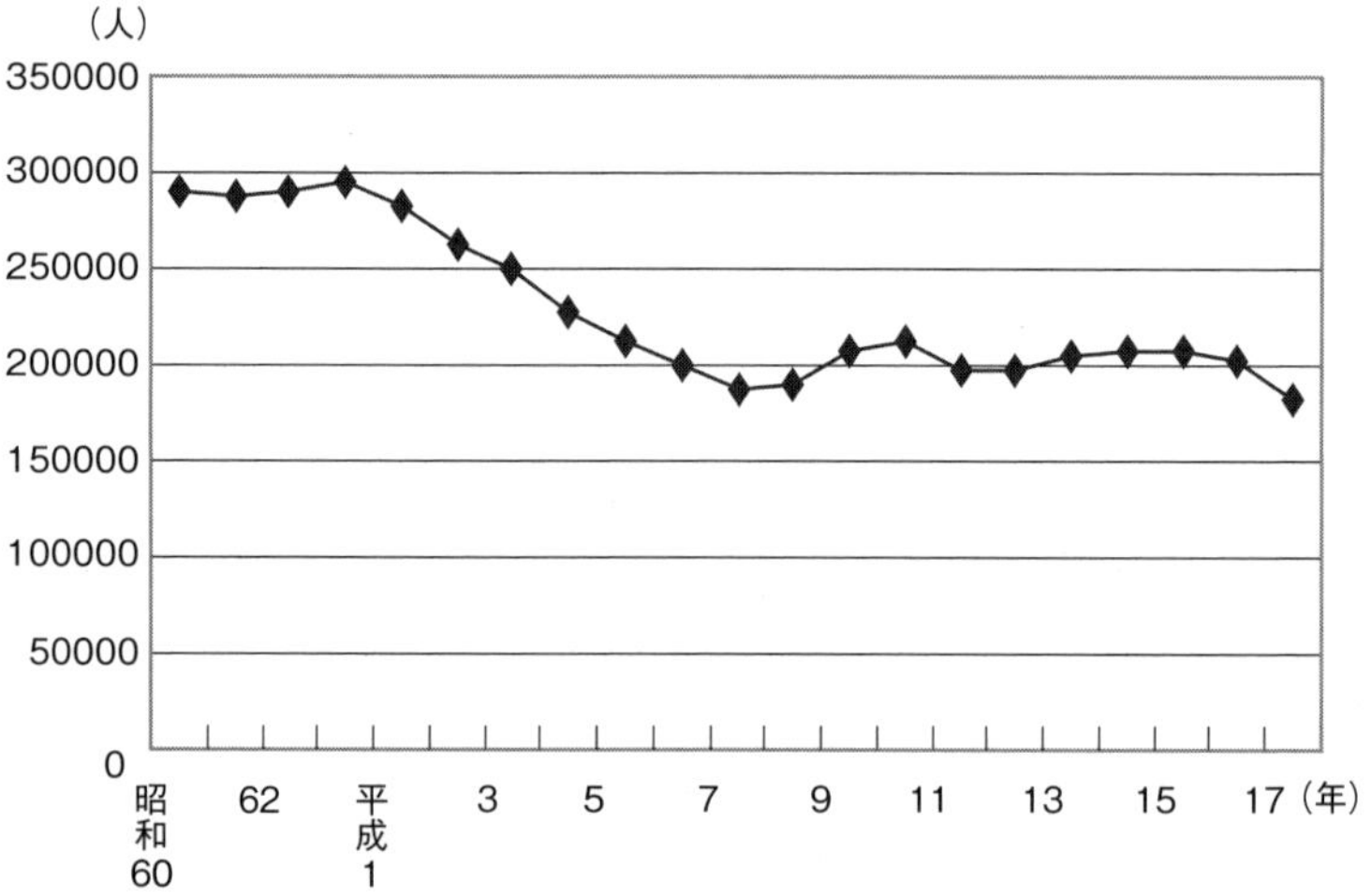

図１　一般保護事件の新受人員

2　援助交際をする「ふつう」の少女

ユカリは中学三年生である。ぐ犯で家裁に送致され、観護措置*をとられた。放課後に繁華街で遊びまわり、成人男性と援助交際をしていたというものであった。一般に、ぐ犯で送致されてくる女子少年は、茶髪か金髪にして中学生であっても大人び、荒れ、くたびれて、すさんだ生活ぶりをうかがわせるのに十分な雰囲気を持っているものである。ところが、ユカリは、肩まで伸ばしたストレートの黒髪で服装にも派手さがなく、礼儀も正しくてすねた様子がない。加えて、学業成績は中位、バレーボール部の活動にも熱心であり、怠学もないという。これらの点については、「ふつう」の中学生であった。ただ、青いフレームのめがねをかけて視線に落ち着きがなく、あっけらかんとしていて、一風変わった印象だった。

父は、自動車部品を製造する工場で働いている。手当がつくとのことで夜勤を専門にしていた。いつもニコニコしていて腰が低い。母は、小児科で看護師をしている。ユカリの援助交際を知って驚くと同時に、疲労感を漂わせていた。父母ともユカリに冷たく当たる様子はなく、彼女にも親を非難する言動がない。この点も、根っこに親との愛情葛藤を持つことの多い一般的なぐ犯の女子と異なっていた。ただ、父が独立して自営業となることを考えており、家族は先々の生活に不安を感じていた。ユカリの生い立ちを聞くと、幼いころから落ち着きがなく、買い物に行くと迷子になってしまうとか、転倒して手のひらに棒を突き刺したとか、同様に膝頭を石にぶつけたとか、親としてはハラハラしどおしの逸話が残っていた。援助交際を始めた理由は、校内で唯一とも言える友だちが援助交際をし

観護措置　心身鑑別のために少年鑑別所に収容すること。期間は二週間で、通常、一回更新できる。

て、高価なバッグを買ったという話を聞き、「自分もしてみたくなった」とのことだった。そこに、衝動性の高さを感じた。

これらの事情から、私はユカリにADHDを疑い、当時、職場を同じくしていた藤川に相談してみた。そこで、藤川によるアセスメントが行われた。その結果は、アスペルガー障害*を疑った方がよいとのことだった。ユカリは、インターネットを使って相手を探し、援助交際をしていたが、同障害のある人は、想像力に不足することから、明確なものを好み、入力したことの結果が明らかな形で出力されるパソコンのようなものに親和するという。また、コミュニケーション能力が不足するので、行動を修正してくれる他者との交流が少なく、こだわりも強いので、同種の行為を反復するという。通常のぐ犯少女も、ユカリと同様の方法で援助交際に至り、繰り返しもするが、ユカリには、見知らぬ男性とセックスをしてまで、金を必要とする強い動機がない。

ユカリについては、藤川と共同で試験観察をすることになった。私たちは、まず父母にユカリを正しく理解してもらうことに努めた。少年に発達障害の疑いがある場合、そのことを保護者に伝えるか、あるいは、考えられる対処方法だけを教えるかは、大きな問題である。ユカリの場合、母が看護師であること、そして、父母なりにこの子の養育に困っていたことから発達障害について説明したのである。すると、父母は、親戚が集まったりすると、いとこたちの中でユカリだけが落ちつきなく走り回ったり、場をわきまえない発言をしたりして、親戚から「どんなしつけ方をしているんだ」と責められることが多く、肩身の狭い思いをしていたと吐露した。この父母の場合、私たちの説明を受けたことで、不可解さが晴れたようであり、一種の覚悟ができて、ユカリに関わるための新たな意欲を見せた。

*アスペルガー障害（64ページ）にADHDが併存する症例が見られることも知られている。また、後日ユカリは、医師の診断も受けた。

ところで、学校に復帰したユカリは、間もなくして不登校を起こした。少年鑑別所に入っていた間の勉強の遅れを取り戻そうとしたが、どのくらいのペースで進めればよいかがわからず、ストレスがたまったという。私たちは、父母の了解を得て、学校にもユカリの状態を理解してもらうことにした（残念ながら、広汎性発達障害に関しては、学校ではなく、何らかの非行があって家裁がそれを発見することが多い）。ここで、学校に配慮を求めたのは、間もなくやってくる夏休みの課題の与え方である。ユカリには、例えば「夏休み中にワークブックを終えなさい」という指示ではなく、「一日に三ページずつこなしなさい」というふうにしてもらったのである。この障害のある人は、抽象的な量を把握するのにとまどうことがある。長い休暇の間に、大量の宿題をどのようなペースでこなせば新学期までに終えられるかなどという状況を整理することは、思いのほか難しいのである。学校から具体的な指示を受けたことで、ユカリは「本当に楽になった」と述べた。ただし、ある教科の教師からは、「一日にできるところまで」と言われて困っているという。この指示は、「できるところまでであれば、少なくてもかまわない」という意味も込められているのだが、この障害のある人は、察して人の意を解するという能力に恵まれていないため、どうしてよいかわからなくなってしまうのである。

さらに、藤川が生活状況を言葉で評価するだけではなく、生活状況点検表を用いて見える形で評価しようと提案した。私は、ユカリが得意とするパソコンの操作を利用しながら状況を把握できるようにと、表計算ソフトを用いて毎日を点数化し、一週間で最高一〇〇点をとれるような表を作った。* 定期的な面接*において、ユカリは、その週を振り返りながら、おもしろそうに入力しては、出力された点数に一喜一憂していた。

ユカリは、高校進学を希望していたが、受験の準備は遅々として進んでいなかった。中

＊生活状況の点検項目は、少年と話し合って決める。大まかでよく、必ず守れそうな事柄も盛り込んで、少年が意欲を持続できるようにしたい。ユカリの場合、①午前七時には起床すること、②学校に遅刻しないで行くこと、③門限（午後七時）を守ること、④日記を付けること、の四点にした。

＊この障害のある人は明確さを好むので、継続的な面接を行う場合には、次回面接の日時を必ず決めておきたい。また試験観察では、一般に、少年に関係する物を道具として用いると効果的である。

学卒業後の彼女が安定した生活状態を保つために、学校という基盤は欠かせない。また、彼女には、さまざまな人との出会いの中でコミュニケーション能力を伸ばすことも必要であると考えられた。そこで、大学生ボランティアによる学習活動を実施することにした。担当の学生は、ユカリに適した指導方法を考え、わかりやすく説明すると同時に、視覚に訴えるように図を使ったりして熱心に活動してくれた。ユカリにも、教え方が上手だと好評だった。ところが、ユカリは、学生との約束の日を忘れたことがある。放課後、運動会の練習にすっかり夢中になって失念したのである。ユカリは、帰宅して初めて学生が家で待っていてくれたことに気が付き、「ごめん」と一言言って何事もなかったかのようにしていたという。練習に没頭してしまうこと、そして、忘れておきながら学生に対して悪びれた様子がなく、さっぱりとしていることにもユカリらしさがうかがえた。

あるとき、ユカリが再びインターネットを使って携帯電話を買ってくれそうな男性に近づいたと母から報告された。ユカリは、「以前は援助交際が目的だったが、今回は携帯電話を買ってもらうことが目的だった」と述べ、「私って、失敗したの?」と私たちに疑問を投げかけた。この点にも同障害の特徴がある。側から見れば同じような行為なのだが、目的が異なれば別の行為なのである。そこで、私たちは、携帯電話を買ってもらうことでその男性がしかねない性的要求、付きまといなどの危険性を具体的に説明してやらなければならなかった。

その後、ユカリは、友人に誘われてピアスを万引きしたりと危なっかしい道をたどりながらも、援助交際の再発はなく、高校合格にもこぎ着けた。生活の安定を保つための心理的な枠組を外すことはできないと考えられたので、保護観察に付して試験観察を終了した。しばらくして、母親から、ユカリがときどきわがままを言いながらも何とかうまく生活している旨が記された手紙をいただいた。それには、高校の制服を着たユカリの写真も同封されていた。何とも、素敵な女子高校生であった。

私は、ユカリの試験観察の体験から、アスペルガー障害に関する多くのセンスを学び、同時に並行して担当した別の少年たちにもそのセンスを活用して、経験と知識を増やしていった。次に、それを生かした事例について触れよう。

3 中間群の少年

マサルは、有名大学への進学率が高い私立高校の三年生である。彼は、中学時代の同級生であり、他の進学校に進んだ友人と一緒に路上強盗をした。遊ぶ金欲しさから、夜道を一人歩きする男性をねらい、暴力を振るっては金を奪った。被害者は、二〇歳代、三〇歳代そして五〇歳代と、年齢に幅がある。警察の調べによれば、本件の一年以上前から、中学生を相手にした強盗も重ねていたとのことである。このことから、マサルの強盗は、「オヤジ狩り」と呼ばれている中年男性に向けた攻撃性を含んだ非行とは、異質であることがわかる。そして、同じような手口の行為を強迫的に繰り返していることに着目したい。また、マサルは、暴力を振るう際にプロレス技を使い、警察署で取調べを受けている最中には被害者の一人を「ボケ顔のオヤジ」と呼んでいたことが供述調書に記述されていた。場にそぐわない言動が見られ、自分がけがを負わせた相手に対する慰謝の気持ちも感じられない。

父は有能なエンジニアであるが、ここ二年ほど腎臓病が悪化して入院することもあった。母は地域情報誌の編集者をしており、テキパキとした人である。父が健康を害する前は経済的にも安定し、父母ともに多忙な日々を送っているとはいうものの、マサルを放任するとか、邪険にしていたとかということもなかった。マサルはすくすくと育った子どもだった。

マサルが路上強盗を働いたきっかけは、共犯者である友人が先行して強盗をしており、その話を聞いて「やってみたい」と思ったからである。そこにためらいがなく、すぐさま実行に移したことは、さきのぐ犯少女ユカリが援助交際をしたときと同じと言ってよい。すなわち、興味が優先されるのである。当初、私は、ユカリの行為を衝動性に引きつけてとらえようとしたが、これは、模倣と言い直した方が適切であると言えよう。マサルが被害者に対してプロレス技を用いたことも、テレビ中継を観てのまねごとであるし、現実感覚の薄さを感じさせる。ちなみに、暴走族間の抗争など、命がけの戦いの最中にプロレス技をかけている者などはいない。

ここで、試みにマサルをユカリ同様にアスペルガー障害という視点で見てみよう。アスペルガー障害など自閉症スペクトラムの基本症状は、想像力、コミュニケーション、社会性の三点に障害が見られることと言われている。想像力の乏しさは、行為としてはまねをすることとして現れ、拡大しないので、こだわって反復することにつながる。マサルの非行は、まさしくそれであった。また、コミュニケーションにおいてマサルは、総合的な知能は決して低くないので、言葉によるやりとりには困らない。しかし、本件に対する反省の言などは、紋切り型で真実味が足りず、非言語的な面では申し訳なさそうな表情をしないなどの特徴があった。被害者を「ボケ顔のオヤジ」など表現した点とも共通している。この二点は、自閉症スペクトラムに通底していると言えそうである。さて、社会性がないとは、言い換えれば多くの人々との円滑な関係づくりに失敗するということだが、マサルには、共犯者であった仲の良い少年がおり、また、サッカー部に所属して仲間と一緒に行動することをいとわずにいたという経過があった。

したがって、マサルは、特に社会性に関し自閉症スペクトラムの基本症状を呈していない。そうすると、彼は、障害のない群と障害のある群との中間に位置することにはならないか。そこでマサルのような人たちを中間群*とすれば、彼らの動向は、家裁実務において軽視できない状況にある。例えば、①遊ぶ金欲しさからデリバリー強盗をした高校生（少年事件におけるデリバリー強盗は、実際には多くない。これも聞きかじったことのまねである）、②形の気に入ったエアガンを手に入れたくて店主の目の前でそれを万引きしようとした中学生（一旦欲しいと思うと、とらわれてしまいなかなか諦められない。駄々をこねる子どもと同じである）、③パチプロとして生きてゆくことを心に決め、パチンコをする際に集中力を高めて、それを持続させるために覚せい剤を使用した少年（こだわり方が人並みはずれている）、④混雑した電車内でテスト勉強に集中していた時、隣の狭いすき間に割り込まれたことで、その女性の顔をひっかいた女子大生（予想外の事態に直面してパニックを起こした）などの例をあげることができる。紙幅の都合で詳述できないが、彼らの生活状態や性格特性など全体から自閉症スペクトラムとは言えないものの、（　）内に記した点は、まさしくその特徴と合致している。したがって、これらの少年に対する処遇は、そのことを踏まえなければ、効果を期待できない。参考のため、中間群に位置すると見られる、または広汎性発達障害のあることを疑える少年らが有する特徴を表にした（**表1**）。

＊比較的最近用いられているブローダー・フェノタイプ（broader phenotype）という概念に相当する可能性がある。

表１　中間群の少年らが有する特徴

〈性格・行動傾向〉
・こだわりが強く何かに執着するので、周囲からはわがままと受け止められやすい。 ・曖昧な状態が苦手なので、先々を確定したがる。（例えば、手帳にびっしりと予定を書き込む。） ・事態が予想外の展開になると混乱し、身動きがとれなくなったり、逆に暴れたりする。 ・反省を求めると実によく話すが、吟味してみると、どこからかの受け売りである。 ・熱しやすく、冷めやすい。のめり込み方が激しく、一段落すると次の関心事にのめり込む。 ・側から見れば当然失敗すると思われるのに、一か八かの賭をするような行動に出る。 ・本人は真剣だが、計画に穴があり、滑稽な行動に終わる。 ・難しい言葉を繰り返し使う。時として、その言葉の意味を理解していない。
〈身体〉
・運動が著しく苦手なことがある。 ・表情の変化に乏しい。 ・視線を合わせないことがある。
〈対人関係〉
・表向き、誰にでも親しげであるが、実際の交友範囲は、気の合った少数者に限られる。 ・愛情豊かに接しても、こちらが思うほどに愛情が伝わった感じがしない。だからといって全く情を感じていないわけではない。
〈生活習慣〉
・髪型や服装に執着があり、自分の形を崩そうとしない。 ・起床時間を変えない。（早朝に勉強する習慣があり、毎日午前５時27分に起床している少年がいた。）
〈趣味〉
・武道や格闘技が好きである。 ・鉄道マニアで車両も好むが、時刻表に強い興味を示す。 ・特定の事柄に関する知識が著しく豊富で「～博士」などと呼ばれることがあるが、非行少年の場合、学術的な知識よりも、より日常生活に近いレベルでの知識であることが多い。（たとえば、お笑い、風俗など） ・パソコンやテレビゲームが好きである。 ・収集癖があり、時には変わった物を集める。 ・時代遅れの流行歌が好きである。（歌詞が具体的でイメージしやすいことが多いのと、親がよく聴いていることの影響であると考えられる。）

注：一人の少年がすべての特徴を有するわけではない。スクリーニングの指標と考えていただきたい。

4　おわりに

ユウキは、非行グループに入り、通行人を恐喝したことで逮捕された。中学三年時、他校との抗争事件で相手方に重傷者を出したことから、短期少年院に収容された経歴がある。再度、少年院送致の可能性が高かったので、審判が近づいたある日、私はその動機付けのために彼と最後の面接をした。通常であれば、メモをとるためのノートと筆記用具を持ち込むが、このときは、手ぶらの状態で臨んだ。メモをとらないので、当然話し合うことに集中した。すると、ユウキは突然、「僕は、お父さんに虐待されていました」ともらした。ユウキが子どものころ、父は、彼を逆さにつるして風呂につけたり、足の裏に火の付いた線香を押しつけたりしたという。足の裏には米粒大の痕も残っていた。さらに父母は、ユウキの前で薬物を使用し、時に夫婦げんかになると、互いに血だらけになって殴り合っていたという。ユウキは、「親の嫌な部分を全部見てきた」と泣きじゃくった。これまでの調査では知られていなかった、痛ましい過去であった。私も、「つらかったな……」とやっと一言言えただけで、涙が止まらなかった。彼のどこかおどおどし、自分をごまかすような潔くない態度の根源に触れたような気がした。しかし、泣きやんだユウキは、「でも、このことを親には言わないでほしい。お父さんもお母さんも気にしているはずだ。昔のことでつらい思いをさせたくない」と言うのである。私は、問題の深層を言語化できる状態に至り、それについて冷静に語られるようになることが、ユウキの真の回復につながると思ったが、その過程は、今後の処遇に引き継ぐことにした。

三日後の審判日、ユウキは、緊張しつつもすっきりとした表情を浮かべていた。ユウキが受けた虐待については、裁判官に報告してあり、彼が父母を苦しめたくない気持ちであることも伝えておいた。審判が進み、ユウキが突然裁判官に発言の許可を求めた。ユウキは、両隣に座っている父母に向かって、「お父さん、僕が小さいころ、暴力振るったよね。風呂に浸けたり、足に線香を押しつけたりしたよね。お母さんと一緒に薬も使ったよね。僕は、全部知ってるんだ」と涙ながらにも、落ち着いて語った。私は、自ら変わろうとしているユウキの姿に感動した。父母は、ユウキの言葉に嗚咽していた。

その後、少年院にいるユウキから手紙をもらった。彼は、最後の面接で私がメモをとらずに彼の気持ちだけを受け止めようとしていたことから、「この人を信用してみよう」と思ったとのことだった。家裁は、正確な事実に対して審理をする場所である。したがって、面接では、事実に間違いがないようにと記録することを迫られる。しかし、人の心を動かすには、その人と向き合い、その人のためだけに時間を使うことが大切なのだと教えられた。

拙論では、ユカリとマサルに触れ、最後に、ユウキの三少年に登場してもらった。ユウキが愛情葛藤を根に持つ従来型とすれば、今でも家裁に事件係属する少年たちの典型であると言える。これに対して、ユカリとマサルは、明らかに新型である。私たち調査官は、その出現にとまどった。しかし、新型の子どもたちは、突然に現れたのではなく、実は、彼らもまた昔からいたのである。ただ、彼らの多くは非行とは無縁の生き方をしてきたから家裁には知られない子どもたちだった。彼らを家裁へと導いたのは、やはり社会状況の変化であるとしか言いようがない。氾濫する情報、誘惑的な遊興。物事や他人の言動を真に受け、それを模倣する彼らをこの社会は混乱させるのであろう。調査官は、研修や自己研さんにより、第二、第三のユカリやマサルに対応するための態勢作りを急ピッチで進めてきている。未整理な部分も多いが、拙論がその一助になればとの願いを込めて筆を置きたい。

（秋山　譲）

引用・参考文献

安藤成行ほか　2005　「家裁調査官が行う保護的措置の実証的研究」『裁判所職員総合研修所　家裁調査官研究紀要』第2号

Attwood, T.　1998　*Asperger's syndrome : A guide for parents and professionals.* Jessica Kingsley Publishers.（冨田真紀ほか（訳）1999『ガイドブック　アスペルガー症候群』東京書籍）

藤川洋子　2002　『非行は語る』　新潮社

藤川洋子　2005　『少年犯罪の深層』筑摩書房

藤川洋子ほか　2004　「広汎性発達障害事例についての実証的研究」『裁判所職員総合研修所　家裁調査官研究紀要』創刊号

Herman, J. L.　1992　*Trauma and recovery.* Basic books.（中井久夫（訳）　1996　『心的外傷と回復』みすず書房）

甲斐行夫ほか　2002　『少年法等の一部を改正する法律及び少年審判規則等の一部を改正する規則の解説』法曹会

近藤文子　2005　「少年審判運営の留意点、工夫について」『最高裁判所事務総局　家庭裁判月報』第57巻第10号

中根　晃　2002　「発達障害の行動異常」『家庭裁判所調査官研修所　調研紀要』第73号

岡野憲一郎　2006　『脳科学と心の臨床』岩崎学術出版社
十一元三　2006　「司法領域における広汎性発達障害の問題」『最高裁判所事務総局　家庭裁判月報』
第58巻12号
内山登紀夫ほか　2002　『高機能自閉症アスペルガー障害入門』中央法規

第4節　児童自立支援施設

1　はじめに

日本には、非行少年のための入所型施設が二種類存在する。一つが少年院、もう一つが児童自立支援施設である。法務省に属する少年院に対し、児童自立支援施設は厚労省管轄の児童福祉施設である。少年院の在籍数が六、〇〇〇名ほどであるのに対し、平成一七（二〇〇五）年度末の全国の児童自立支援施設在籍数は約二、〇〇〇名であるから、日本の非行少年の施設内処遇の約四分の一を児童自立支援施設が担っていることになる。この二つの施設は、対象も目的もほとんど重なっているにも関わらず、その出自の違いから、大きく異なる治療文化を有している。

2　児童自立支援施設の歴史とその処遇理念

児童自立支援施設の前身である感化院は、明治三三（一九〇〇）年、感化法に基づく施設として始まった。この時、その処遇理念の形成に大きな影響を与えたのが、キリスト教の牧師であった留岡幸助*である。彼は、「非行少年は家庭の愛に恵まれない子である」と述べ、非行の改善のための具体的な方策として、実際の夫婦に十数名程度の小規模な寮

留岡幸助

一八六四〜一九三四。岡山県生まれ。社会福祉家。キリスト教精神に基づいた感化院教育を実践。非行児童の自立支援の確立に尽力した。北海道家庭学校の創始者として著名である。

（＝小舎）を運営させることで、少年たちに疑似家庭的な環境を与えようとした。これを夫婦小舎制と呼んでいる。

また、もう一つ、児童自立支援施設の処遇理念を示す例として、国立武蔵野学院の校章を**図1**に示す。麻の葉に蓬をあしらったデザインなのだが、これは荀子の言葉である「蓬生麻中不扶自直」からとられたものである。蓬《よもぎ》は元来柔らかくて曲がりがちな植物だが、まっすぐ伸びる麻の中に生えれば蓬も手助けしなくても自ずからまっすぐ伸びる、といった意味である。つまり、正しい環境を与えれば、人は自ずから正しく成長していくという、いわば環境療法の理念である。これは、「矯正」つまり、矯めて正す、という理念と大きく異なっている。対象とする非行少年が、比較的低年齢である時、このようなスタンスはより有効であろう。

感化院はその後、教護院、児童自立支援施設とその名を変えたが、その基本的なあり方は変えなかったと言ってよい。もちろん、心理療法的、あるいは精神医学的なアプローチは取り入れられている。しかし児童自立支援施設におけるそれはあくまで、普通の生活を送らせる中に挿入されるオプションのような存在であり、治療プログラム自体が大きな生活の柱となっている少年院とはかなり様相が異なる。

多くの児童自立支援施設では今も、一寮につき一〇人程度の児童を、限られた数（多くは数名）の職員、あるいは実際の夫婦が担当している。寮担当職員の数が少ないと、当然負担は大きくなるが、家庭的な雰囲気を保つために、あえて人数を抑えている施設が多い。起床すると、朝食は寮でとり、午前中の学習は敷地内の教室で受ける。午後の運動や作業は寮ごとで行われることが多く、夕食も寮で食べる。さらに夕食後の自習やくつろぐ時間に至るまで、児童と担当職員は一緒に過ごすため、その一日の接触時間は、普通の親子よ

図1　国立武蔵野学院の校章

りもはるかに長く、きわめて密着している。また、児童同士も、同じ寮の児童は長期（在籍期間は約一年から二年である）にわたりほぼ一日中行動を共にしているから、その関係は当然濃厚なものになってくる。多くの場合、自由時間や就寝前の児童同士のおしゃべりは、非行に関わるような話題を除いて原則自由である。これは諸刃の剣であるが、対人関係に問題を抱える彼らにとって、この寮内での児童同士のインフォーマルなコミュニケーションの存在が、非常に重要な対人訓練の場になっていることも確かである。もちろんトラブルは起きるが、それも介入の機会としてとらえ、児童同士での解決をはからせたりすることで、彼らの成長に役立つ方向へと導いていくのが寮担当職員の手腕である。このように、ごく日常的な生活を繰り返しながら、そこで起こるさまざまな問題行動にきめ細やかに介入し、その行動が児童が犯してきた非行と深い関わりがあることを彼らに繰り返し示すことで、児童の行動が変容していくのを待つ、という姿勢が、児童自立支援施設の処遇の基本である。

この二つの理念を考えたとき、児童自立支援施設が最も有効な非行事例は、恵まれない家庭環境の影響によって非行に走った子たち、ということになるだろう。最近よく言われる「普通の家庭の子が非行に走るようになった」というイメージからはずいぶん遠いが、実際には、このいわば古典的とも言える事例が、今もなお児童自立支援施設の入所児童の大部分を占める。武蔵野学院の調査によると、全国の児童自立支援施設の入所児童の約七割が虐待例である。武蔵野学院に措置される児童の生育歴を見ると、両親がそろっているのは最近では全体の二割五分ほどしかなく、その場合でさえ、家族に犯罪歴があったり、薬物依存があったりする、いわゆる崩壊家庭である。これに対し、児童自立支援施設は、留岡が草分けとなる北海道家庭学校を創始した時点ですでに、このような家庭の児童のための専門施設というべき構造を有していたと言える。

3　環境療法では変化が難しい事例

一方、このような対応だけでは不十分な事例も存在する。その最も典型的な例が薬物依存・性非行・放火など、依存の心理との関連が深いと考えられている非行である。これらの非行が主因となって施設に入所する少年には、共通した特徴が認められる。それは、施設内では優等生であり、問題を起こすことが非常に少ない、という点である。しかし、それにも関わらず、施設退所後に同様の非行を繰り返すことが多いのである。処遇プログラムという形を一般にとらない児童自立支援施設では、先述の通り、疑似家庭的な環境を児童に与えると共に、その中で起こってくる児童の問題行動に介入し、児童の行動が変容していくのを待つ。この方略は、それまで充分に豊かな対人関係を持つことができなかった児童に対しては、非常に有効である。しかし、処遇プログラムという形をとらないだけに、施設内で問題行動が少ない児童に対しては、指導が行われにくくなるという盲点を持つことになる。この点で、先にあげたような依存との関わりが深い非行に対しては、これまでの児童自立支援施設の処遇方法だけでは不十分であり、その非行内容そのものを取り上げた、認知行動療法的アプローチやグループセラピーなどが必要であると考えられる。実際、一部の児童自立支援施設ではその取り組みが始まっている。

また、児童自立支援施設の処遇のもうひとつの特色として、「分類しない」ことがあげられる。

4　分類しない

筆者の勤務する武蔵野学院には、医師が常勤するためもあって、精神疾患を持つ児童が少なくないが、精神疾患の診断が付き、精神安定剤などの投薬を受けている児童であっても、他の児童と一緒に集団生活を送り、同じ学習、作業、運動を行っている。

新入児童を寮に割り振る際も、例えばＡＤＨＤ*やアスペルガー症候群*といった診断のつく児童が、一つの寮に集中することがないように、分散させることにしている。そのほうが集団を維持しやすいし、また集団として自然である、と考えられている。

アスペルガー症候群など、自閉症スペクトラムに属する児童の入所が増加し始めた当初には、児童自立支援施設における児童と職員、あるいは児童同士の濃厚な人間関係が彼らにはむしろストレスになってしまうのではないか、との心配はあった。しかし、これまでの経験からすると、彼らにとって、児童自立支援施設の居心地は悪くないようである。今、ここでやるべき事が明確に決まっている生活パターンや、内容としては豊かではあるが、量的には一般社会と比べてはるかに限定された人間関係は、彼らにとってわかりやすいのかも知れない。

もちろん、発達障害の重症度や、その児童の特性によっても、これは違ってくるだろう。その点で、われわれの経験はまだ充分ではない。

ＡＤＨＤ
↓237ページ。

アスペルガー症候群
↓64ページ。

5　少年は凶悪化したか？

非行の低年齢化、という言説に統計的な根拠がないことは、ここで繰り返すまでもないだろう。では、少年事件の凶悪化についてはどうか。平成一八（二〇〇六）年現在、一四歳未満の児童については、少年院に措置されることはないため、一四歳未満の児童が大事件を起こした場合、男子なら筆者の勤務する武蔵野学院に送られる事になる。では、武蔵野学院には凶悪な児童が増えただろうか？

社会の中では、少なくとも一時期は彼らはあるいはそのように見えていたかも知れない。実際、武蔵野学院に送られてくる書類を見ると、こんな幼い子がこれほどの事件を繰り返し犯すのか、と驚かされるような事例は少なくない。しかし、彼らが実際に学院に措置され、寮舎で生活していくうちに、書類で受けた印象は大きく変わっていく。その姿を見ていると、モンスターの幼型といった少年像は、想像の産物でしかないことがわかる。もし、そのような少年が実在するなら、そしてその少年が一四歳未満であれば、ほぼ必ず武蔵野学院を通過するはずなのである。しかし、少なくとも筆者はそのような少年に出会ったことはない。これは、筆者が出会う少年たちがまだ幼く、彼らの人格が良くも悪くも完成していないからかもしれない。やはり彼らには可塑性があり、安定できる環境があり、信頼できる人間関係があれば、それに応じて彼らは変わっていくのである。これはしかし、彼らが施設内で変わったとしても、再び元の劣悪で不安定な環境に戻れば、またマイナスの方向に変化するかも知れない、ということをも意味する。彼らの可塑性がプラスの方向にだけ働くと考えるのは、楽観的に過ぎるだろうからである。特に児童自立支援施設の場合、多くの児童が一四歳から一六歳という非行少年の率が最も高まる時期に退所していかなければならない事を考えると、彼らを待っている現実はいかにも厳しい。

また、最近世間を騒がすことの多い、いわゆる「いきなり型」*の非行についてはどうだろう。一四歳未満の場合、このタイプの非行児童も、最近は武蔵野学院に措置されてくることが多い。一つには、マスコミの取材攻勢に地方の施設では対応しきれない場合が多いこと、もうひとつには、このタイプの非行の場合、軽度発達障害の診断がつく事例が比較的多く、その場合、精神科医がいる武蔵野学院に措置しようとする事が多くなるからである。彼らは、犯した非行は特異であっても、日常の生活場面においてはむしろおとなしく、生真面目であることが多く、「凶悪」というイメージからはほど遠い。学校でも優等生であったように、施設内でも優等生であることが多いが、それは過剰適応でも自分をよく見せるための演技でもなく、彼ら自身の個性にしたがって自然に振る舞うとそうなる、といった趣がある。そのため、日常生活場面での介入の機会は比較的少なく、事件そのものを取り上げた直面化の作業などを通じて、自分の特性に気づかせていく試みを続けている。

では、世間を騒がせたような児童以外についてはどうだろうか。全体として、子どもたちは凶悪化していると言えるか。事実は全く逆である。むしろ、おとなしく、エネルギーに乏しい子が増えた、というのが直接処遇職員の意見の一致するところである。この傾向は筆者が武蔵野学院に最初に勤務した、一五年ほど前にすでに言われていたことであったが、近年さらに強まっていると言われる。無断外出の件数が近年大きく減っていることも、これを裏付けている。国立の児童自立支援施設も基本は開放処遇であるから、児童がその気になれば、無断外出することは難しくない。もちろん、無断外出は重大なルール違反とされるが、寮に昼間鍵はかかっていないし、高い塀があるわけでもなく、門に門番がいる

「いきなり型」非行
万引きなどの初発型非行や非行グループへの加入などの日常的に目立つ前兆を示さない、いわゆる、一見おとなしく目立たない「普通の子」が突発的に起こす重大な非行を言う。一九九〇年後半頃から指摘されるようになった。

わけでもない。管理体制が以前よりも厳しくなっているわけでもない。にもかかわらず、無断外出の件数が減っているということは、ルールを破り、職員の目を盗んで施設外に出ようとするような行動化を児童が起こしにくくなったということである。筆者は、この変化を、そのような行動化を起こすタイプの児童が一四歳以上であれば、以前よりも少年院に送られやすくなったためではないかとも考えていた。しかし、少年院の職員にうかがったところによれば、実は少年院でも最近少年がおとなしくなったと言われている、とのことであった。これは何を意味するのだろうか。

少年非行の凶悪化という根拠のない先入観があると、児童自立支援施設におけるこのような児童の変化には違和感があるかも知れない。しかし、犯罪統計によれば、少年による殺人、強盗は、いずれも昭和三〇年代と比べ、半分以下に減少しているのであり、このような形で表出される少年世代の攻撃性は明らかに低下しているのである。児童自立支援施設の子どもたちの変化は、このような流れと歩を同じくしているのである。少年非行は社会を映す鏡である、という昔からの言葉が真実であるとすれば、このような非行少年の変化は、少年全体、ひいては日本の社会全体の変化を映しているのかも知れない。

彼ら自体の攻撃性は低下しているにもかかわらず、社会の（あるいはマスコミの？）許容度が大きく低下しているために、あたかも凶悪性が増しているかのように見えている、といった見方が正しいのではないだろうか。

6　児童自立支援施設の問題点と今後の課題

先に取り上げたように、近年、「いきなり型」の非行がマスコミで取り上げられ、それと発達障害との関係が論じられることが多い。

これは、欧米ではそれほど報告の見られない、日本に比較的特異な現象だという見方もある。ただ、特異と言えば、先進諸国の中で、児童青年精神医学が日本ほど未整備な国もない。つまり、今日本で起こっていることは、非行を犯した際に診断される率は向上したものの、それ以前に充分なケアを与えるには至っていないことによる一過性の現象なのかも知れないのである。例えば、学校での特別支援教育の開始によって、あるいはこのような問題が事例化する前に、充分なケアが与えられる可能性が高くなるかも知れない。ただ、いずれにせよ、事件がやや特異な形をとりがちなために目立ってしまうものの、あくまできわめて稀なケースに過ぎない。危惧されるのは、このきわめて稀なケースの「印象」によって非行少年対策が動かされているようにも思えることである。

むしろ注意を払うべきなのは、離婚や、それにともなう可能性のある虐待など、これから増加していく可能性が高い事例であろう。

周知のように、児童相談所が扱う虐待の件数は近年急激に増加したが、その多くは暗数だったものが析出した結果だと思われ、虐待そのものが増えているかどうかは即断できない。しかし、近年の離婚の増加を考え、また、武蔵野学院の児童の家族歴を考え合わせると、やはり離婚が子に与えるインパクトは大きいと言わざるをえないし、ネグレクトを含めた広い意味での虐待はやはり増加していく可能性が高いのではないだろうか。もちろん、離婚そのものの増加を防ぐ手だてはほとんどないだろう。だとすれば、必要で実行可能な対策は、離婚後の家庭のサポートの充実であろう。武蔵野学院での、予後とそれに関連する因子の分析の結果から見ても、非行に対する家族環境の影響は圧倒的である。留岡が大正時代にすでに指摘していたように、劣悪な家族環境は、時代を超えて常に非行の最大の誘因のひとつである。筆者の同僚は、「トルストイは〈幸福な家庭は皆同じように似ているが、不幸な家庭はそれぞれにその不幸の様を異にしているものだ〉と言っているが、ここで働いていると、不幸な家庭のほうが似ているような気がしてくる」と語った。これはあるいは、児童自立支援施設に来る児童がまだ年少なために、家庭環境以外による修飾がまだ少ないからかも知れないし、福祉施設であるために保護者の監護能力がないことが措置の前提と考えられていることによる偏りかもしれないが、確かに、ごく一部の例外を除けば、これで普通に育ったら不思議だと思えるほどの悲惨な家庭環境ばかりだと言っても過言ではないのである。しかし、多くの子どもたちは、そこに帰って行く。また、定職の有無が非行の予後に大きな影響を与えることが知られているが、社会全体で無職少年の増加が言われる中、児童自立支援施設を出た、中卒年齢の、自動車免許も持たない児童の仕事がそう簡単にあるはずもない。

非行少年の処遇は、院内処遇だけでは完結しない。これは、あまりに当たり前のことなのだが、児童自立支援施設におけるアフターフォローは、寮長寮母と児童やその保護者との個人的なつながりによって保たれてきたために、公的な仕組みはあまりに貧弱である。

7　おわりに

少年法が改正され、一四歳未満でも少年院に措置されるようになったとき、果たして、児童自立支援施設に存在意義はあるのだろうか？

統計上から見れば、日本の犯罪の認知件数・発生率は、犯罪統計の整った先進諸国の中で、際だって低い。また、犯罪に占める少年比が、近年減少に転じてはいるものの今も比較的高いのは確かであるが、もし、非行少年が大人になっても犯罪を続ければ、少年比は高くはならないことに注意を払うべきである。つまり、犯罪を犯した少年の多くが改善し、大人になる頃には犯罪を犯さなくなるから、少年比は高く維持されているのである。これらの点から見て、日本の非行少年対策は、これまでおおむね成功してきたと言うべきなのではないかと思う。そしてそれを支えてきた一つの要因として、少年院と児童自立支援施設という、二つの異なった治療文化を持つ施設の存在が、日本の非行少年処遇を豊かなものにしてきたのではなかろうか。

現在、非行少年処遇において最も有力視され、今後もその影響力を増大していくのは、認知行動療法的アプローチであろう。特に少年院において、その適用は進められていくものと思われる。しかし、認知行動療法的アプローチではどうしても扱うことが難しい部分、つまり対人関係における基本的信頼感（そのものは難しいとして、それに近いもの）の醸成といったことこそ、児童自立支援施設が本来持っている最も本質的な機能である。

現在存在している二つの施設の特性を、関係する司法、福祉に携わる人たちが正しく把握して、適切に使っていくこと、それぞれの施設自体が、その特性をさらに伸ばしていく工夫を怠らないこと、その中で成長した児童の予後を改善させるためのアフターフォローの充実など、地味だが　着実な取り組みを、当たり前に積み上げていくことこそが、今必要なことなのではないだろうか。

（冨田　拓）

引用・参考文献

鮎川 潤 2002 『新版少年非行の社会学』世界思想社
藤井常文 1992 『留岡幸助の生涯』法政出版
藤岡淳子 2001 『非行少年の加害と被害』誠信書房
藤岡淳子 2006 『性暴力の理解と治療教育』誠信書房
法務省法務総合研究所（編） 2006 『犯罪白書（平成一八年版）』国立印刷局
国立武蔵野学院（編） 1989 『国立武蔵野学院七十年誌』
国立武蔵野学院 2000 『児童自立支援施設入所児童の被虐待経験に関する研究』
津富 宏 1999 「犯罪者処遇の評価研究（一）」『刑政』第110巻第7号
十一元三・崎濱盛三 2002 「アスペルガー症候群の司法事例」『精神神経学雑誌』第104巻第7号
冨田 拓・津富 宏 2006 「児童自立支援施設に措置された行為障害例の予後と関連する因子について」『厚生労働科学研究事業、児童思春期精神医療・保健・福祉の介入対象としての行為障害の診断及び治療・援助に関する研究』平成一七年度分担報告書
全国児童自立支援施設協議会（編） 1999 『児童自立支援施設運営ハンドブック』三学出版

第5節　少年院

1　少年院の概要

(1)　沿革・種別・処遇課程

少年院は、大正一二（一九二三）年、旧少年法・矯正院法に基づき多摩少年院及び浪速少年院が設置されたのを嚆矢とする。その後、昭和九（一九三四）年に瀬戸少年院が設置され、同一七（一九四二）年までに全国で七庁が開設された。昭和二四（一九四九）年、新少年法・少年院法の施行にともない、全国的に整備され、その後、開設及び廃止があり、現在本院が五二庁、分院が一庁である。

少年院には、初等、中等、特別、医療少年院の四つの種別がある。初等少年院にはおおむね一二歳以上*おおむね一六歳までの者、中等少年院にはおおむね一六歳以上二〇歳未満の者、特別少年院には犯罪的傾向の進んだ一六歳以上二三歳未満の者及び一六歳未満の少年院収容受刑者、医療少年院には心身に著しい故障のある、おおむね一二歳以上二六歳未満の者を収容し、矯正教育を授けることとされている。

また、こうした種別のほかに教育期間の別異により特修短期処遇（教育期間四月以内）、一般短期処遇（教育期間六月以内）、及び長期処遇*の区分があり、さらに、教科教育課程、

＊初等少年院および医療少年院の収容年齢の下限は一四歳以上であったが、平成一九年の改正によって、おおむね一二歳以上に引き下げられた（ただし、決定時一四歳未満の少年については「特に必要を認める場合に限り」とされた）。

長期処遇
教育期間は二年以内であるが、おおむね一年程度であり、少年個々の問題性・教育必要性により期間が決められている。最近、重大事件については、「相当長期」、「比較的長期」、「一〇年を超える教育期間」といった家庭裁判所の処遇勧告がつき期間が長期化している。

生活訓練課程、職業能力開発課程、特殊教育課程、医療措置課程など、少年の問題性や教育必要性に応じた教育課程が設けられている。

(2) 少年院における処遇の特徴・矯正教育

少年院の処遇の特徴は、おおまかにいって次の三つをあげることができる。

まず、第一は、処遇の個別化である。少年法は「個別化された司法」と言われるが、少年院では個々の少年の問題性の改善、矯正教育の必要性に焦点が当てられる。少年院では、家庭裁判所作成の少年調査記録や少年鑑別所作成の少年簿、あるいは面接や各種テストなどにより、少年個々の教育計画である個別的処遇計画が策定される。計画には、少年の個人別教育目標と段階別到達目標が設定されるとともに教育内容、方法などが盛り込まれ、それに基づいて処遇や教育が実施される。

第二は、教官が少年と生活を共にして、面倒を見、喜憂を分かち、悩みや心配事、日常の些事から人生の大事に至るまで相談に乗るなど、信頼関係を作って処遇する。少年は信頼できる教官に内心を吐露することによって問題点が整理され、葛藤や心的外傷などが次第に解消、あるいは長所が伸張されて、問題性の解決・改善がはかられる。

第三は、少年集団の教育的機能の活用である。少年院では、少年集団の更生的雰囲気を醸成し、少年相互に好ましい影響を与え合うように組織される。社会性が未熟で対人関係がうまくできない少年が、密度の濃い人間関係の中で学習することの意義は甚だ大きい。また、寮生活上のさまざまな役割を担うことにより責任感や協調性を培うとともに、決まりの意味を理解し遵守の構えを持つようになっていく。多くの少年は他者の否定的な眼差しの中で生活してきたが、集団生活において他の少年から尊重され、「役に立つ人」といった肯定的評価を受ける意味は大きい［八田、2005 a］。

こうした処遇を基盤にして矯正教育（生活指導、職業補導、教科教育、保健・体育、特別活動の五指導領域をいう）が実施される。生活指導においては集会*、役割活動のほか、面接、内観*、問題群別指導（薬物、交通、不良交友、家庭、性など）、ロールレタリング*、SST*、読書指導などが実施され、職業補導においては勤労意欲を培い、就業態度の修得や資格取得などの指導がされる。教科教育では義務教育、補習教育（漢字検定や珠算など）、通信教育の指導がされ、保健・体育は保健衛生の授業とともに、剣道やサッカー、水泳、ランニングなどの指導が行われる。特別活動では、各種のクラブ活動のほか、意見発表会や読書感想文発表会、運動会、収穫祭、演劇祭などの行事や自主的活動が展開される。

2　非行少年の諸相とその改善

平成一七（二〇〇五）年に少年院に新たに収容された少年は、男子四、二二九名、女子五七九名、計四、八七八名である。家庭裁判所における少年保護事件の終局処理人員は二〇六、五七九名であるが、少年院送致決定のあった少年は四、八八三名、2.36％に過ぎない［法務省法務総合研究所、2006］。このほか、道路交通法違反の反則事件告知数は四〇三、〇三五件あり、

不良行為少年*を含めて考えると裾野の広がりは大きく、少年院に送致される少年はきわめて少数である。つまり、少年院では非常に限定された視点から非行を見ていることになるが、反面、非行を凝縮した状況でとらえているということができる。

さて、次に収容少年について典型的な事例を示し、少年院の処遇について若干のコメン

集会

少年院の集会は、①寮・居室などの月間・週間生活目標の決定・点検の集会、②役割活動の方法や点検・行事などの準備などの集会、③個々人の問題性や行動に焦点を当てた集会、に大別される。

内観

吉本伊信が創始した自己洞察法。静かな場所で生育上自分と関係の深かった人について、幼少期、小学時、中学時、高校時、就業時などに区切って「してもらったこと」、「して返したこと」「迷惑を掛けたこと」の三点を調べ、指導者に面接を受け、自己を探求する方法。

ロールレタリング

役割交換書簡法ともいい、春口徳雄らが少年院で開発した。自分と相手方（自分が相手の気持ちになって書く）との投函しない手紙の交換を通して、相手の考え方や気持ちを気づかせる方法。

SST（Social Skills Training）

社会生活を送る上で他の人と良好

トを記すこととする。なお、非行は複雑な要因が絡みあって惹起しており、一見同じように見えても詳細に調べていくと、それぞれがオリジナルであり一つとして同じものはない。ここでは詳述できないので、あらかじめ断わっておくこととする。

【事例1】

母子家庭で生育し、母親を気遣いながらも暴走族に加入し、自動二輪車の窃盗、無免許運転及び共同危険行為を敢行した事例。

実父母は、実父の家族に対する暴力が原因で少年の幼少期に離婚し、少年は母親の下で生育した。高校一年で中退し、就業したが転職、暴走族の総長となり、共同危険行為などをしたもの。

収容少年は、不遇な生い立ちであることが多い。家庭から離反し、不良集団とかかわり、その中で暴走行為、窃盗、傷害、恐喝、薬物乱用など多種の非行を惹起する。また、非行が単独の場合であっても、このような家庭環境が背景にあることが多い。

さて、収容少年の保護者の状況は、実父母が45.0％であるが、以下実母28.1％、実父11.0％、実父義母・義父実母8.6％、その他4.2％である。また、保護者が実父母である男子は46.1％であるに対して女子は35.8％であり、教科教育（義務教育）課程の少年は16.2％に過ぎない［法務省、2004］。男子よりも女子に家庭上の問題が多く、中学時から収容された年少少年の家庭の状況がいっそう悪いことがうかがわれる。

離婚などのために家庭の監護力が十分でなく、また、家族間の葛藤が情緒の発達を阻害し、感情統制が悪くなったりする。そして、少年の多くは、「なぜ、自分だけがこのよう

な対人関係を保つ方法や社会生活の中で遭遇する多様な問題に対処していくスキル（技能）の訓練。

不良行為少年

非行少年には該当しないが、飲酒、喫煙、深夜徘徊、その他自己または他人の徳性を害する少年で、警察の補導の対象とされる。

な家庭なのか、自分ばかりが不幸なのか」といった劣等感と被害感を抱きやすく、それが非行を合理化*する規制となり、内省がなかなか進まない。さらに、非行を累行することによって保護者との関係が悪化し、悪循環に陥ることも少なくない。

少年院では、伝統的にこうした事例に取り組んできており、処遇のノウハウが積み重ねられてきた。したがって、先の(2)「処遇の特徴」に記したような事項に基づいて処遇が行われる。担任教官などとの面接や作文によって心情を述べさせ、内省、内観などによって合理化せずに今までの生活を振り返らせたり、問題群別指導によって暴走行為の問題性を考えさせることとなる。また、悪循環に陥った家族との心的交流を促進し、その調整をはかることとなる。

本事例は、短期処遇の少年で非行性も深刻な状況になく、家族との関係もそれほど悪化していなかった。少年院では役割活動によって責任感を培うとともに、交友・交通関係、就業などの指導がされ、円滑な社会復帰ができた。

【事例2】

実父から暴力を受け、家庭から離反し、孤独感、疎外感を深め、不良集団の中に居場所を見つけて非行に至った事例。

実父母は少年が幼少期に離婚し、少年は父親の下で暴力を受け放任されて生育した。中学時には父親の暴力がひどくなり、家出状態となって中三時から児童自立支援施設*で生活する。覚せい剤乱用歴もあり、本件は暴力団員の成人共犯との恐喝事件である。

法務総合研究所の調査によれば、被虐体験のある収容少年は、身体的暴力（軽度）64.9％、

合理化
マッツァらは非行の罪悪感を和らげ正当化する方法（「中和の技術」）として、「責任の否定」、「加害の否定」、「被害者の否定」、「非難者への非難」、「より高度な者への忠誠」の五つをあげている。

児童自立支援施設
↓261ページ。

身体的暴力（重度）48.3％、不適切な保護態度8.2％、性的暴力（接触・性交）3.6％であり、身体的暴力が著しく高くなっている。さらに、家族以外の者から受けた被害行為を見ると、身体的暴力（重度）が81.9％にも上り、性的暴力を受けた者は70％近くに上っている。身体的暴力の加害者は、家庭においては実父、家族以外では先輩をあげる者が多く、女子では実母であることも少なくない［法務省法務総合研究所、2000］。家族以外の暴力は、少年が非行化し、不良集団にかかわることが大きな理由であると考えられる。収容少年は家庭においても地域社会においても暴力的な環境にさらされている。そして、それが暴力によって物事を解決することへの抵抗感をなくさせている。

さて、重度の被虐体験は、人との基本的な信頼関係を築く上で問題が生じやすく、関係ができてもなかなか永続しない。無力感が強く、自尊感情も持ちにくく、肯定的な世界観を抱きにくい。家庭によって得られない依存感情を不良者に求め、非行化することも少なくない。

処遇においては、まず担任教官などとの信頼関係を作ることが重要となる。それによって、収容少年は「大切にされている、面倒を見てもらっている」といった感情を抱き、心理的な安定がはかられる。そして、集団生活の中で他の少年から「自分が必要である人」、「どうしようもない人間でなく役立つ人」などと受け入れられ、資格取得や職業補導などで成果を上げることによって、自己イメージの向上がはかられる。また、家族との調整がはかられるが、場合によっては家族から自立することも考慮される。

本事例は難しい事例であったが、少年院では安定した生活を送り順調に経過した。実父の面会通信もなく、調整は難航したが、出院後はつき合っていた女性との関係がうまくいき、不良交友に戻ることもなく生活が安定した。

【事例3】
過保護に育てられ、自己中心的で共感性が乏しく、集団で非行をした事例。
幼児から病弱のため過保護に育てられた。わがままで社会性・共感性に乏しく、自己中心的である。本件は、暴力団員を装い、知り合いの女性に対して執拗に恐喝を繰り返したもの。

過保護に生育した少年は、社会性が未熟で、共感性に欠けることが多い。失敗しても保護者が尻拭いをして年相応の責任を取らせてきておらず責任感が育っていない。また、権威を権威と思わず、規範意識も乏しく、幼児的な自己万能感を持っていることが多い。

処遇においては、基本的生活態度を身につけることや社会性を育てることに主眼がおかれる。集団生活の中で対人関係の在り方を訓練し、役割活動などで協調性や責任感を持てるようにすることとなる。院内のさまざまな活動で失敗したり対人トラブルを起こしたりして、再三指導を受けることによって、徐々に対人関係や規範意識を身につけていく。また、内観などによって今までの周りの人とのかかわりを考えさせることも効果がある。

本事例の場合は、軽度の多動性もあり自己統制力が乏しく、対人関係のトラブルを頻発したが、失敗を重ねながら落ち着いて実習などができるようになり、対人スキルも向上した。仮退院後は、職場で対人トラブルがあり辞めているが、再非行はなかった。

【事例4】
ＡＤＨＤ*（注意欠陥／多動性障害）の疑いがあり、学校や家庭から離反した事例。

ＡＤＨＤ
↓237ページ。

多動的で学校不適応を起こし、叱責する保護者に不満を感じ、家庭から離反したぐ犯傾向の強い少年*。本件は、万引きと自転車の占有離脱物横領である。

ぐ犯少年
↓213ページ。

最近、少年院においてはＡＤＨＤ、学習障害、パニック障害、行為障害、広汎性発達障害あるいはその疑いと見られる収容少年が多くなり、軽度発達障害に対する関心が著しく高まってきた。軽度発達障害によって家庭や学校で不適応となり、非行行為の発現に至る場合が多く、基本的生活態度や規範意識なども身についていない。処遇は、担任教官などが障害の程度を理解し、対人関係の訓練として順序立てた段階的なスキルの訓練がなされることになる。しかし、対人的なトラブルを頻発させることも多く、大きなエネルギーを必要とする。なお、少年院は生活の枠組みが構造化されており、複雑な事態に対応できない軽度発達障害の少年の教育に有効な場であるとの指摘もある。

本事例は、中学生であり軽度の多動性が認められたが、少年院では担任教官とラポート（意志の疎通）が早期に取れ、比較的順調に経過した。特に、学習や生活上の成功体験により自信が持てるようになり、保護者との関係も面会、ロールレタリング、作文などで改善がはかられた。全寮制の高校に進学し、紆余曲折はあったものの卒業することができた。

【事例５】

暴走族に加入し、離脱者に対して集団で暴行を加え、死亡させた事例。

他の暴走族仲間とともに、知り合いの者に対し些細なことで因縁をつけ、執拗に殴る蹴るの暴行を加えて死亡に至らしめたもの。

重大な少年事件に関する研究によれば、単独で事件を起こした少年は、(1)幼少期から問題行動を頻発していたタイプ、(2)表面上は問題を感じさせることのなかったタイプ（①表情が乏しく他者と生き生きした関係が持てないタイプ、②精神障害が疑われるタイプ）、(3)思春期になって大きな挫折を体験したタイプ、の三つに分けられ、集団の事件の場合は当初から殺そうと企図した例は少なく、被害者を殴ったり蹴ったりしているうちに集団心理により暴行がエスカレートし、被害者を死に至らしめた事例が大半であるとされる［家庭裁判所調査官研修所、2001］。

少年院においては、平成九（一九九七）年から被害者に対する「しょく罪指導」が実施されるようになり、現在は「被害者の視点を取り入れた教育」として体系化が試みられている［八田、2005 b］。こうした処遇・教育は、被害者の権利の保護といった社会的な要請を反映したものであるが、少年の健全育成の理念にも合致するものである。

少年院は、少年を社会的非難から保護した環境であり、心情的にも安定しやすく、被害者のことを考える場として非常に適している。「被害者の視点を取り入れた教育」は、収容少年の処遇の段階に応じて、事件における自分の行動を合理化しないで見つめ直すこと、被害者の心情や苦痛を考えること、謝罪や慰謝、賠償の仕方について考えること、などが目標とされる。少年の状況に応じて、面接、課題作文、内省、被害者に関するビデオ視聴や読書、ロールレタリングなど、さまざまな角度から働きかけが行われる。被害者の了承が得られれば謝罪の手紙を出すことも少なくない。ただ、収容少年の共感性が乏しかったり、知的な制約があったりすると、内省が進まず、被害者の視点以前のことから指導しなくてはならない。さらに、保護者の態度が少年に及ぼす影響も大きく、保護者が真摯に被害者に向き合うと少年にもよい結果をもたらすので、保護者に対する働きかけも行われる。

なお、「被害者の視点を取り入れた教育」は、少年が院内において罪障感が深まり謝罪の気持ちが持てたとしても十分ではない。少年が具体的に被害者にどのように謝罪し、慰謝・賠償をするかが問われるのであり、そうでなければ被害者や社会の納得は得られないであろう。種々困難な問題はあるとしても、そのような方向で進めるべきである。さらに、修復的司法*や被害者加害者調停（ＶＯＭ*）についても、少年院としてどのような役割を果たせるか、今後検討していく必要がある。

本事例は、命日内省のほか、被害者について考えさせるために処遇段階ごとに個室で集中的な内省が数回設定され、被害者に関するビデオ視聴、課題読書、課題作文、面接などが実施された。出院後、父親に伴われて被害者宅を訪問し、謝罪しているが、改めて被害者の悲しみと自己の責任を痛感したとのことであった。

以上、いくつかの事例を紹介したが、このほか重要なものとして学業からの脱落がある。収容少年の教育程度は、中学（在学）9.8％、中学（卒業）40.9％、高校（在学）12.1％、高校（中退）33.0％、高校（卒業）3.2％、専門学校・大学（在学・中退他）0.4％、その他0.2％であり、高校中退と中学卒業を合わせると73.9％を占めている［法務省、2004］。多くの少年は、知的能力に比べて学力が極端に低く、いじめや不登校、あるいは怠惰により早期に学業から脱落している。また、スポーツ挫折症候群とでも名づけられるような一群もある。小・中学時にスポーツで脚光を浴びたものの、高校進学後に挫折し、新たな目標を見出せないまま非行に至っている。将来の見通しのなさが、非行に傾斜する原因の一つである。少年院では、職業補導、進路指導によって将来の方向づけをするとともに、家族との調整をはかり、少年との新たな絆を作るように指導される。

修復的司法（Restorative Justice）
犯罪を国家ではなく、被害者および地域社会に対する侵害行為として捉え、加害者の責任は刑罰を受けることでなく、被害者への被害回復をはかることなどとし、被害者・加害者・地域社会の関係の修復をはかる司法。

被害者加害者調停（ＶＯＭ）
Victim Offender Mediation の略。被害者、加害者、地域社会のメンバーが犯罪によって受けた被害からの回復をはかるために損害賠償、和解及び修復を目指して行う対話、交渉、調停。

3　おわりに

法務総合研究所の調査によれば、少年院教官の72.7%が処遇困難な収容少年が増加したと述べている。その理由として少年の資質をあげる者が38.8%と多く、次いで親の指導力24.4%、家族関係14.2%、規範意識7.9%となっている。収容少年の資質については他人に対する共感性や感情統制に問題があるとし、その場の感情や感覚に任せて意思決定をして規範を軽視すると見ている。また、交友関係の問題としては信頼関係に基づいた対人関係を築く力が弱く、周囲に迎合して行動するととらえている。白書は、それらを踏まえて非行少年の処遇上の留意点として、①人の痛みに対する共感性を育てる処遇、②集団場面を活用した処遇、③保護者の自発的対応を促す処遇、の三点をあげている[法務省法務総合研究所、2005]。

処遇上の留意点としてあげられたことは、事例などに記したように少年院が伝統的に継承してきた処遇の方法と重なっている。すなわち、高度情報化社会となり、逆に生身の人間同士のかかわりや自然・身体といったことの重要性が改めて見直されてきたのであり、白書は従来の少年院の処遇に新たな意味付けをしたということになろう。

少年院は、伝統を踏まえつつ処遇・教育の充実をはかるとともに、変革を進め、社会の期待と要請に応えていかなくてはならない。

（八田次郎）

引用・参考文献

八田次郎　2005 a　「心のふれあいと教育的な雰囲気」『非行少年の教育と処遇　法務教官の実践』青藍社　20-52p.
八田次郎　2005 b　「しょく罪指導の経緯、現状及び課題」『非行少年の教育と処遇　法務教官の実践』青藍社　87-98p.
法務省　2004　『第一〇六矯正統計年報Ⅱ』
法務省法務総合研究所（編）　2005・2006　『犯罪白書（平成一七年版）』・『犯罪白書（平成一八年版）』
法務省法務総合研究部報告11　2000　『児童虐待に関する研究』
家庭裁判所調査官研修所（監修）　2001　『重大少年事件の実証的研究』司法協会

第6節　医療少年院

1　医療少年院の性格・機能

近年、本邦においては、少年による凶悪・重大事件が続発し、少年非行*の問題は、社会の大きな関心事となっている。こうした状況の中で「医療少年院送致」という決定がしばしばマスメディアを通じて報じられるようになり、それまで一般に知られることの少なかったこの施設が一挙に社会の注目と期待を浴びることとなった。

一方、「少年法*」一部改正による処分の厳罰化、「心神喪失者等医療観察法*」（以下「医療観察法」）の成立などの法整備・制度改革が進む中、改めて社会全体が担う青少年育成の中での少年院の役割を見直し、その機能を一層強化するための真剣な議論や有効な施策の検討をはかることが急務であると考えられる。

そこで本稿においては、少年院、その中でも医療少年院に注目し、そこでの処遇・矯正教育の在り方を概観し、現在抱える問題点や今後の展望などを整理していきたい。

(1)　施設の沿革

「少年矯正の近代的展開」によれば、戦後、当時の司法省が立案した『少年法・矯正院法改正草案』に対し、GHQ行刑課長バーデッド・ルイス博士と、同課に勤務し、後に関東

少年非行

少年法で定められる少年非行とは①一四歳以上二〇歳未満の少年による犯罪行為（犯罪少年）②一四歳未満の少年による触法行為（触法少年）③二〇歳未満の少年のぐ犯（ぐ犯少年）を総称する概念である。触法行為とは刑罰法令に触れるが、刑事責任年齢に達しないため刑事責任を問われない行為のことであり、ぐ犯とは、一定の事由があって、その性格または環境に照らして、将来罪を犯し、または刑罰法令に触れるおそれがあると認められる行状のことをさす。

少年法

非行少年に対する保護処分の要否と内容を決する少年審判の手続きを定め、あわせて少年の刑事事件および少年の福祉を害する成人の刑事事件について特則を設ける法律。戦後旧少年法の全部改正により成立した。平成一二年の改正により、従来送致時一六歳以上に限定されていた刑事処分可能年齢を廃し、さらに犯行時一六歳以上の少年が故意の犯罪行為

医療少年院初代院長となる早尾虎雄とが共同で「医療矯正院」設立を盛り込んだ修正案を示し、これが幾つかの改正案を経て国会で可決成立され、昭和二四（一九四九）年より新少年法・少年院法として施行された、とされている。それにより、「非行と密接な関連があり、社会復帰の妨げにもなっている疾病の治療が矯正教育をしていく上で重要であること」が認識され、同年「関東医療少年院」が設立されたとされる。

その後「京都医療少年院」、「神奈川医療少年院」、「宮川医療少年院」が相次いで設立され、現存する四つの少年院がすべて出揃うこととなる。

(2) 医療少年院の性格・機能

一般に少年院と呼ばれるものは国（法務省）の施設で、少年を収容して矯正教育を行う施設のことを指す。少年院には、初等・中等・特別・医療の四種類があり、各々男女の別に従って設けられている（ただし、医療少年院は分隔があればよい）。

「少年法」によれば、一四歳以上二〇歳未満の犯罪少年・ぐ犯少年のうち、家庭裁判所に送致された後、同所の調査を受け、その後の審判により少年院送致の終局決定がなされた事案に限り、少年院に収容されることになる。その際、年齢、非行傾向の進度、医療措置の必要性に応じて、収容される少年院の種別が特定されるほか、併せて収容期間など処遇内容についての勧告も行われる。

個別に見ると、初等少年院は一四歳以上おおむね一六歳未満の者を、中等少年院はおおむね一六歳以上二〇歳未満の者を、特別少年院は犯罪傾向の進んだ、おおむね一六歳以上二三歳未満の者を収容する（ただし、少年院収容受刑者については一六歳未満の者も収容可）と定められている。処遇課程には特修短期（四ヶ月以内）、一般短期（六ヶ月以内）、

により被害者を死亡させた事件については、原則として逆送（検察官に装置すること）決定する旨の規定などが盛り込まれた。

心神喪失者等医療観察法
心神喪失（精神上の障害により、是非善悪を判断することができないか、またその判断に従って行動することができない状態）などの状態で重大な犯罪に当たる行為（殺人、放火、強盗、強姦、強制わいせつ、傷害）を行った者に対し、その適切な処遇を決定するための手続き等を定めた法律。継続的かつ適切な医療の実施と、それに必要な観察・指導を行い、もって対象者の病状の改善、同種行為の再発防止、および対象者の社会復帰を促進することを目的とする。

長期（二四ヶ月以内）があり、短期処遇を実施するのは初等・中等少年院のみと決められている。

医療少年院は、これら一般の少年院と異なり、精神的・身体的医療と性格の矯正や環境の調整に向けた教育の双方を行う施設である。したがって対象は、①精神または身体の疾患や障害により専門的医療を必要とする者、②精神遅滞*や情緒障害*などのために特殊教育を必要とする者、③妊娠中の女子少年、などを対象とした施設で、一四歳から二六歳未満の者を収容できるとされている。いずれも非行の軽重・犯罪傾向の進度は問われず、一年以内程度の長期処遇となるのが普通である。ただし「非行の重大性等により、少年の持つ問題性が極めて複雑かつ深刻であるため強制と社会復帰を図るうえで特別の処遇を必要とする者」については、院長判断により期間を延長することができる。またその他、最初一般の少年院に送致され、そこで発病して医療少年院に移送される場合もある。

以上、医療少年院全般について概略を説明してきたが、ここからは非行少年の特質、非行の現状を踏まえた現場での処遇について、筆者が勤務している関東医療少年院を中心に述べる。

2　入院者の状況と特質

(1)　収容対象者

前節でも触れたとおり、一四～二〇歳未満（最長二六歳まで）の「犯罪少年」と「ぐ犯少年」のうち、家庭裁判所の審判により「少年院送致」という終局決定が下され、かつ「医

精神遅滞

①平均以下の知的機能（IQが70以下）②適応行動水準が年齢の基準より明らかに低い③一八歳未満の発症、の三項目を満たす場合に精神遅滞と診断される。最近本邦では、公文書などでは「精神遅滞」のかわりに、より一般的な「知的障害」という用語が使用されている。ただし知的障害というと認知症なども含むので、正確な学術用語としては検討が必要である。

情緒障害

児童・青年期において、情緒が不安定で、適切な行動がとりにくい状態をさし、大きく以下の二つに分けられる。①自閉症のように、人との関わりに困難性を示し、全般的な発達にゆがみのある状態②かん黙や習癖の異常、不登校のように、人間関係や環境からくるストレスなどにより「過度の緊張感をおぼえる」など、社会的に不適応な状態。

療措置」が必要と判断された少年が、当院に収容される。心身に著しい故障という要件に縛られているものの、一般少年院にあるような年齢による制限はなく、非行の軽重・犯罪傾向の進度を問わないため、様々なタイプの非行少年が幅広く集まってきていると言ってよい。

(2) 収容状況

平成一六(二〇〇四)年一月一日~同年一二月三一日までの期間における当院での調査結果に基づき概況を述べる。

一年間の入院者数は、男子約六〇名、女子約三〇名、合計九〇名程度であり、平成一二(二〇〇〇)年をピーク(約一五〇名)に減少傾向にある。

新規入院者の診断名による精神疾患と身体疾患の比率は約七対三であり、全入院者の中で精神疾患者の占める割合が年々高くなっている。

(3) 収容少年の特性

入院者の主非行については、男子は窃盗、傷害でおよそ半数を占め、女子は覚せい剤取締法違反が約半数と高い割合を占めている。凶悪犯・粗暴犯*については、男女合わせて30%弱であり、平成一三(二〇〇一)年度以降減少傾向にある。

入院時の年齢は、男子では一七、一八歳が全体の約六割を占めており、女子では一四歳~一九歳にかけて階段状に数が多くなっている。

再入者の比率は三割弱と過去一〇年間で最高を示している。

疾病分類別に見ると、男子は統合失調症*、心因反応*、薬物関連障害が上位を占め、女子

凶悪犯・粗暴犯
ともに包括罪種(刑法犯のうち、被害法益、犯罪態様の観点から類似性の強い罪種を包括した分類名称)の名称。殺人、強盗、放火、強姦を凶悪犯、凶器準備集合、傷害、暴行、脅迫、恐喝を粗暴犯という。

統合失調症
主として思春期に発病し、特徴的な思考障害、自我障害、感情障害、人格障害などを主徴とし、多くは慢性に経過する原因不明の精神病。躁うつ病(気分障害)と並んで内因性精神病と呼ばれてきた。従来の「精神分裂病」という病名が当事者や家族に社会的不利益を招きやすいとの世論を受け、平成一四年八月の日本精神神経学会総会で、Schizophreniaの日本語訳を「精神分裂病」から「統合失調症」に変更することが決定された。

心因反応
心因によって起こる精神障害。広義には神経症と心因精神病(反応精神病)が含まれるが、一般には後者をさし、人格解体や現実認識の著し

は主非行を背景として薬物関連障害が多く、精神科中の二分の一、全疾病中の三分の一を占めている。

(4) 最近の少年非行の特質

平成九(一九九七)年に神戸市で発生した当時一四歳による児童連続殺傷事件以来、少年非行が社会問題として大きく取上げられるようになり、「少年非行の増加」「低年齢化」「粗暴・凶悪化」「覚せい剤・性犯罪事犯の増加」などが叫ばれている。しかし、ここ最近の当院の入院者状況と特質から見られる傾向は、「全入院者の中で精神疾患者の占める割合の増加」と「再入者比率の増加」であり、むしろこちらの方が現場に身を置く者としての実感に近い。またこうした傾向こそが近年の少年非行の本質、さらには矯正教育や非行臨床の諸問題を浮彫りにしているように思われる。このあたりの議論は後節に譲ることにする。

3 実際の医療と教育――事例を通して――

(1) 医療少年院における矯正治療

先述したとおり、医療少年院は少年の専門的医療と矯正教育の双方を行う施設である。医療と教育は、在院少年の男女の別、年齢差、非行の度合い、疾病の種類と程度に個人差があるため、個々の必要性に応じた治療と教育を考慮した処遇計画を医務担当と教務担当が共同して作成・実施している。収容期間はおおむね一年間で、新入時教育・中間教育・

い障害(幻覚・妄想)など精神病に匹敵する症状を示すものをいう。

グループワーク
　生活上何らかの問題あるいはニーズを抱えている個人に対し、小集団内における成員間の影響力や相互作用の力を活用することで、その問題の解消・軽減やニーズ充足をはかる援助技術のこと。臨床の場に活用される理論モデルとしては集団の中の個人または集団そのものの問題となる属性を改善し、取り除いていこうという「治療モデル」がある。具体的な技法としては集団精神療法、エンカウンター・グループ、アサーション・トレーニング、サイコドラマ、SSTなどがある。

地方更生保護委員会
　更生保護(犯罪者や非行少年が社会の中で健全な社会人として更生するように指導・援助することおよびその制度)に関わる法務省の機関で、高等裁判所の管轄区域ごとに全国八ヶ所に設置されている。三人以上一二人以下の委員で組織する合議制の機関であり、刑事施設に収容中の者出院時教育の三つの期間に分かれている。非行性と疾病性という二重の問題を抱えている少年に対する働きかけの要は、医療と教育の緊密かつバランスのとれた連携である。

医療は矯正教育を効果的に行うため、矯正教育を側面から援護・補佐する役割を担う。診療科目については、神経科、内科、外科、産婦人科などの医師が常勤しており、眼科、耳鼻科、皮膚科、歯科などは必要に応じて非常勤専門医が診療にあたっている。

教育プログラムについては、非行の原因を取り除き、心身ともに健全な少年として社会復帰できるように、次のような内容できめ細かく指導が行われている。

① 日常生活に関する指導、交換日記、カウンセリングなどの健全な生活習慣形成のための生活指導
② 覚せい剤など非合法な薬物使用、性的な逸脱行為、家庭や交友関係の問題などについては、その問題性の解明と解決をはかるグループワーク*や視聴覚教材による指導
③ 農園、陶芸、版画などの作業やレクリエーション活動
④ 洋裁、手工芸などの職業指導
⑤ 中学未修了者への教科指導
⑥ 体操、球技などの保健体育指導

(2) 退院・移送後の少年の実態

収容期間内に病気の治療が終結し、医療措置が不要となった少年は、さらなる矯正教育を受けるために一般少年院に送られる。一方少年院の長は、少年に対する矯正教育がその目的を達したと認める場合には「退院」の申請を、少年が処遇の最高段階に到達し、仮に

の仮釈放、少年院仮退院中の少年で、健全な少年として更生していると認められている者に対する退院の決定する権限などを有している。その他管内保護観察所の事務の監督を行う。

保護観察
犯罪者を矯正施設に収容せず、社会内で、適当な補導援護と指導監督の下に、自発的な改善更生、社会復帰を促進するソーシャル・ケースワークの性質をもった措置。現行法上における保護観察としては、執行猶予を言い渡された者を対象とするものと、少年法上の保護処分の一種としてのもの、さらに仮出獄者、少年院・婦人補導院の仮退院者を対象とするものがある。

精神保健福祉法
精神障害者の医療・保護、その社会復帰および自立と社会経済活動への参加の促進のために必要な援助を行い、ならびにその発生の予防等に努めることによって、精神障害者の福祉の増進および国民の精神保健の向上をはかることを目的とした法律。平成一一年四月、一二年一〇月、

退院を許すのが相当と認める場合には「仮退院」の申請を、地方更生保護委員会*に対して行う。同委員会の決定により仮退院が許可され出院した後には、「保護観察*」に付される。

いずれの場合も、出院の時点で病気の治療がまだ不十分であれば、社会の医療機関で引き続き外来通院または入院治療が行われる。特に、精神障害またはその疑いがある場合には、精神保健福祉法*第二六条に基づき、あらかじめ院長が本人の帰住予定地の都道府県知事（指定都市の市長）に通報しなければならない。通報された少年について調査が行われ、必要と認められた場合に、二名の精神保健指定医*による措置診察が実施される。診察の結果、「自傷・他害のおそれ」があると判断された場合には要措置となるが、措置入院*に至らないまでも、入院治療継続の必要性があれば、医療保護入院*、あるいは任意入院*となることもある。

(3) 事例

① 少年A、一四歳　女子

診断　覚せい剤精神病

本件非行　覚せい剤取締法違反

家族歴・既往歴　父方祖母が実質的な監護養育者であったが、養育態度は放任。

生活歴　一三歳時の夏休み中に夜遊びを覚え、歓楽街を徘徊するようになる。秋には家出を計り警察に補導され、児童相談所に入所。祖母が引取りを拒んだため、児童自立支援施設*に入るが、間もなくそこを抜け出し、約一〇ヶ月間地方都市の歓楽街で稼働し、生活費を得ていた。一四歳時に仕事仲間から覚せい剤を勧められ使用。その後もダイエット目

一七年一一月、三度の改正を経て現在に至る。

精神保健指定医
精神障害者の人権を養護し適切な医療が行われるようにするために、任意入院以外の入院措置を採ったり行動制限を行う医師に対して一定の資格を定め（精神保健福祉法第18条）、申請に基づき審議会の意見を聴いて厚生労働大臣が指定した医師。

措置入院
精神保健福祉法第二九条に基づく、都道府県知事（指定都市の市長）の権限による強制入院のこと。入院にあたっては、原則知事が指定した二人以上の精神保健指定医の診察（措置診察）を経て、その者が精神障害者であり、かつ医療および保護のために入院させなければその精神障害のために自身を傷つけ（自傷）、または他人に害を及ぼすおそれがある（他害）と、各指定医の診察の結果一致した場合でなければならない。

医療保護入院
精神保健福祉法第三三条で定めら

的に十数回使用した。次第に情動不安定やイライラ感が出現し、二ヶ月後には幻視・幻聴*・追跡妄想*などの精神病症状が見られ、怖くなり自ら近くの交番に出頭し逮捕となった。

入院後の経過　入院時、抑うつ、不眠、小動物幻視*、被害的内容の幻聴、ヤクザからの迫害妄想を認めた。治療は即時離脱を行い、対症的に抗精神病薬*を使用した。

精神病症状が落ち着いてからは支持的・受容的面接、問題性に対する直面化に焦点を当てた定期的な個人精神療法*、再発・再犯を予防するための心理教育を行った。

矯正教育期間である中間期前半の段階的到達目標を達成した時点で一般女子少年院に移送となった。

②　少年B、一七歳　男子

診断　心因反応

本件非行　強盗致傷、恐喝未遂、傷害、窃盗、道路交通法違反

家族歴・既往歴　実父とは生後間もなく生別している。実父母ともに薬物常習犯。実母の養育態度は放任。小学生時継父より体罰を受けていた。

生活歴　小学二年時より万引き、自転車窃盗、原付無免許運転を始める。小学五年時に窃盗や同級生への暴力が常習化する。中学二年時に窃盗で初等少年院初回入院。仮退院後稼働するが長続きせず、一六歳時、強盗致傷、恐喝未遂などで中等少年院送致となる。入院当初から些細なことに不満を感じ、苛立ちを表出させて自分勝手な行動を取ったり、要求が通らないと粗暴行為や自傷行為を繰返したりしていた。入所五ヶ月目、懲戒処分を受けてから心情不安定となり、それとともに自殺をほのめかす言動が認められたため、医療措置により当院に移入となる。

れた、保護者の同意に基づく入院のこと。指定医の診察の結果、精神障害者であり、かつ入院の必要があると認められた場合、患者本人の同意がなくても保護者の同意があるときは、その者を入院させることができる。

任意入院
精神保健福祉法第二二条の三に定められた、患者本人の同意に基づく入院のこと。

児童自立支援施設
→261ページ。

幻視・幻聴
幻覚（外来の感覚刺激がないのに知覚される異常体験）のうち、視覚領域に出現するものを幻視、聴覚領域に出現するものを幻聴という。

追跡妄想
被害妄想の一つで、誰かに跡をつけられているという妄想。

小動物幻視
動物幻視の特殊型で、実際よりは

入院後の経過　入院後しばらくは気分変動が激しく、衝動統制力を欠いた状態にあった。また独りにされることを極度に嫌い、職員の気を引くために自傷行為・破壊行為を繰返した。情動の安定化を計るため薬物療法を開始、診察は原則週一回とし、問題行動については少年にとって不利益になることを学習させていった。その後の共感的・支持的な関わりと、課題への取組みの中で心情も安定化して訴えも減り、薬の漸減が可能となった。全処方薬中止後も特に目立った精神神経症状はなく、移入三ヶ月後に前少年院に還送となる。

③　少年C、一七歳　男子

診断　性同一性障害

本件非行　窃盗

家族歴・既往歴　私生児。実父は指定暴力団員。

生活歴　幼少時よりおとなしく、異性の友達と遊ぶことが多かった。思春期に入って複数の男性と付合うが、性交渉には至らなかった。目先の金銭目的に売春類似行為を幾度となく繰りかえす中で、一五歳時に友人らと共謀して窃盗をはたらき逮捕され、その後保護観察となる。翌年には、同じく窃盗で警察に検挙される。性同一性障害*という困難な問題に対する精神科専門医による治療的かかわりと経過観察、個別処遇の必要性から、当院入院となる。

入院後の経過　入院当初から特別な精神療法は用いず、障害により生ずる少年の苦悩・不安・葛藤などを減弱させ、低下したあるいは自責的な自己評価を是正するよう努めた。だが男子寮での集団生活に対する本人の負担は大きく、居室、入浴、体育、頭髪などについては事情を考慮し個別に処遇せざるをえなかった。仮退院後の職業選択、身体的治療の

小さな姿の動物が幻視として出現すること。その小動物はじっとしているのではなく、動いて見えることが多い。

抗精神病薬
精神科領域で使用される薬物のうち、主として統合失調症の治療に使用されるもの。神経遮断薬、強力精神安定薬などとも呼ばれる。

個人精神療法
個人を対象とした精神療法。治療者と患者とが一対一で行う。対象によって分類された精神療法としては、他に集団を対象とした集団精神療法や家族を対象とした家族療法などがある。

性同一性障害
自分の性の解剖学的特徴に不快感を抱き、別の性になりたいと願望し、自分とは異性の人たちの一員として暮らし、受け入れられたいと願うもの。

精神運動興奮
意欲が亢進し激しい行動過多状態、

適否などについての少年の意志決定が、正確な知識に基づき結果を十分に吟味したものとなるよう、適切な医療情報の提供を行った。出院時には、引続き現実検討を促す専門家による精神療法的関わり、社会生活上の問題に関する少年からの要請に直ちに応じられるような支援的関係を維持する必要があると考え、精神科医療機関宛の紹介状を手渡した。

④ 少年D、一八歳　男子

診断　統合失調症

本件非行　暴行

家族歴・既往歴　両親は離婚。入院時継母が引受人となっていたが、継母は別の男性と再婚し引受けには拒否的。

入院後の経過　非行時幻覚妄想をともなう精神運動興奮*状態にあり、本件非行も幻聴・妄想による不安・恐怖などの感情反応の結果及んだものであった。入院後、薬物療法により、急性症状は速やかに消失したが、最後まで病状は動揺性を呈し、本人の病識も希薄であったため、仮退院後も社会の医療機関で入院治療を継続する必要性が示唆された。二六条通報を想定した事前診察では、自傷・他害のおそれはないが「医療保護入院」相当というものであった。しかし現状のままでは、通報後仮に医療保護入院と診断されても、継母が引受けに拒否的であることや入院費用などの経済的負担などから、入院に同意しないことが予想された。そこで保護観察所*と自治体の協力を得ながら受入れ病院の確保と調整に努め、他方で継母から入院の同意を引出すため、主治医が病状説明に、分類職員が協力要請及び医療扶助*や障害基礎年金*などの社会資源の活用についての助言・情報提供に関わった。その結果、入院に対する継母の理解が得られたため、二六条通報により仮退院当日に

いわゆる多弁、多動、不穏な状態をさし、意欲および行動の異常の意味で用いられている。

保護観察所
更生保護に関わる法務省の機関で、地方裁判所の管轄区域ごとに全国五〇ヶ所に設置されている。家庭裁判所の決定により保護観察に付された少年、少年院仮退院者、仮出獄および刑の執行猶予者に対する保護観察の実施、矯正施設に収容中の者の帰住予定先の環境調整などの広範な事務を行っている。

医療扶助
生活保護法に基づく保護の一つ。他の保護と異なり、原則として診察や治療など現物給付によって行われ、医療保護施設もしくは指定医療機関に委託して支給される。

障害基礎年金
障害年金のうち、国民年金制度が障害者等級一級または二級に該当する者に支給する年金給付。これに上積みされる障害年金および障害等級三級に該当する者への障害年金とし

医療保護入院となった。

4　事例の問題点、広げて全体の問題点

以上、当院での典型的な事例を四つ紹介したが、ここではそれらの事例を踏まえ、現在の医療少年院、さらには少年非行を対象とした矯正医療全体の問題点について、言及してみたい。その際話を分かりやすくするために、問題点を施設に送致されるまでの「入り口」の問題、施設に入ってからの「中」の問題、さらに施設を出る時、あるいは出たあとの「出口」の問題という具合に、実際の非行少年処遇の流れに沿って話を進めることにする。

(1)「入り口」の問題

①　非行時の責任能力*の判定

精神障害者が刑罰法令に触れる行為、いわゆる違法行為を犯した場合、一般には現場の警察官の判断に基づく二四条通報*により、ほぼ自動的に医療判断の俎上に乗せられ、その後は「措置診察時の」医療（措置入院をはじめとする入院治療や、外来治療）の要否についての判断が下されることになる。しかし本来医療の対象となるのは、原則責任無能力者に限られるはずであるが、現行の精神保健福祉法の下では肝心の「非行時の」有責性の有無については一切検討がなされない。したがって仮に殺人を犯した者であっても、診察時に一旦医療が必要とされれば、入院中はもとより、退院後も刑事司法の関与は一切なく、有責性を改めて判断することも、罪に問われることもない。「医療不要」となれば治療す

て、「障害厚生年金」「障害共済年金」がある。

責任能力
民法上は不法行為責任を負担するのに要求される精神的な判断能力。刑法上は刑事責任を負担することのできる能力。自己の行為が不法あるいは違法な行為であって、法律上の責任が生ずることを弁識するに足るだけの能力をいう。

二四条通報
職務執行中の警察官が自傷他害のおそれがある精神障害者を発見したときに、精神保健福祉法第二四条に基づき、最寄の保健所長を経て都道府県知事（指定都市の市長）へ通報する義務。

二五条通報
検察官が精神障害者またはその疑いのある被疑者または被告人について、不起訴処分をしたとき、有罪執行猶予の裁判が確定したとき等、精神保健福祉法第二五条に基づき、その旨を都道府県知事（指定都市の市長）へ通報する義務。

らも受けず社会に放置されてしまうのが実情である。

このように本来治療適応のない事例（非行時有責）を医療化する問題や医療から司法への逆送致を保証するルートがないという観点から、精神保健福祉法の不備が指摘されることは今までもあったが、このことは裏を返せば、治療適応のある事例（非行時責任無能力）を司法に従属させ、優先するべき治療が遅れ、当事者が不利益を被る場合もあることを意味する。つまり医療につなげられるべき精神障害者がその場の警察官の恣意的な判断で、結果的に少年院送致となる場合もあるということである。事例④などは非行時の有責性が十分に検討されるべき事例であったと言える。

その点、検察官による「二五条通報*」という制度が安全弁としての機能を果たし、司法から医療へシフトするチャンスは残されているかに見える。しかし少年事件については、捜査機関が捜査を遂げた後は、犯罪の嫌疑がある限り例外なく、司法機関である家庭裁判所の送致することを義務付けた「全件送致主義」が原則とされているため、いわゆる検察官通報は、家庭裁判所から逆送（検察官送致）後に起訴され（逆送時二〇歳未満の者は、少年法第四五条第五号により強制起訴となる）、その後の刑事裁判で「無罪」あるいは「執行猶予処分」となる場合に限られる。ただそれは一度家庭裁判所で「刑事処分相当」と下された決定が、公判で覆されることを意味し、現実には非常に起こりにくいと言ってよい。

したがって少年事件の場合、「二五条通報」が適用されることは、理論的にはありえても実際は非常に希であり、現実的には安全弁としての機能を果たしえないと言える。

仮に適用されたとしても、通報の根拠となる有責性を判断するための起訴前の精神鑑定*は「簡易鑑定」が多用され、その信頼性はかなり以前から疑問視されている。鑑定留置*をともなう嘱託鑑定（本鑑定）という方法もあるが、鑑定自体に二～三ヶ月の時間を要し、

精神鑑定
司法官としての裁判官や検察官が、被告人や被疑者に関しその精神状態が行為能力や責任能力を持っているかの判定や、訴訟関係者が行為能力や証言能力をもっているかの判定のため、資料提供を求めることで、その多くは精神科医が行う。

鑑定留置
刑事事件の精神鑑定を実施する場合に、刑事訴訟法に基づき、必要により病院などに留置すること。勾留の間、勾留の執行は停止されたものとされる。

逆送
家庭裁判所が、死刑、懲役または禁錮にあたる罪を犯した少年について調査した結果、罪質・情状に照らして刑事処分相当として、事件を検察官に送致すること。検送とも呼ばれる。

鑑定入院
心神喪失者等医療観察法第三四条に基づき、対象者に関し、精神障害

治療の開始がそれだけ遅れることになる。

最後に家庭裁判所の決定が一般の少年院ではなく、医療少年院だとしたらどうであろうか。その場合、必要十分かつ適切な医療を継続的に受けることが保障されるかというと、医療少年院も矯正施設である以上、病院と同じような治療環境にはなりにくく、たとえそのような環境が整ったとしても、治療優先の責任無能力者に対して、少年院での「責任非難を前提としない自由拘束」を正当化できるのかという問題が残る。

医療であれ矯正であれ、精神障害を持った非行少年が適切かつ必要な処遇を優先的に受けるためには、やはり責任能力が個別的かつ具体的に検討されなければならないし、責任能力の有無の判定は司法が責任を持って行うべき事柄である。

中島が言うように「医療は迅速に、刑事手続きは慎重に」という大原則にのっとるならば、まずリアルタイムでの医療の要・不要の判断を優先し、非行時の有責性の判断は、この時点では簡単なスクリーニング程度にとどめ、「明らかに無能力」と考えられる事例以外は、「厳密な有責性は保留にしたまま」入院治療を開始し、その後時機を見て責任能力判断を本鑑定を行った上で判断し、有責と認定されれば医療から司法へ身柄を転換する制度が必要となろう。

ただし、「明らかに無能力」のケースでも殺人・傷害致死・放火などの重大な違法行為を犯した少年については、当事者の「より継続的かつ適切な医療を受ける」私的権利と「同様の行為の再発可能性を判断する」という保安上の社会的利益を守るという観点から、警察→検察官送致→家庭裁判所送致→逆送*→起訴前鑑定→責任無能力→医療観察法というルートに乗せることが考えられる。ただその場合には起訴前の責任能力鑑定に、医療観察法による鑑定入院*の期間が加わるため、治療の開始がさらに遅れてしまうことになる。場合

者であるかおよび当該法律による入院による医療の必要性があるか否かについての鑑定のため、地方裁判所の裁判官の命により、当該対象者を入院させること。

行為障害
児童・青年期において反社会的、攻撃的あるいは反抗的な行動パターンが反復し持続することによって特徴づけられる障害である。診断の基準になる行動異常としては、過度の喧嘩やいじめ、動物や人間への残虐行為、所有物へのひどい破壊行為、放火、盗み、繰り返し嘘をつくこと、学校のずる休みと家出、度重なるひどい癇癪、反抗的で挑戦的な行動、持続的で激しい反抗などであり、これらの行動が六ヶ月以上持続した場合に行為障害と診断する。

少年刑務所
少年である受刑者のための特設監獄とする趣旨で設けられた刑務所。全国に八庁設置されている。少年受刑者の減少に伴い、少年受刑者のほかに、二六歳未満の青年受刑者も収容されている。

によっては措置診察からダイレクトに指定入院医療機関に入院できるような制度が必要となろう。

② 有責者の適正処遇

思うに、本来治療適応のある当事者が適切な医療を受けられないという矛盾は、精神保健福祉法に、「他害行為とは『精神障害者でかつ責任無能力者』による違法行為である」ことと「医療の対象となるのは、原則責任無能力者に限られる」ことの二点が明記されていないという法制上の不備からくるところが大きいと言える。だが、違法行為を行った少年がそれぞれ矯正あるいは医療の場に適正配置されるためには、当事者の「非行時の」有責性のみならず、「鑑別時の」精神医学的診断およびその重症度、年齢、非行そのものの深刻性などの評価に基づく総合的な観点から判断すべきである。

基本的には、1.責任無能力の狭義の精神障害者（知的障害者を含む）は治療が優先されるべきと考え、一般の精神科医療機関への入院が、一方2.有責の精神障害者・知的障害者は矯正・再教育機関的な強い枠組みを持って行動修正を迫るとともに、併存障害の特徴にあわせた治療・援助を提供できる医療少年院への送致とするのが妥当であろう。ただし3.有責でも行為障害*以外に精神科病名がなく、非行が問題の中心であるような場合は、少年院・少年刑務所*といった矯正機関が主な介入機関となるべきである。また4.有責の精神障害者のうち、発達障害*・情緒障害・薬物中毒・常習暴力・常習性犯といった治療・処遇困難な事例についても、医療少年院の対象とすべきかについては慎重であるべきだが、年少例や被虐待児の場合は従来の矯正・再教育機関による介入だけでは支えられない少年もおり、やはり医療少年院の方が望ましいと考える。この適正配置に関する問題は今後議

発達障害
子どもが成長とともに発達させていく知能や精神活動、運動機能などが何らかの理由で遅れたり、障害されたりすること。幼児期または小児期に発症し、症状の寛解・再燃は少なく恒常的な経過を示す。多くの例では病因は不明であるが、遺伝的要因が原因として重要な役割を果たしているものと思われる。

人格障害
人格特性の平均からの偏りという平均概念としての人格異常に、自分か第三者が悩むという価値概念を導入したもので、シュナイダーが提唱した「精神病質」にあたる。アメリカ精神医学会の診断基準も基本的にそれを受け継ぎ、人格障害を三つの群、一〇の類型に分類している。

ジェンダー
心理的な自己の性別認知のこと。多くの場合心理的性別は、身体的性別すなわちセックスと一致しているが、これらが一致しない場合が性同一性障害である。

論を深める必要があると思われる。

(2)「中」の問題

① 医療の肥大化

「行為障害」という疾患カテゴリーの登場により、非行という社会病理的概念が、突如精神病理的概念へとシフトし、多くの議論を呼んだのは記憶に新しいところであるが、この背景には、精神障害の対象概念の曖昧さ・流動性がある。曖昧さはある意味時代や状況に適応できる柔軟性や精神医学・医療の可変性・発展性と結びつくが、他方議論や処遇の現場に混乱状況を招くという問題も内包している。

現代精神医学には公式見解として、人格障害*をはじめ、知的・発達の障害、行動や情緒のコントロールの障害も精神障害に含むと主張する立場がある。こうした疾患概念の曖昧さに乗じた医療側の領土拡張により、犯罪領域との接点が拡大し、「社会的防衛」という司法からの要請に、医療自らが応えざるをえない状況を招いたと言える。それにより必然的に矯正医療の現場も、矯正と医療の狭間の大きなグレー・ゾーンを抱え込むことになった。このようなグレー・ゾーンの取込みによって、矯正医療の対象となる非行少年の範囲もまた拡大したのである。非行少年であれば、何らかの人格上・行動上の問題を抱えているのが普通で、もし今後も医療の領土拡張が続くならば、いずれすべての少年が医療適応にとなり、矯正教育そのもののあり方に大きな影響が出てくるであろう。何故なら人格や行動・情緒の障害は矯正生活の多くの場面で問題化するため、医療が教育方針や処遇計画の決定、問題時の対応の仕方など、医学的見地から協力・助言する機会が今まで以上に多

メディカル・モデル
処遇上の問題解決に向けて、情愛性・母性優位を基本原理とする医療的枠組み。治療者と患者との関係は私的で任意性が高く、患者の志向・価値を尊重する。

リーガル・モデル
処遇上の問題解決に向けて、論理性・父性優位を基本原理とする法的枠組み。拘禁者と被拘禁者は国家権力と個人という公的で強制的関係にあり、法をはじめとする社会規範に価値を置く。

原始反応
クレッチマーの記述した人格反応と対をなす概念。ある体験刺激に対して意識的考慮なしに深部の原始的人格層が直接的に反応して現れてくることをいう。

詐病
病気でない者が、それによって利益を得ようとする動機をもって、意識的・意図的に身体疾患や精神疾患を装うこと。

くなるからである。

事例③は、性同一性障害という非常に特異なケースであるが、当事者のジェンダー*に配慮した個別的な働きかけの必要性と、一方で寮内の統制・規律維持の必要性とのジレンマの中で、非常に対応に苦慮した事例であった。つまりこうした事例一つ取ってみても、医療が教育に介入する程度・方法が問題になるのであり、介入の仕方によっては当然のことながら、矯正医療におけるメディカル・モデル*とリーガル・モデル*との微妙なバランス・協調関係を損ない、両者間に潜在する対立・矛盾を深化させるばかりか、さらに教育部門の医療への過度な期待・依存、教育力の弱体化という新たな問題を引き起こすことになる。

今後ますます医療の肥大化が進んでいく中、これまでの矯正医療のあり方を見直し、司法における医療の新たな役割・位置づけについて考え直す時機が来ていると言える。

② 医療体制

事例②は、拘禁状況という特殊な環境下において直接的・反射的に低次あるいは衝動的な行動を示す、一種の原始反応*（拘禁反応）と考えられ、矯正施設では一般によく見られる反応である。

この種の反応に、人格要因や器質要因などの被拘禁者側の因子が関与することは少なく、拘禁状況という環境因子が常に準備されている矯正施設ならば、市井に比べ出現の頻度は高くなる。通常はそのような事態を予想し、それなりの体制を整えて然るべきだが、心因反応を理由に一般の少年院から、医療少年院に移入となるケースは後を絶たない。このことは一般の少年院には心因反応に十分に対応できるだけの体制が整っていないことを意味する。

指定入院医療機関
心神喪失者等医療観察法の規定による検察官などの申し立てを受け、裁判所が医療を受けさせる必要があると認定した対象者の、入院による医療を担当させる医療機関として厚生労働大臣が指定した病院。

離脱
長期間にわたって反復使用した依存性物質（薬物）を減量もしくは中止した際、生理的平衡を維持することができなくなった結果としておこる症状のこと。身体依存の指標になる。アルコール離脱時の振戦せん妄、モルヒネ離脱時の自律神経症状が有名である。

精神依存
当該物質を摂取したいという強い欲求や強迫感が存在し、それを抑えることや摂取行動を自己統制することができない状態。

刑事施設受刑者処遇法
受刑者の人権に配慮するとともに、罪種別の矯正教育の受講を義務化すしかしながら一口に「拘禁状況」とは言っても、それは矯正施設内に静的・画一的に存在するものではなく、その施設の目的、構成員の特徴や意志、職員と被収容者関係、具体的な処遇内容や規則などの施設状況（システム）によって変質する力動的・個別的有り様と言える。したがって一般少年院において拘禁反応の治療を適切に行うためには、まず早期に正確な診断を行い（詐病*や精神障害との鑑別）、それによって、薬物療法をはじめとする治療的接近を行えるだけの医療体制（専門医の常駐など）を整えるとともに、同時に教育側も、少年の状態や場面に応じて、対立的／中立的／受容的な接し方（例えば目的逃避的反応の場合には、病気扱いを避け、厳然たる態度で逃げ道をふさぐ）を選択したり、運動を適宜取り入れるなど日課の内容を工夫したりすることで、先述した「施設状況」を変容させる努力が必要となるであろう。

医療体制の問題についてさらに言うと、一般あるいは医療少年院に入院中に、精神症状が増悪し、適切な治療環境下での専門的治療やケアが必要なケースが出た場合に、一旦矯正処遇を停止して精神保健福祉法下で一般精神病院での治療をするための法整備はすすんでいないし（司法から医療への流れ）、一般病院は保安面でそのような少年を受け入れられる体制にはない。仮退院を待ってからでは、適切な医療を迅速かつ継続的に受ける機会を奪うことになる。医療少年院の医療を充実させるのか、医療観察法下の指定入院医療機関*に入院できるよう法を整備するのかという選択肢とあわせて検討すべき課題である。

③　教育プログラム

事例①のような依存・嗜癖にまつわる犯罪行為は、厳しい刑罰*を課したからといって矯正したり予防できる類のものではない。物質誘発性の中毒・離脱の治療を終えた後、さら

る法律。名古屋刑務所の刑務官による受刑者死傷事件の反省などを踏まえ、一九〇八年に制定された「監獄法」の受刑者処遇の部分が抜本的に改正され、平成一七年五月参院本会議で可決、成立した。同法は遅くとも平成一八年の夏までに施行される。

精神保健福祉センター
精神保健および精神障害者の福祉に関し、知識の普及をはかり、調査研究を行うとともに、相談および指導のうち複雑または困難なものを行う施設で、精神保健福祉法第六条に規定されており、都道府県によって設置、運営されている。

に個別的なケースに対する臨床的な働きかけ（精神依存やその背後にある精神病理にまで踏み込む）がなければ、再犯を防ぐことは難しい。

そのような観点から、平成一七（二〇〇五）年五月の「刑事施設受刑者処遇法」の成立を受け、平成一八（二〇〇六）年度から全国の刑務所において、犯率の高い薬物犯罪や性犯罪などの罪種に対し、プログラム受講が義務化されることになった。

今後はそれらのプログラムに基づいた矯正教育の効果についての検証が待たれるところであるが、加えて少年施設においては、医療・一般を含めそれぞれの施設が専門性を持ち、特定の問題性や犯罪群に対応できるよう機能別再編成を行い、各機能に対応した専門スタッフの配置・育成、有効な処遇プログラムの研究開発・導入をすすめていくことや、施設から社会に戻る際にも、適切な処遇と監督とを保証するシステムが必要になると考える。

(3)「出口」の問題

出院時の保護環境調整はさまざまな問題を抱えているが、特に治療の継続を必要とする少年が医療少年院から社会に復帰するにあたっての問題点をいくつかあげる。

第一は家族の受入れが悪い、入院先が見つからないなどの理由で再犯に及ぶことである。このため、出院時の症状が、外来通院程度で日常生活ができるレベルであっても、保安上の観点から、成人になるまで医療少年院から出院できないという事態が生じる。入院先については、出院後医療機関につなぐ手続きにおいて、医療少年院と帰住地の行政機関との連携がうまく機能せず、決まらないというケースが多い。

第二に、矯正施設内では治療者といえども、少年にとっては権力を行使する側であり、治療者と少年との間で交わされた退院後の通院や約束についてどれほどの任意性があるのか疑わしい場合がある。そのため退院時に当面の処方薬や社会内医療施設への診療情報提供書を持たせたとしても、それらが実際に本来の目的どおりに使われないことがある。

その点社会内での精神保健福祉センター*や保健所を中心とした精神保健福祉システムは、先述した入院先の確保も含め、対象者への治療的働き掛けを矯正施設から一般の医療施設へと円滑に引き継ぐ一役を担っていると言える。そしてその中心をなすのが精神保健福祉法に定められた二六条通報と呼ばれるものである。

しかし二六条通報後の措置診察で要入院と診断されても、最初から処遇困難性を抱えていたり、退院後の家族の受入れ・監護力が期待できないケースが多く、受皿となる病院の決定は容易なことではない。やはり医療観察法下の指定入院医療機関に準じた受皿を準備するなど、国が何らかの方策を立てる必要がある。

一方、施設側も措置診察にこだわるあまり、要件である「自傷・他害のおそれ」を強調しすぎて、正確な情報伝達が損なわれることがないようにしなければならない。必要のない措置入院は公費の無駄遣いとなるばかりでなく、病院内での処遇も事実上制限され、時に治療の障害にすらなる場合がある。むしろ入院形態や治療内容に関しては、当該者の病状に応じた弾力性のある対応が求められる。二六条通報により措置診察の適応とならなくても、入院の必要があるケースについては、それを迅速かつ安全に行える体制を整備することは勿論のこと、事例④に見られるように保護観察所や家族などの受入れ先との綿密な連絡、調整を積極的に行うべきである。

5　おわりに

冒頭でも述べたように、今犯罪・非行を取り巻く状況は急激な変貌を遂げている。

特に少年非行との関連で言えば、反社会性が強く直情径行的ないわゆる「従来型」の非行に加えて、普通の子どもによる動機のない、「いきなり型」と呼ばれる非行が増加している。つまり少年非行の二極化が進んでいると言われる。

しかし「いきなり型」と思われた非行も、事件に至るまでには、何らかの問題行動やSOSを示していることが多く、周囲が見逃したり、適切な対応をとらなかった場合がほとんどである。また消費化・情報化・大衆化された社会の影響を受け、「普通」と呼ばれる子どもたちの間に人格の未熟さ、社会性の乏しさ、現実感覚の希薄さが蔓延し、他方価値観の多様化・個人主義が強まる中、世の中の規範意識全体がルーズになり、非行の垣根が低くなるとともに、非行と非行でないものとの境界も曖昧になりつつある。つまり今の社会は「普通」の子が非行に走り、またそれを周りが見逃す状況を積極的に創り出していると言える。この状況に立ち向かうことは決して容易なことではない。その意味で矯正医療に携わる者には一層の力量が求められるであろう。

最後に、子どもの世界には、社会の矛盾や病理が最も深刻かつ鋭敏に反映されると言われる。子どもはいつの時代も社会の体現者なのである。今のわれわれ大人が、加害者としての自覚を持つことを忘れてはならない。法制の厳罰化、矯正教育・医療の充実、非行の予防も大切だが、社会の再生と、子どもたちをそしてその子どもたちの幸福と明るい未来を守ることが、われわれ大人たちのさらには社会の重要な責務であり使命だと考える。そして筆者が日々関わっている矯正医療の中（少年たちの矯正の過程）にこそ、これからの社会再建への足がかりとなるヒントが隠されているように思われる。

（沼上　潔）

引用・参考文献

藤川洋子　2002　『「非行」は語る―家裁調査官の事例ファイル』新潮社
法務省法務総合研究所（編）　2004　『平成一六年版　犯罪白書―犯罪者の処遇』国立印刷局
犬塚石夫・松本良枝・遠藤　昨（編）　2004　『矯正心理学―犯罪・非行からの回復を目指す心理学―』上巻　東京法令出版
加藤久雄　2001　「問われる立法の不作為責任」『何が幼い命を奪ったのか　池田小児童殺傷事件』角川書店
川﨑道子　2002　「少年非行の変遷と非行臨床家の役割」生島　浩（編）『こころの科学』第102号　日本評論社
矯正協会（編）　1984　『少年矯正の近代的展開』矯正協会
町野　朔（編）　2004　「精神医療と心神喪失者等医療観察法」『ジュリスト増刊』
中島　直　2002　シンポジウム「精神医療の地域化と犯罪抑止―二〇〇二年医療・観察法の経緯をめぐって　精神医療者の反対意見」『法と精神医療』第18号
中山研一　2005　『心神喪失者等医療観察法の性格』成文堂
岡田尊司　2005　『悲しみの子どもたち』集英社
奥村雄介　2000　「触法症例の施設治療」『臨床精神医学』第29巻第3号

斎藤万比古　2002　「児童精神医学の立場から」生島 浩（編）『こころの科学』第102号　日本評論社
澤登俊雄　1999　『少年法』中央公論新社
武井 満　2001　「医療と司法の狭間の問題をいかに考えるか」『精神科治療学』第16巻第7号
矢幡 洋　2002　『殺人者の精神科学』春秋社
八塩弘二　1998　「医療少年院発想の源流」『けやき』第5号　幸書房
吉岡隆一ほか　2002　「医療判断と法律判断──「触法精神障害者」問題への基礎的視座」『精神科治療学』第17巻第4号

第10章　現代の課題と将来へ向けて
——現代非行の原因と対策——

1　はじめに

序章において現代若者の暴力犯罪、自殺などに触れながら、従来筆者が強調し、提唱してきた、日本の若者、青少年の凶悪犯罪の近年の量的減少、質的変化について分析し、トリプルI、空虚な自己、自己の病理、ポストのび太症候群などの鍵となる概念、キーワードを提示し、現代型非行・犯罪の特徴を「自己確認型」非行・犯罪としてその特徴を明らかにした。

ここではこの現代型非行・犯罪に焦点を当てつつ、その成因、防止策について重点的に触れ、その土台となる若者の心理と行動、その基本的心性について分析し、精神医学的、文明論的観点から将来的展望を切り開いてみたい。

2　米国における凶悪犯罪の最近の減少に学ぶべきものは何か?

先進国の中で、高い殺人率に苦悩してきた、さしもの凶悪犯罪大国でもあった米国の殺人率などがここ一〇年来着実に減少してきている。これを殺人被害者率*で示すと**図1**のようになり、一九九一年の9.8（過去最悪は一九八〇年の10.2）、二四、七〇三人から、二〇〇

殺人被害者率
米国の殺人の公式統計は我が国と異なり未遂を含まず、すべて既遂のみであることに注意する必要がある。

〇年5.5、一五、五八六人まで毎年減少し、二〇〇一、二〇〇二年は5.6と低下が足踏み状態になってきている。むしろ高かった時期が異常で、現在が正常なのかもしれないが、ともあれ殺人被害者率が一〇年近くで半減してきているのは驚異的である

一方米国の殺人者率の年次推移を年齢層別、人種別、男女別でさらに詳しく分析した結果が**図2**である。一八～二四歳の年齢層が人種、性別を問わず、いずれも他の年齢層より高い殺人者率を示し、男性では一四～一七歳がこれに次ぐ殺人者率を示している。とくに一九八〇年代後半から急増し、一九九〇年代後半には急減し、二五歳以上とほとんど同率を示すまでに低下してきている。注目すべきは、男女ともに白人同性に比較して、黒人がいずれも一〇倍ほど高い殺人者率を示していることである。これは人種という生物学的問題よりも奴隷解放以降も遅々として改善されない米国社会の政治、経済に深く根を下ろしている人種差別的構造に起因しているものであると考えられる（なぜならアフリカに住む黒人が殺人率がこのように高いという実証的データはない。アーチャーとガートナー［Archer & Gartner, 1984］らの資料でもアフリカのスーダンやケニアは殺人率5台で、6台の米国、11台のニューヨークよりも低い値であった。ともあれ米国黒人男性のように殺人者率100、200といった数値でないことは間違いない）。犯罪学、殺人学はこのように米国という現代資本主義の超大国の暗部をも明らかにしてくれる。資本土義社会の純粋な姿が米国であり、現代がこのシステムを基軸にし、現代世界を深く理解しようとするならば、米国を理解することであり、犯罪学はこれには不可欠な学問であると言えよう。

ではなぜ米国において殺人に代表される凶悪犯罪がここ一〇年ほどで着実に、しかも明瞭に低下したのであろうか？　これに応える良書がアルフレッド・ブラムスタイン、ジョエル・ウォールマン編著の（"The Crime Drop in America"『なぜアメリカの凶悪犯罪は減

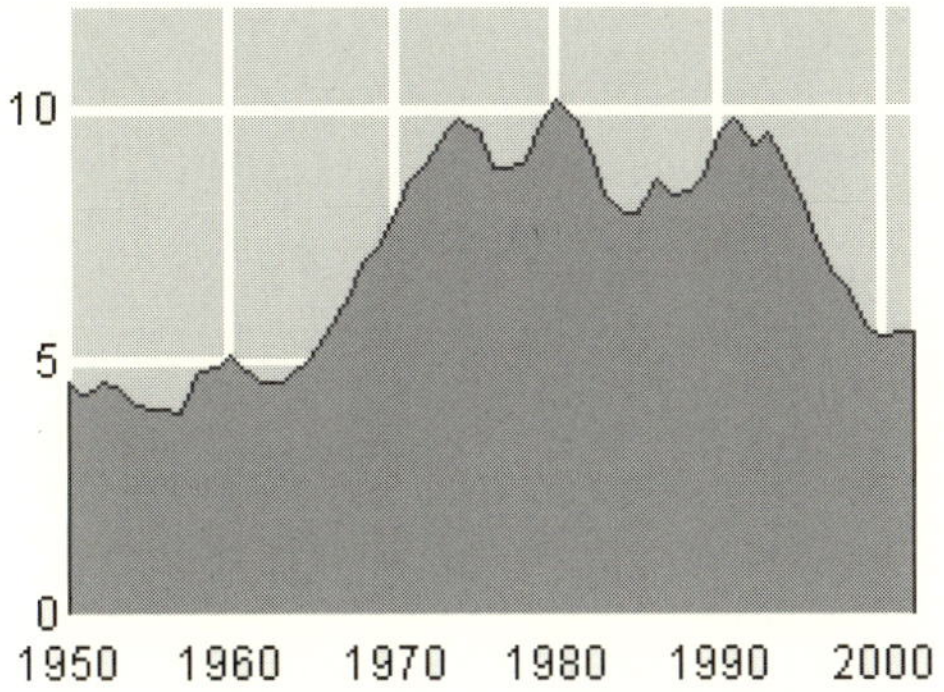

図１　米国の殺人被害者率（10万人比）（1950-2002）

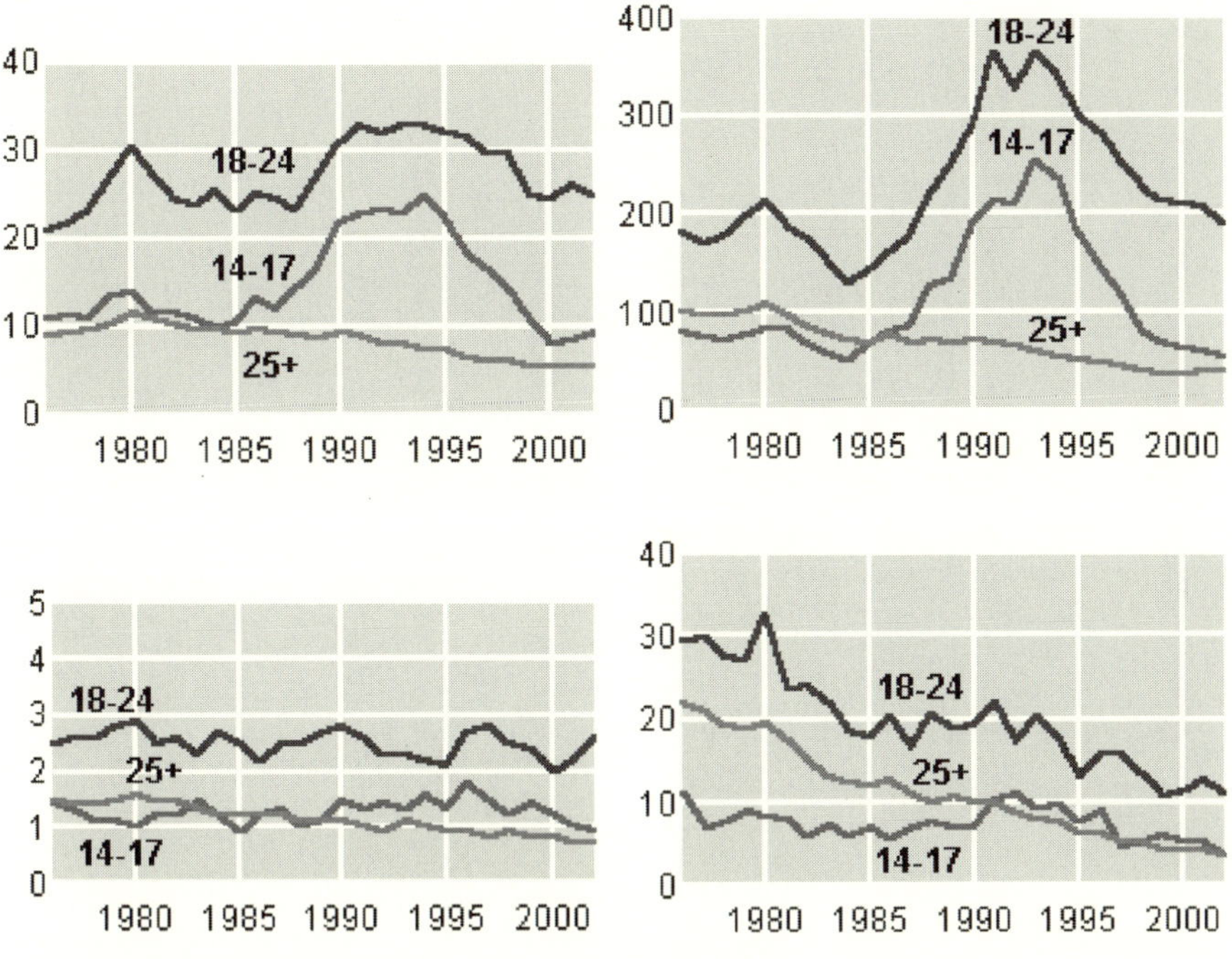

図２　米国における年齢層別、人種別、男女別殺人者率（10万人比）の年次推移（1976-2002年）
（図左白人、右黒人、上段男性、下段女性）（米国司法省統計局編）

少したのか?』) [Blumstein & Wallman, 2000] である。米国の一流の犯罪学者が各専門分野からこの原因解明を試みている。ここでは編筆者の一人ブラムスタインの総括的叙述の部分を以下引用し、その答えとしたい。

「専門家と広く認められている学者たちがこぞって主張していることは、銃砲の氾濫と統制、受刑者の数、麻薬市場、治安、経済状況、そして人口統計である。幾つかの章で一つの特定の因子の影響の程度を量的に評価しているが、これらの評価を相互に比較検討することはここではしなかった。その理由の一つはこれらの評定は異なった種類からそれぞれが成り立っているからである。犯罪減少について支持しうる説明の数が多いということはこれらのうちどれもが他を本質的には排除していないということであって、結局ただ一つの因子でこの減少を説明できるものではなく、異なった種々の因子が重要であって、この一部は独立で、他の一部は相互に補強しあう形で作用しているということである」

米国の犯罪事情は我が国と異なった特徴がある。銃砲の流布と薬物乱用、さらに、ここにはあげられていないが、人種差別構造の重要性は先に指摘した通りである。これらは大分我が国とは事情が異なるが、銃砲犯罪や薬物乱用の増大とこの低年齢化が起きている我が国ではこれらの対策が後手に回り、失敗に終われば、我が国の治安が一挙に悪化する懸念は大いにある。受刑者数の増大、厳罰化、拘禁の長期化、治安、具体的には警察力の強化はそれなりに我が国でも有効な対策となろう。

とはいえ、序章で詳述したように我が国の若者の凶悪犯罪は米国のように量的増大というよりも量的にはその逆の状況にあり、量というよりもその質的変化に注目すべき事を筆者は指摘してきた。我が国における対策はこの点を考慮したものでなければ、十分に有効なものとはなりえない。このことを念頭において、以下述べることにしたい。

3　家族機能不全と少年非行

非行が家庭の病理の産物という単純な図式に解消されるものではない。文明、時代、社会、学校、仲間、家庭などの環境要因と個体的要因（心理、身体）との複合的、多次元的な錯綜した絡み合いから析出してくるものである。とはいえ「氏より育ち」とのことわざがあるように、学問的にも、遺伝的、血筋的問題よりも環境要因、特に家庭環境を重視する考えは捨てがたいものがある。このような立場を支持するデータの一つとしてとして、欠損家庭と非行の問題がある。例えばニューヨークの非行少年群における父親の欠損は一般少年より二倍高いとの報告があり、ロンドンの調査でも、非行少年群の欠損家庭率は61%、一般少年では25%であるとの結果が報告されていた。一般に男子よりも女子の非行において欠損家庭の影響は大きいと言われ、日本の一九八〇年の調査でも非行が進行した少女の30%が実父の欠損した母子家庭、継父家庭であった。最近の法務省矯正局の調査でも少年院在院者の家庭でも両親の離婚が平成元年で46.9%、平成一〇年で38.7%であった。

このような片親がいないという構造的な欠損の非行原因説、古典的学説に対し、片親の欠損よりも、その機能不全に注目する学説が現在では有力である。ここではその代表例として、米国のマッコードの研究を紹介したい**（表1、2）**。

米国マサチューセッツ州東部において二〇一名の男子少年を一九四五年から二五年以上

追跡調査した。これら少年を犯罪なし、公務執行妨害などの軽犯罪、窃盗や殺人などの重大犯罪の三群に分け、両親そろっている家庭（これをさらに両親の仲が良いものと悪いものとに二分）と父親が欠損した母子家庭（これをさらに母親の情愛希薄なものと情愛深いものとに二分した）との関係を分析した。この結果は**表1**に示されている。注目すべきことには、重大犯罪発生頻度のもっとも高い群は母子家庭であった（母親の情愛希薄な群：61.8％））。しかしこの頻度がもっとも低い群も母子家庭であった（母親の情愛深い群：21.6％）。両群の差は約三倍弱と著しく大きい。さらに両親そろった家庭でも、両親不仲の家庭（51.9％）はそうでない家庭（26.2％）に比較して約二倍の差があった。つまり片親がいないとか、両親がそろっているという構造的な問題よりも、母親の愛情とか、両親の仲が良いとかという親の機能、家庭の雰囲気が子どもの非行発生頻度に大きな影響を及ぼしていることがわかる。しかも両親が揃っていても家庭内別居のような冷え冷えとした家庭よりも、母親の愛情が豊かであれば、非行の発生頻度は後者の方が約半分と低い。つまり子どもの将来を重大犯罪の発生危険の点でとらえれば、両親不仲でいる家庭よりも母親が愛情豊かであれば、別居、離婚した方がよいという結論が導かれる。**表1、2**では、両親そろった家庭と母子家庭双方において、母親の愛情、父親の犯罪歴、アルコール中毒がないこと、子どもへの監督が十分なことなどがそうでない場合よりもいずれも同じように子どもの重大犯罪発生頻度は半分程度である。

以上から親が存在しているかどうかよりも、その機能が適切に果たせているかどうかが、子どもの重大犯罪の危険性に決定的役割を果たしていることが実証されていることがわかる。これと同じような追跡調査は我が国でも実施され、ほぼ同様の結果が得られている。前述した法務省矯正局の少年院在院者の調査でも家庭内葛藤が多く認められた。注目すべ

表1　家庭の状況と犯罪歴

	両親が揃った家庭		母子家庭	
	両親不仲でない	両親不仲	情愛深い母親	情愛希薄な母親
有罪判決	(N=103)	(N=27)	(N=37)	(N=34)
犯罪なし%	46.6	33.3	51.4	26.5
軽犯罪のみ%*	27.2	14.8	27.0	11.8
重大犯罪%	26.2	51.9	28.6	61.8
	100.0	100.0	100.0	100.0
	$\chi^2(6)=20.79$, $p=0.002$			

＊交通事故は除外されている。　　[McCord, 1982]

表2　家庭状況と重大犯罪（%）

	両親揃った家庭	母子家庭
情愛深い母	(N=58)22.4	(N=37)21.6
情愛のない母	(N=72)39.0	(N=34)61.9
	$\chi^2(1)=3.96$, $p=0.047$	$\chi^2(1)=11.00$, $p=0.0009$
父（元の父）がアルコール中毒（－）か犯罪歴（－）	(N=84)23.8	(N=31)29.0
父（元の父）がアルコール中毒（＋）か犯罪歴（＋）	(N=46)45.7	(N=40)50.0
	$\chi^2(1)=6.38$, $p=0.012$	$\chi^2(1)=3.11$, $p=0.078$
子供の監督が十分	(N=87)23.0	(N=31)25.8
子供の監督が不十分で放任	(N=43)48.8	(N=40)52.5
	$\chi^2(1)=8.55$, $p=0.004$	$\chi^2(1)=4.97$, $p=0.026$

[McCord, 1982]

きは近隣から孤立した家庭が平成元（一九八九）年の11.1％から平成一〇（一九九八）年の25.9％へと急増していることである（平成元年48.1％、平成一〇年27.2％）。前述のように孤立した非行少年が増えただけでなく、非行少年の家族もまた近隣から孤立し、地域からの支援が受けられない状態にある。対人関係が希薄な現代の非行の問題の特徴が浮かび上がっている。

ところで古くから祖父母同居家庭や同胞に姉がいる家庭では非行発生率が低いことが各種研究、調査で明らかにされてきた。これは以上述べたことと関連した事態であるとも考えられる。つまり両親の機能不全を祖父母なり、姉が代行し、その欠陥を埋め、機能不全を代償してきたと考えられるからである。しかし現代ではこの代償機能が働きにくい時代となってきている。つまり現代の我が国の家庭において進行している、核家族、少子化の問題である。祖父母同居、同胞、しかも姉のいる家族は少数派に転落してしまっている。かりに祖父母が同居していても、かつての農村型の伝統的価値が受け継がれている時代とは異なり、時代の変化の速度は急速で、人生観、価値観は多種多様に分裂している現代にあっては祖父母は孫の適切な受容体とはなりがたくなってきている。現代の我が国の家庭機能不全はその代償機能までも失うという根深い問題を抱えていると言えよう。

4　虐待

虐待については本書の他の章ですでに触れているが、ここではわれわれの調査、研究をもとに、虐待死、子殺しについて述べる。近年、ニュース報道などで虐待による子どもの死亡事件を耳にする機会が多くなっている。現代の社会は、両親、特に母親の育児不安の時代と言われている。その要因としては、核家族化、少子化、母親の高齢化と高学歴、母親の社会進出と養育能力の低下、父性の存在の希薄化など多くの要因があげられている。育児不安は、子育てをするどの親にも存在するものであるが、それが病的な形で表面化したのが虐待、育児放棄、そして究極的には「子殺し」になってしまう。児童虐待はわが国において社会問題化しており、平成一二（二〇〇〇）年度には児童虐待防止法が施行されて、虐待への認識は急速に広まっている。* 児童虐待が広く関心を持たれるようになった契機は、一八七四年にニューヨークで発生したメアリー・エレンの事件といわれている。当時の児童の人権に対する意識は低く、親から虐待された児童を保護する法律はなく、親から殴られ餓死しかけているメアリー・エレンに同情する市民は、動物虐待防止協会に少なくとも犬や猫に与えられるだけの保護をするように訴えたという。この事件が契機となって一八七五年にニューヨークで世界で初めての児童虐待防止協会が創設され、欧米各地に広がっていった。わが国ではごく最近まで子どもの虐待は、アメリカや西欧諸国各国に比し非常に少ないと考えられてきた。現在、アメリカの虐待児童出現率は児童一、〇〇〇人に対して三九・〇人、イギリスでは三・四二人とされている。しかしこの数年の状況は、欧米に遜色ないまでの拡がりを見せている。一九九〇年度からは厚生労働省により全国の児童相談所に寄せられた虐待通告件数の統計がとられるようになった。全国の児童相談所の相談処理件数は、二〇〇四年度には三二、九七九件に達し、一九九〇年度の一、一〇一件の約三〇倍にもなっている。特に最近の五年間の増加は著しい。しかも、虐待は家庭で行われる事が多いため、まだまだ潜在的な児童虐待が潜んでいる可能性は十分に考えられる。

また、被虐待者の精神障害や心的外傷後ストレス障害（ＰＴＳＤ：post-traumatic stress disorder）も指摘されている。東京都の調査で、虐待を受けた子どもの情緒的問題・行動

＊参院本会議は二〇〇七年五月二五日午前、児童虐待の疑いのある家庭への強制立ち入り調査など児童相談所の権限を強化する児童虐待防止法改正案を全会一致で可決、同改正法が成立した。改正は三年ぶりで、平成二〇（二〇〇八）年四月一日に施行される。

上の問題が、受けていない子どもに比べて有意に多いことがわかっている。乳幼児では、虐待により言語発達や情緒発達の遅れなどの症状が特に顕在化することが多い。最近のMRIなどの画像診断によると、児童虐待にあった子どもは、脳の左半球の発達が大きく遅れたり、左の海馬が小さかったり、扁桃体の機能変化や脳梁の発達が十分ではないとの報告もある。PTSDの具体的な症例としては、再体験、回避、過覚醒がある。虐待体験のことを繰り返し思い出し苦しんだり、虐待に関することを避けようとして無感覚になったり、感情が生き生きと感じられなくなったりする。さらに、人を恐れ信用できなくなるような対人関係の問題を生じたり、他者に対する攻撃性が高まったりする。また、解離性障害が明らかになる場合もある。解離性障害とは、大きな心理的苦痛をともなう事件に対して、苦痛を避けるために意識的・無意識的に、感情・思考・行動・記憶をバラバラにしてしまう一種の防衛反応である。さらに深刻になると、解離性同一性障害（いわゆる多重人格）が起きることもある。

また、近年は「非行の背景に児童虐待がある」という考え方が注目されている。英語圏においては、確定的な結論は出ていないが、非行少年・犯罪者のうち、子ども時代に被虐待児体験が認められる者は、約50〜90％であり、逆に被虐待体験のあった者のうち、犯罪者になった者は、一〇人中約一・五〜二・三人という結果が出ている。わが国においても、法務総合研究所は、少年院在院者のうちの約50％、女子のみでは約60％に被虐待児体験があったことを見い出している。

筆者の研究室の子殺しと虐待死の研究成果の一部を簡単に紹介する。

朝日新聞のデータベースを資料とした本研究での「子殺し」（被害者は一五歳以下で既

遂のみ）の件数は、一九九四年から二〇〇四（平成六〜一六）年までの一一年分で八六二件であった。

無理心中、虐待死を含む「子殺し」を加害者（母親・父親・両親・不明）別に分類すると、時代の変化を受けながらも「子殺し」は母親（継母も含む）によるものが半数前後を占め続けている。近年は母親によるものが増加しており、子殺し全体の防止には母親対策が重要であることが再確認されるとともに、近年この重要性がとりわけ増していることが確認された。

われわれの研究の最も重要な成果は子殺し、虐待死の発生件数、発生率（被害者率、加害者率）に地域差があって、しかも高い県、低い県ともここ一一年間にほぼ一定の傾向を示し、安定的推移を示すことである。

（1）子殺しの発生件数

一一年間の都道府県別、子殺し発生件数は**図3**のとおりである。

「子殺し」の発生は、地域による差がある事が判明し、大阪府が圧倒的に多く首都圏でも多い。東日本と西日本では、東日本の方が「子殺し」の発生件数の多い県が集中している。

子殺しの内容も地域差があることが判明した。大都市でも大阪府と東京都では違う分類に属した。首都圏、三大都市圏に属する県は、虐待優位型か、虐待と拡大自殺、虐待と嬰児殺しなどの両方優位型に分類され、地方圏は拡大自殺優位型に分類された。大都市圏では虐待型、地方は拡大自殺型と言える。これに応じて地域ごとに子殺しの類型別頻度に応じて対策の優先順位が異なることが判明したことが重要である。大都市、首都圏では虐待対策が重要であり、地方は母子無理心中、自殺対策、嬰児殺しが優先課題である。

(2) 子殺しの発生率

次に子殺しを一〇万人比の被害者率で見ると、子殺し被害者率は山梨県が圧倒的に高く(図4)、件数で多かった大阪府は六番目に高く、大阪府は「子殺し」の発生率が高いと言える(図5)。東日本と西日本で比較すると、東日本の方が被害者率の高い県が多い。

子殺し被害者率を類型別でその特徴を見ると、大阪府と首都圏に属する県は虐待優位型に分類された。地方圏は拡大自殺と嬰児殺等の優位型にそれぞれ分類された。被害者率の一位と二位の山梨県と大分県は嬰児殺等優位型に分類された。「子殺し」被害者率ベスト10(図6)に入った県は東日本と西日本では西日本の方が多い。北海道・東北地方・首都圏からは一県も入っていない。

(3) 虐待死件数

虐待死の発生件数を都道府県別に見ると虐待死でも地域による差が見られ「子殺し」同様大阪府が圧倒的に多く首都圏でも多い(図7)。この一一年間で虐待死が〇件が三県(徳島県・高知県・沖縄県)あった。この三県は「子殺し」の件数も少ない(徳島:一件、高知:四件、沖縄:四件)。「子殺し」と同様に東日本と西日本では東日本の方が虐待死の発生件数が多い。虐待死の都道府県別件数のワースト10を加害者(母親・父親・両親)で三つの類型に分けた。その加害者が全体の比率の40%以上を占めている場合にその加害者の優位型とした。また比率の一位と二位の差が5%未満の時は両方優位型とした。母親優位型に分類される県が一番多かった。子殺しも虐待死も加害者は母親が一番多かった。母親に対する働きかけがこれらの防止の上で最重要課題であることがわかる。しかしこれも地

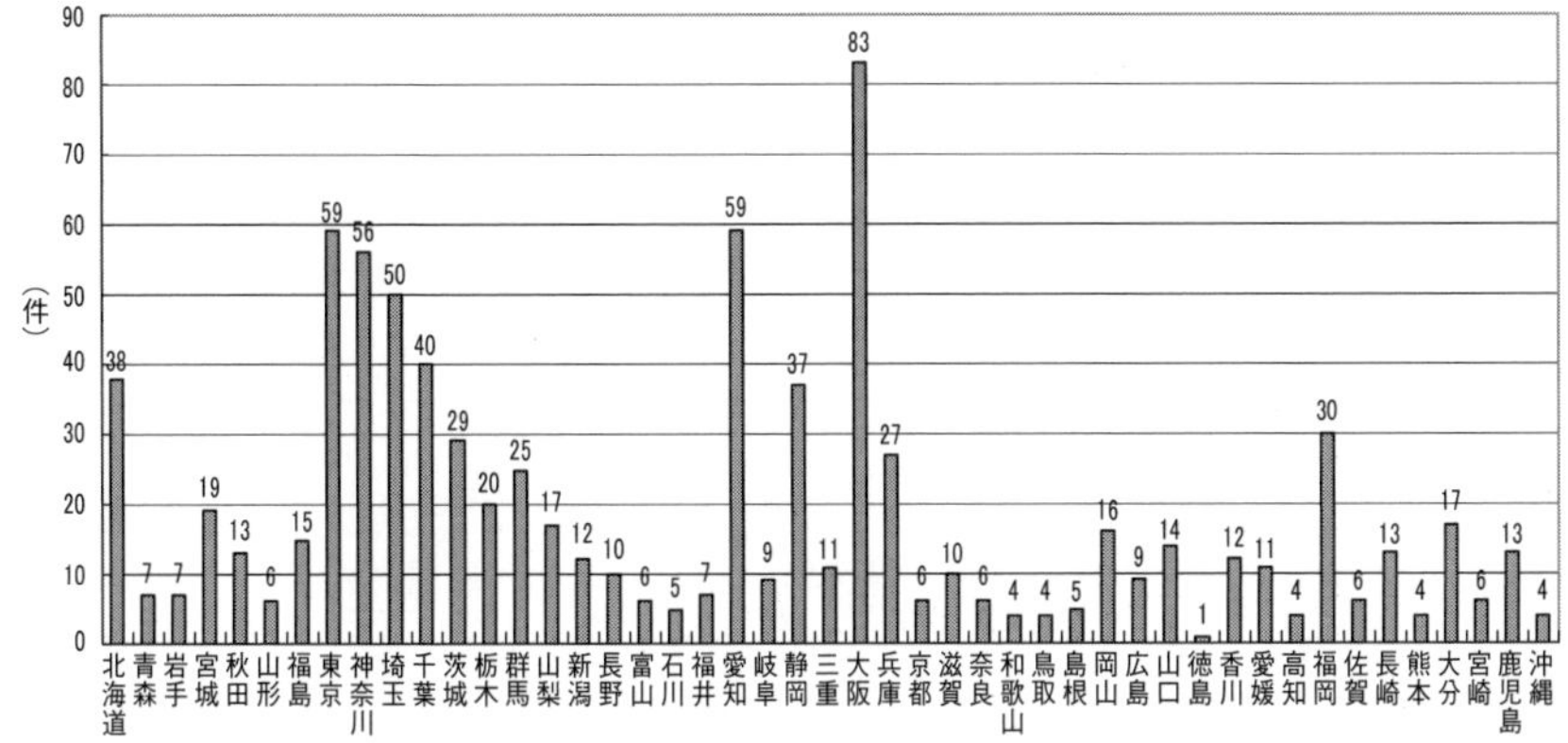

図 3　都道府県別・子殺し件数（1994-2004）n=862［安宅・影山ほか、2005］

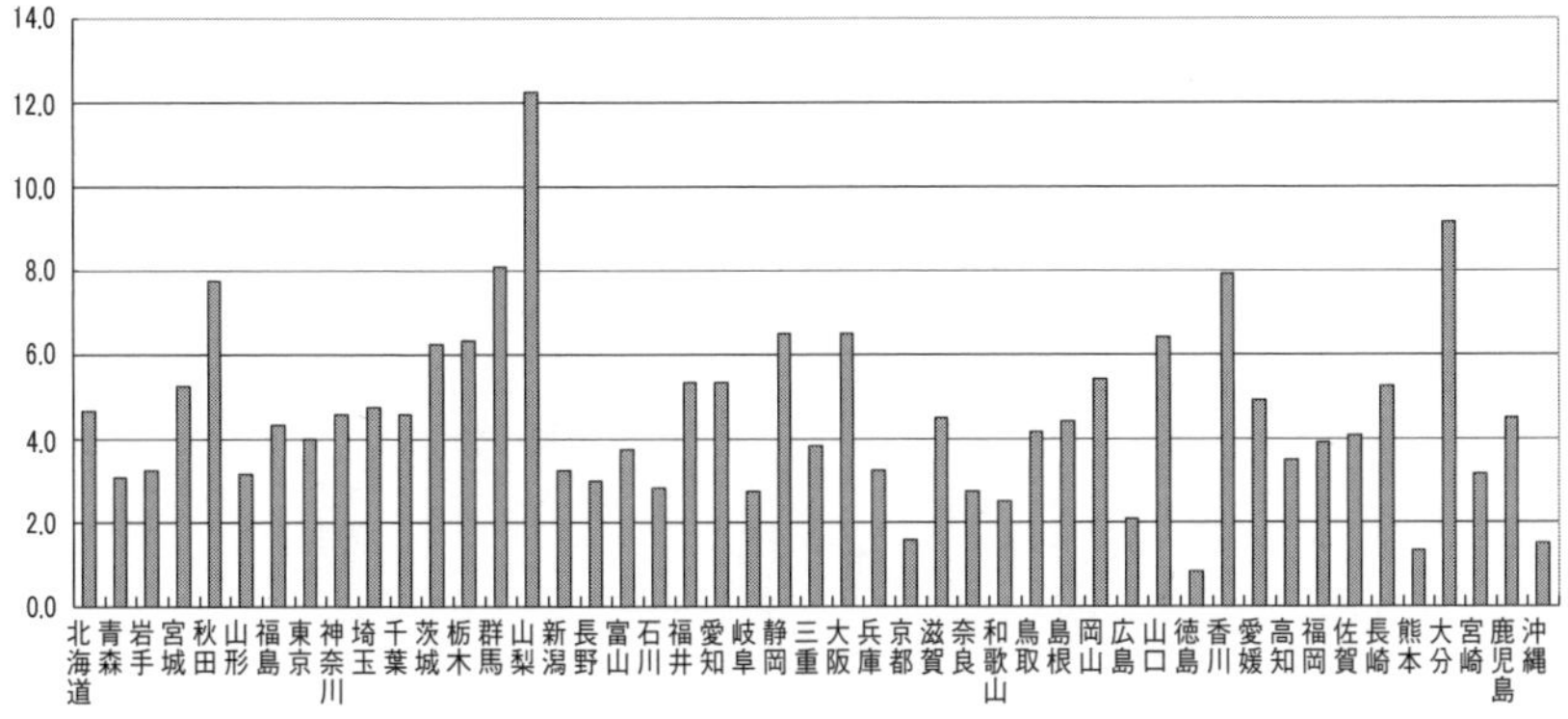

図 4　「子殺し」11年間の都道府県別・被害者率　n=862［安宅、影山ほか、2005］

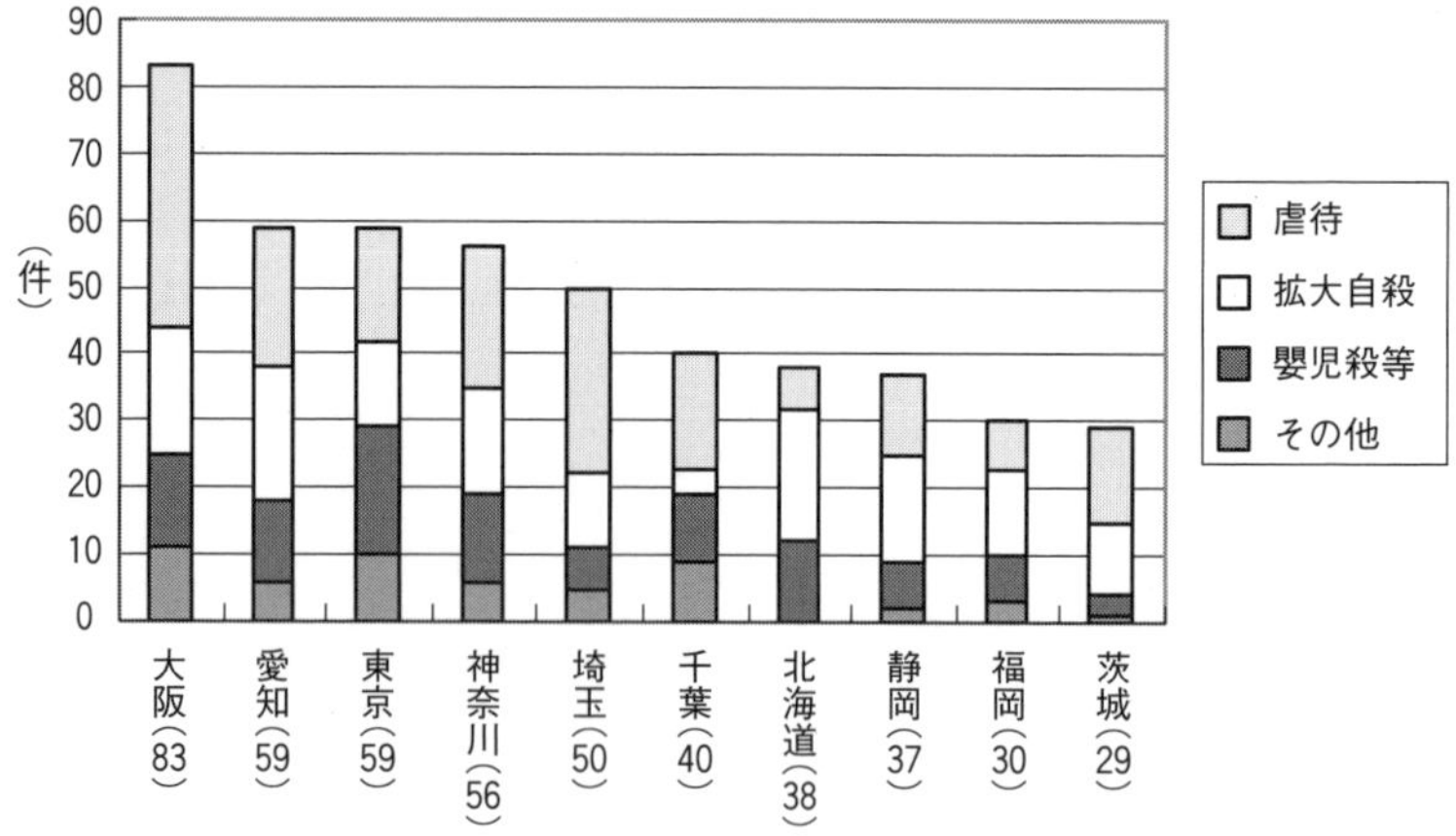

図５　都道府県別・子殺し件数ワースト10（1994-2004）［安宅・影山ほか、2005］

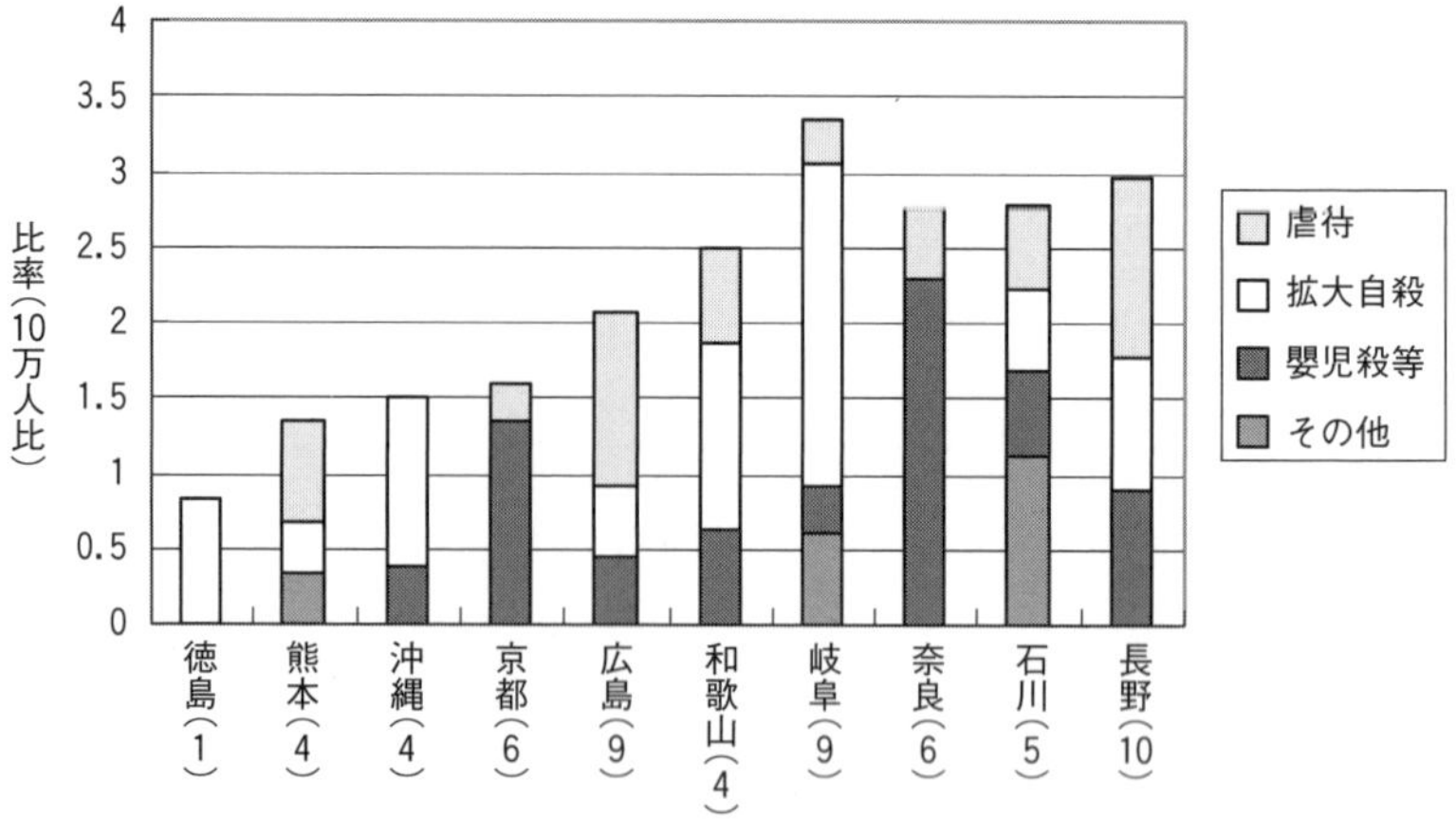

図６　都道府県別・「子殺し」被害者率ベスト10（1994-2004）［安宅・影山ほか、2005］

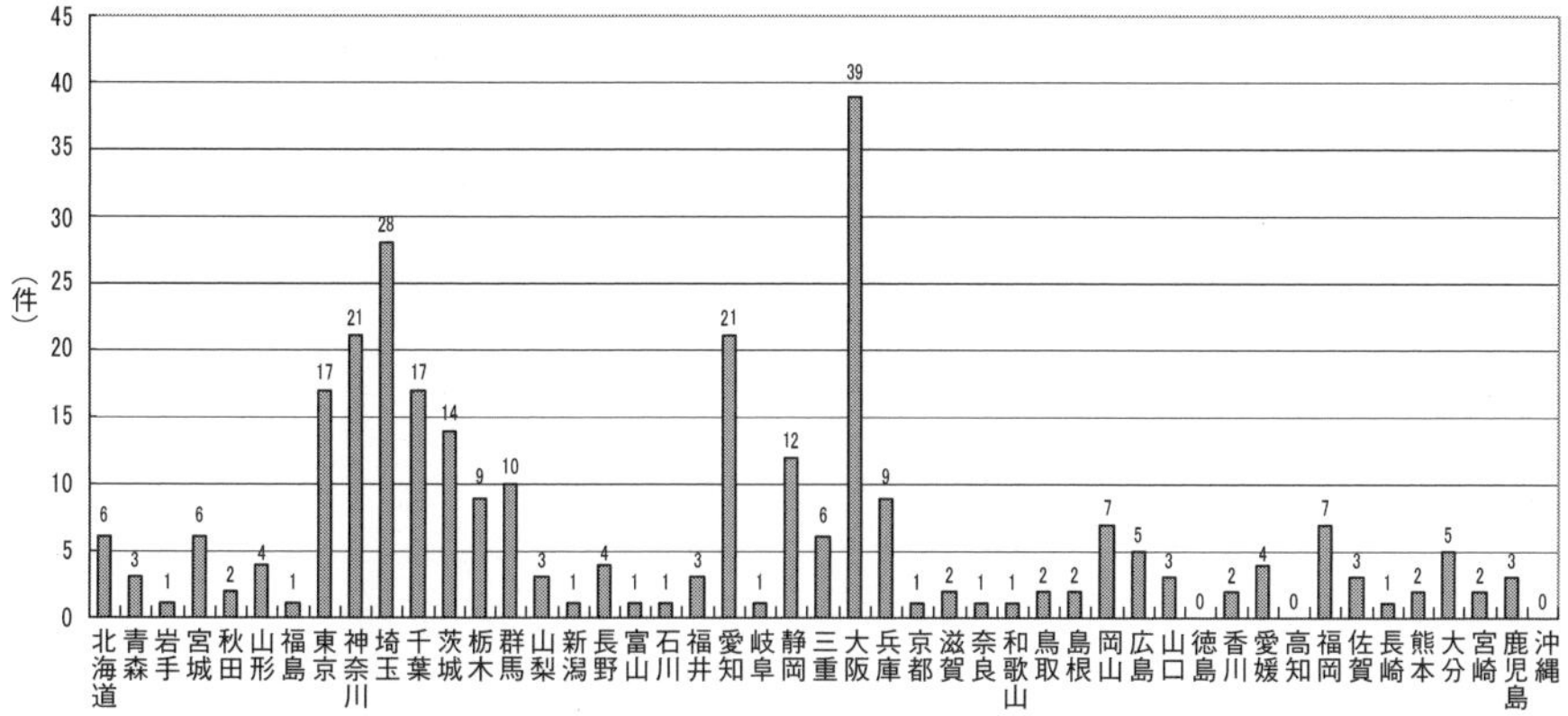

図 7　都道府県別・虐待死件数（1994-2004）［安宅・影山ほか、2005］

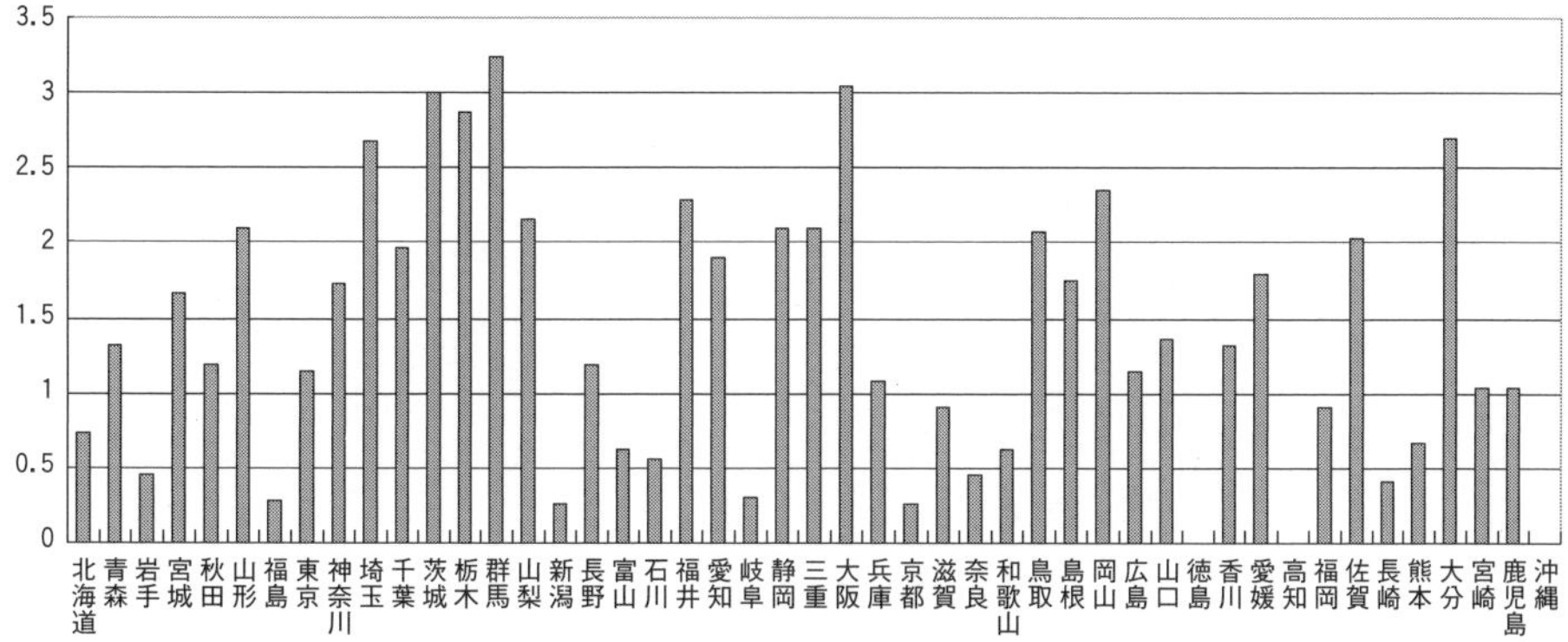

図 8　都道府県別・虐待死被害者率（1994-2004）（10 万人比）［安宅・影山ほか、2005］

域差があり、千葉県は父親、埼玉、茨城、栃木県などは母親、大阪府などは両親優位型であった。対策もこれら地域の特性を考慮する必要があることがわれわれの研究で判明した。

(4) 虐待死被害者率

虐待死被害者率(図8)でも首都圏と大阪府が高い値になっている。被害者率のワースト10(図9)を見ると、その中に首都圏が五県も入っている。東日本と西日本で見ると、東日本の方が被害者率の高い県が多い。虐待死の被害者率のワースト10も件数の時と同様に三つの類型に分けた。被害者率でも母親優位型に分類される県が一番多かった。ワースト10の一一年間の経年変化を見ると、一位の群馬県と二位の大阪府は二〇〇四年度が高くなっておりこのまま高くなるのか注意すべき点である。大分県は二〇〇二年まで虐待死が二〇〇一年に一件起きただけだったが、二〇〇三年に急激に高くなっており、二〇〇四年も高いままである。被害者率のベスト10(図10)は、被害件数が〇件と一件の県であった。大阪府は、件数で一位だったが、被害者率で見ても二位と高く、注目する必要がある。また、大都市である東京都と大阪府を見ても被害者率の値に差がある。

以上われわれの研究結果の一部を紹介した。虐待死は虐待一般と異なり、継父や実母と内縁関係にある男性の比率が比較的高いことも判明し、さらには加害者別に犯行時間や犯行日にも特徴や傾向が浮かび上がっている。子殺しや虐待死には地域特性があり、防止対策もこの特性を考慮したものでなければ、有効ではない。虐待死率や子殺し率の高い県や低い県、例えば大阪府と沖縄県の比較、高い県どうしの共通項、沖縄や高知、徳島のように低い県どうしの共通項、さらには高い県でも低い地域、低い県でも高い地域などを分析、比較することによってリスクファクターなどが明確になり、より有効な防止対策が打ち出

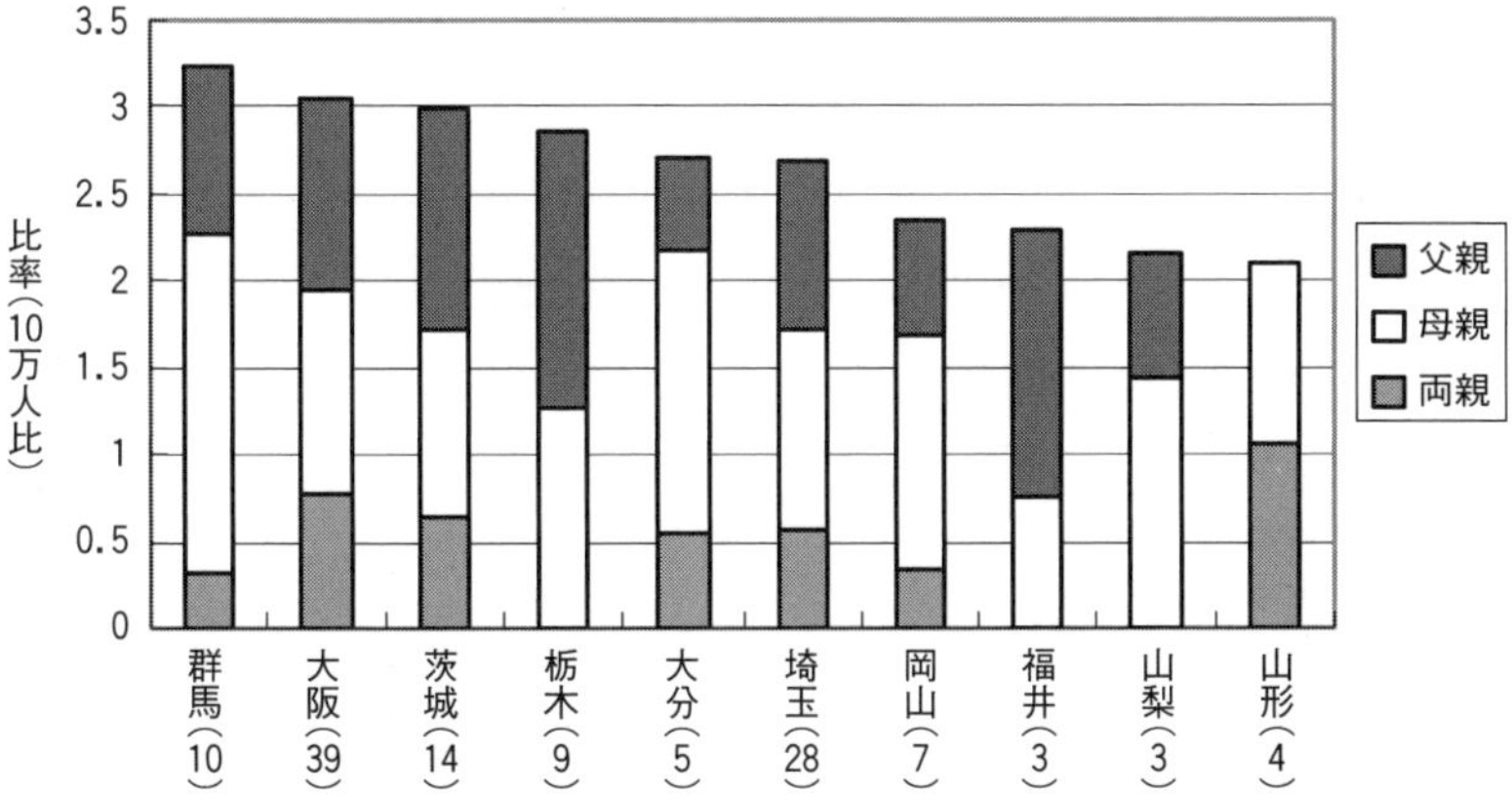

図９　都道府県別・虐待死被害者率ワースト10［安宅、影山ほか、2005］

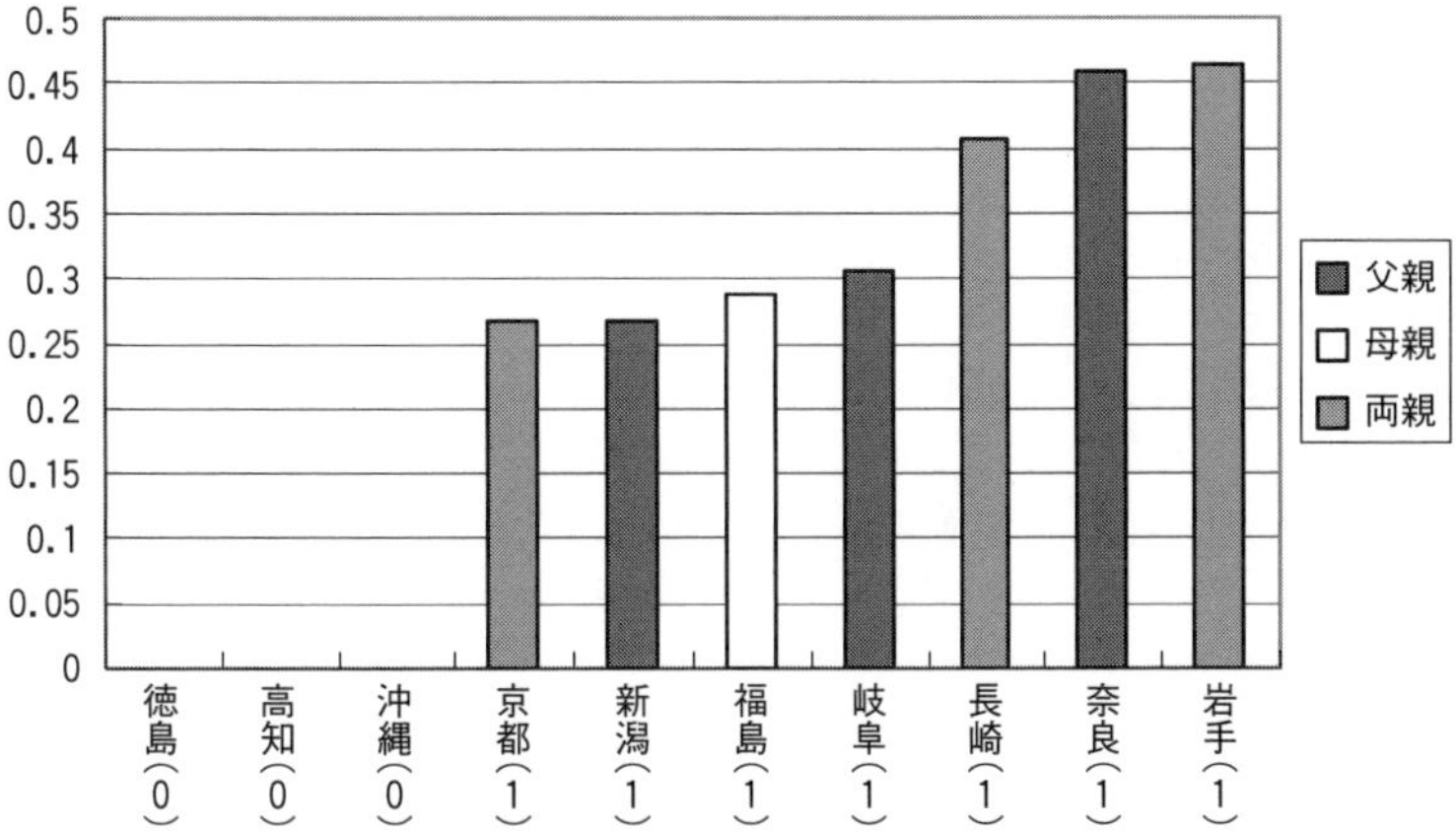

図10　都道府県別・虐待死被害者率ベスト10（1994-2004）［安宅・影山ほか、2005］

せよう。これはわれわれの今後の研究課題である。

米国における連続殺人犯や多重人格者、暗殺犯などが幼児虐待、両親との愛情不足の幼児期体験をもっていることが指摘されており、家庭環境の問題は今後ますます重要性を帯びてくるであろう。とはいえ、このような家族の病理の原因を親の個人的責任とするだけでなく、社会的文脈、生物学的基盤などより広く、深い背景から探る努力を常に払う必要がある。

5　アニマル・セラピーとキャンプ療法

古くより動物虐待、家庭内暴力、子どもの虐待には関連性が指摘されてきた。戦後米国の精神科医で犯罪学者のマクドナルドは暴力的犯罪者になった者の幼年時代を研究し、夜尿、火遊び、動物虐待の三兆候を重視する説を述べている。この妥当性については異論も出されているが、衝動性、情性欠如、攻撃性などの異常性格傾向の早期発現兆候の観点から、この問題は再検討されてもよいだろう。とくに動物虐待については神戸の酒鬼薔薇《さかきばら》事件でも話題になった。一九九〇年代に米国で多発した高校生などによる校内乱射事件の犯人一一人のうち45%に動物虐待が存在していた。

最近の子どもと動物虐待を扱ったアションの著書［Ascione, 2005］でも種々の調査により従来の説が支持されていることがわかる。同一家庭内での児童虐待と動物虐待の併存、性的虐待の被害児童と動物虐待、対人暴力と動物虐待との相関などが指摘されている。

なぜ動物は虐待されるのだろうか？　成人の動物虐待の動機は児童虐待、家庭内暴力との類似性が指摘されている。躾や報復、攻撃の道具、対人攻撃へと向かう娯楽、快感を高めるものでサディズムであると指摘する研究者もいる。

犯罪学の父ロンブローゾは犯罪者の素質として憐憫《れんびん》の情の欠如をあげている。フロイトはその著作『ドストエフスキーと父親殺し』[1928]において「(暴力的)犯罪者の本質をなすものは飽くことを知らぬ我欲と、強烈な破壊的傾向という二つのものである。そしてこれら二つの傾向に共通であり、かつこの二つが外部へ現れるための前提となるものは、冷酷さ・感情を交える能力の欠乏である」と述べ、情性欠如、自己中心性、攻撃性に注目している。

(1)「キャンプ療法」と「身体的自己」の復権

それでは一体このような事態にどのように対処すればよいのだろうか。

言うまでもなく、このような事態を生み出している根本原因は戦後社会の行き着いた結果の、教育や家庭の荒廃や機能不全、さらには経済中心の価値観と過度の個人主義などであろうと思われ、一朝一夕には解決されようもないものばかりである。しかし二一世紀の日本を担う若い世代の育成はわれわれの義務でもある。手をこまねいてばかりはいられない。また、限りなく飛翔し、上昇する万能感を地上にひきとめ、虚ろな自己を克服し、大地にしっかりと支えてくれるものは「身体的自己」である。

筆者らはゼミなどでは「生活技能訓練法」という技法などを採り入れ、「生活ソフト」の拡充に取り組んでいる。前にも触れたが、現代の学生は表計算ソフトのみでワープロをしようとしているようなものである。理想とされ、必要なのは統合型ソフトである。実際の生活は受験や大学生活で得たシステムや価値のみでは成立していないし、むしろそれらはほとんど役立たない場合が多い。他人とつきあう方法、恋人や友人を作る方法、あるいは、仲間と喧嘩し仲直りしたいが、どうしたらいいのか、あるいは研究発表を控え逃げ出したい気持ちがあるが、皆はそんなときどうしているのだろうか、などのさまざまな問題の対処法は大学の講義や授業で教えてくれはしない。

そんなこと勝手に学生がやればいいとも思われるだろうが、現代の学生にはなかなかこれが難しい。「生活ソフト欠乏症」をあえて提唱する所以である。

多様なソフトを実際の直接体験に近い形で習得させていくことが必要であろうと考えている。この中から自分なりに工夫し、改良し、今後の人生の中で各自バージョンアップをしていけばよい。具体的には失敗は誰にもあることを説明し、謝罪し、建設的提案をだし、そのリカバリーの仕方をグループ討論で出し合い、相互に批評し、励ましあうということなどをしている。キャンプ療法、ペット療法なども是非取り入れたいと思っている。事実異国での単身生活、言葉の問題から孤立しがちな留学生に対し、リスなどの小型ペットを餌と飼育箱付きで希望者に貸し与えている大学保健管理センターも我が国には現存するのである。とくにキャンプは便利な生活を離れ、チームワークと共同作業の大事さを学び、家を建て、買い物をし、献立を考え、料理を作るという生活の成り立ち全体を身をもって体験できる。また自然に触れ、夜は友人や仲間と日常生活を離れ、同じ釜の飯を食い、テントやケビンの中で、親しく話ができる。機会があれば、合宿研修所だけでなく、テントを担いで、学生たちと少人数で出かけてみたいと思っている。

前述のような内容を大分前に拙著『空虚な自己の時代』［影山、1999］に書いたが、その後徐々にわが国でもこの種の機運が盛り上がり、実践している自治体、団体が増え、良好な結果を出している。とりわけ米国において盛んなことを最近インターネットで知った（図11）。

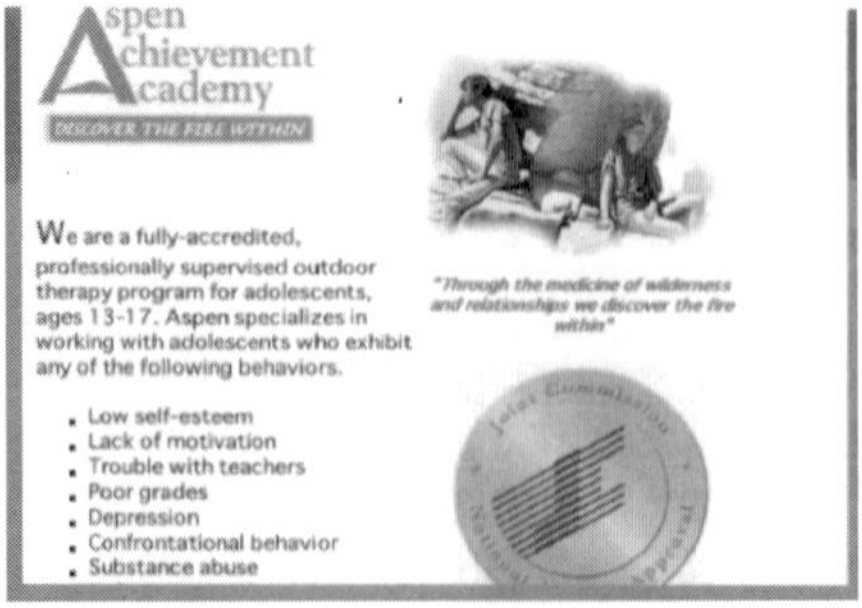

図11　米国のキャンプ療法のプログラム内容の一部

例えば米国では筆者のいうキャンプ療法と類似したOutdoor Therapy（屋外活動療法）と称して、精神保健、不適応、学習困難、薬物乱用などさまざまな問題を抱える青少年に対するアプローチが行われている。その眼目は失われ、傷ついた自尊心、信頼感、協力、強調心を回復することにある。

筆者が翻訳した『殺人プロファイリング入門』［Holms & Holms, 2001］において、米国の犯罪学者ホームズらは次のように語っている。

「青少年による殺人を減少させる手助けになると思われる一つの戦略は早期介入である。このために重要なことは殺人を犯す子どもたちの個人的、社会的境遇における特徴を明確にするということだけでなく、これらの子どもたちがこれらの特徴によって同定された際に抱える問題を有効に扱う戦略をも明確にすることである。ある程度成功した処遇戦略の一つが治療的な野外キャンプ・プログラム（therapeutic wilderness camp program）である。通常一二〜一七歳まで少年向きのこの種のキャンプでは青少年たちは個人や集団の二つのカウンセリングの治療的セッションに参加する。つまり「信頼しながらの冒険」（trust adventure）の集団的ゲームに参加したり、そのほかにも、自信を高めるなど工夫された諸活動に参加する。基礎訓練キャンプ（Boot camps）もよく行われているものであるが、これは暴力性が比較的少ない若者の向けであることが多い。多彩な治療プログラムの成功率は種々の因子によって変動するであろう。言うまでもないことだが、成功の鍵を握る因子の一つが参加者の統制である。もしもこのプログラムが特定の犯罪者のみ、つまりは初犯で非暴力的で知能の高い者に限定するのであれば、このようなプログラムの方が、法廷が送り込んでくる者ならすべて受け入れなくてはならないプログラムよりも成功率は高いものとなろう。」

(2) アニマル・セラピー

ペットやアニマル・セラピーについて近年注目され、種々の治療的、癒し的試みがなされ、体験的報告も多くなってきている。筆者は神戸などのこの種のNPO組織の開催による幾つかのシンポジウムにシンポジストとして非行と動物虐待などについて発言し、やはりシンポジストとして来日し欧米やわが国のこの分野の先駆的活動者の方々と面識を得、有意義な時間を過ごす機会があった。このような中で、感動し、注目すべき活動、アニマル・セラピーを暴力的非行少年たちに施し、学問的追跡調査でもその著明な有効性を認められつつあるのが、米国のダルトン（Dalton, J.）の「プロジェクト・プーチ（Project Pooch）である。彼女は少年院内ハイスクールの校長をしていたが、無条件の愛を知らない、不幸な家庭のこれら少年たちに、捨て犬を保護して、再訓練し、新しい飼い主に引き取って貰うドッグ・シェルターの世話係にこれら少年たちを導き、犬との信頼関係を築き、犬への訓練を重ねる中で忍耐心をも習得していき、社会復帰の条件を整えることに成功した。この体験を基に彼女は校長を定年退職した後私財をすべて投げ打って、本格的なドッグ・シェルター施設を自ら作り、非行少年たちを受け入れる活動を開始した。この経過はわが国へも『ドッグ・シェルター――犬と少年たちの再出航《たびだち》』という本でも紹介されている。人間不信に陥った青少年が、犬との交流によって、必要とされる存在へと脱皮し、責任感、信頼感、自尊心が芽生え、犬への愛情から、この仕組みを作ってくれているダルトンさんらの暖かい眼差し、無償の愛に気づいていく過程がこのプログラムの骨格であると、コメントした。同じように捨てられた、省みられない存在、犬という飼い主の信頼に応える能力に長けた動物の選択も絶妙である。ドッグ・シェルターという捨て犬保護の先進的システムがあった米国ならではの社会的基盤も重要である。しかしなによりもダルトンさんの熱意と愛情がなければ、成功しなかったことは間違いない。

6　自己の病理、空虚な自己の発生要因

「自己」がなぜ空虚感を感じることとなるのか、「空虚な自己」とその発生基盤について考えてみたい。

ウィニコット［Winnicott,1958／1965］は個体の発達過程における母親の役割を重視した。彼は自己を、「本当の自己」（true self）と「偽りの自己」（false self）の二つに分けている。

ウィニコットによれば、生まれたばかりの幼児に熱中する「母親の原初的没頭」があり、母親が乳児の欲求を完全に満たすことによって、幼児の万能感は増強される、という。これが阻害されるような時に幼児がもつようになる母親代わりの代理物、子どもがはじめてもつ「自分でないもの」、愛着するもの、ぬいぐるみのようなものを彼は「移行対象」と呼んだ。子どもの母親離れ、自律への第一歩である、「移行過程」の出現である。ぬいぐるみなどの玩具で自由に遊びながら、子どもは自律と創造性が生まれる。このような関係と環境、「可能性にみちた空間」を与えてくれるのが「ほどよい母親」であり、この自発性を得て成長するのが「本当の自己」である。

ウィニコットによれば、非行少年とは彼らにとって不可欠な信頼できる依存の対象である両親の剥奪、不在という陰性感情の表明である。これは「抱っこ」に具現されるこの慈

愛に満ちた自由な発達過程である、一、二歳の時に非行少年が被った外傷体験に基づくとしている。甘えの不足、遊びの不足が前述した「遊び型」非行の主要な原因であると言ってもよいだろう。非行には親の気を引く、愛情や甘え希求的側面がある。彼らが集団や徒党をくむことが多いのもこれと関係している。高度経済成長期の「遊び型」非行の増大はマイホーム借金の返済のために夫婦共働きが増え、鍵っ子が問題となった時期であることもこの事態と関連しているだろう。

ところで母親がこの「ほど良い母親」の機能や役割を果たせず、「可能性にみちた空間」が形成されなかったり、崩壊すると、幼児では「本当の自己」が形成されず、真実性や主体性を発揮できなくなってしまう。こうして幼児は本物として通用させる「偽りの自己」を形成し、世界を敵対的と感じるようになる。自発的表現である「本当の自己」に代わって、反応的生き方（「偽りの自己」）が生まれる。これは母親の気持ちや期待に添うことばかりを気にしすぎる子どもである。「偽りの自己」が過度になると、「本当の自己」が希薄になり、不在となる。「空虚な自己」の出現と言って良い。

「空虚な自己」がさらに「偽りの自己」への執着、しがみつきを生み出す悪循環が形成される。これはまた慢性的な家庭内暴力、虐待における自己犠牲的なまでの忍従という過剰適応、つまり「アダルト・チルドレン」の問題においても重要である。

さらにこれが極端になると、「かのような人格」（as if personality）［ドイッチ、1942］が出現する。これは「偽りの自己」、仮面のみで生きている人格で、深い情緒的体験の欠如をともない典型的には境界型人格障害において認められる。ウイニコットの理論は「空虚な自己」の家族機能不全による発生モデルの基本となりうると筆者は考えている。

しかし、この「空虚な自己」を中核とした「自己の病理」は家族の機能不全を通じて形成されるとしても、この過程には家族が生きる現代文明の病理が大きな影響を及ぼしている、と筆者は考える。

「空虚な自己」とは「自己」の存在自体否定的な時代の産物である。思想的にも理論的にも「自己」自体の存在が疑問視され、否定され、空虚化されているのである。「空虚な自己」とは、ルネッサンス以降の人間回復が、「神の死」以降極端なまでに自己に回帰し、沈潜し、自己までも懐疑的、否定的となった状況における時代精神の産物とも言える。

現代文明と家族の機能不全、これらがあいともなって時代の病理としての「空虚な自己」、「自己の病理」を形成している。現代文明の病理を「社会機能不全」に置き換えると、家族による虐待が心的外傷となっているアダルトチルドレンの精神障害発生モデル、図12として掲げるアイスバーグモデルは「空虚な自己」の発生モデルとしても適用可能となる。

7　笑いとユーモア──非行少年たちにもっとも欠けていると感じること──

佐賀のバスジャック少年や、京都の小学生殺害事件、あるいは二〇〇一年六月に起きた大阪教育大付属小学校の小学生大量殺人事件の犯人、宅間元死刑囚などの生活には笑いやユーモア、人生を楽しむといったことがまったく欠如しているように思われる。これらの一連の犯罪者たちに共通して欠落しているもの、それは、他者に対する共感とユーモアである。

実を言えば、共感やユーモアなどは創造性などと同じように、人間の精神機能としてはかなり高度、高級なものなのである。

例えば自己愛の研究者コフート（「自己の探求」）も次のように述べている。

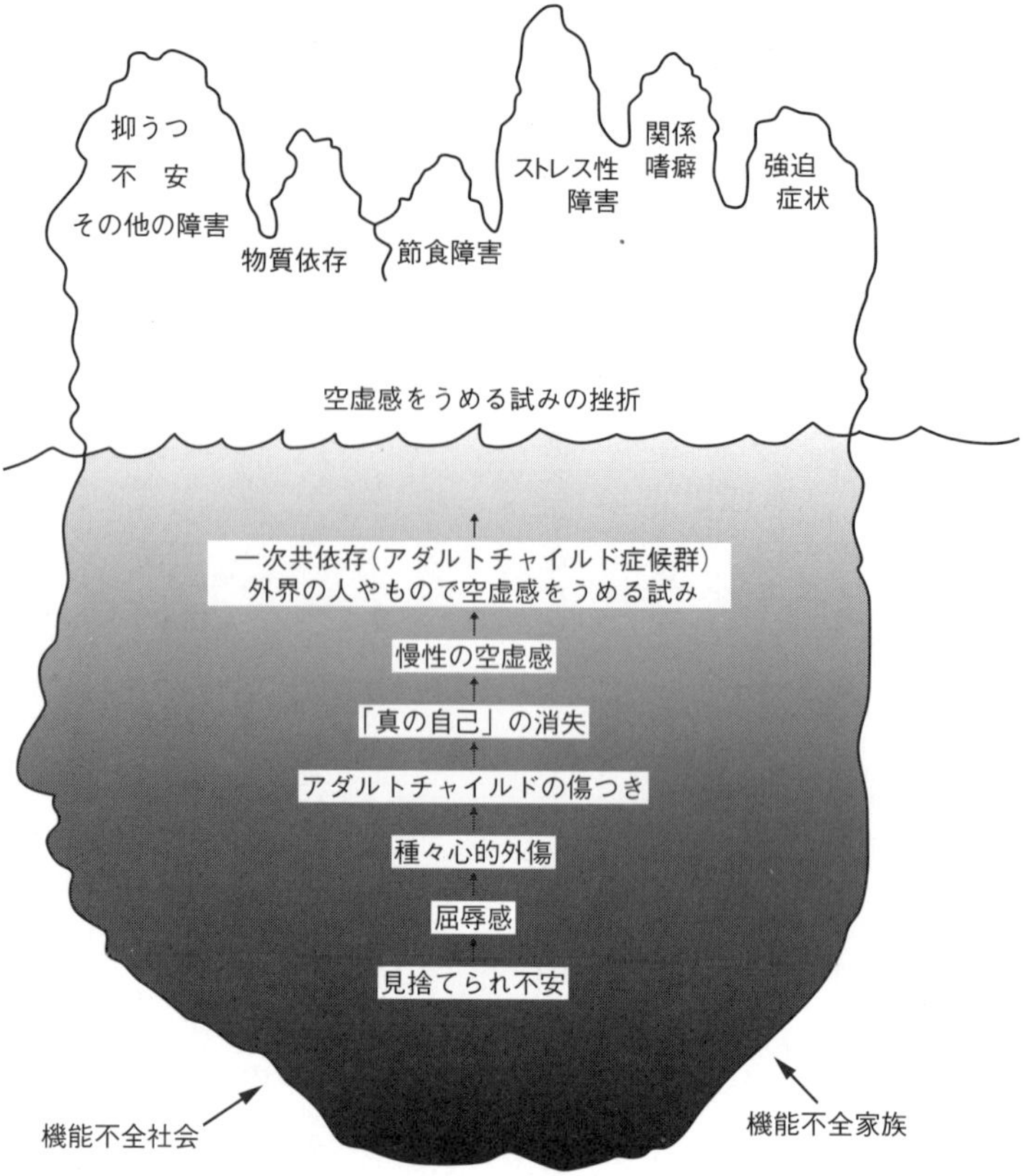

図12　アイスバーグモデル（[緒方、1996] より引用）

「自己愛の構造の再編成が起こり、それらがパーソナリティの中へと統合されていくようになる。すなわち、理想が強化され、ユーモア、創造性、共感、英知といったような健康な自己愛への変形が、ごくわずかでも達成されてくる。」

ユーモア、共感は幼児的万能感、空虚な自己、自己中心性を克服しているバロメーターであり、未熟性を超えた成熟した大人の証となっている。自己確認型の現代型非行少年たちにまさしく欠けているとの筆者の実感はこのような理論的背景からも立証できるものであった。

フロイトは精神的健康を確保するためとして、人を愛し、結婚する能力、仕事をし、社会に貢献する能力をあげたと言われる。いかにも生真面目なフロイトらしい、精神健康観である。著者は遊び、人生を楽しむ能力をここにあげてもいいのではないかと考える。働き、子どもを儲けるだけでは人生は空しいのではないだろうか。これだけで、精神的に健康とは言えない、と思う。ホイジンガやカイヨワが主張するように、遊びこそ人間の本質を形成しているのだから。

前述したように、遊びには笑いが含まれる。笑いも空虚感や不安を一時的に忘れさせる。大量生産、消耗品のようなギャグ連発の安手のテレビのお笑い、関西系のお笑い、吉本興業が現在のように馬鹿受けしているのも現代が空虚な自己の時代の証左であると言ったら我田引水しすぎであろうか。このような笑いはルスタイン・ヴェブレンの言う、麻酔剤、笑気ガスの笑いである。一時的現実逃避の飲酒やセックスに似た「笑い中毒、依存症の時代」と言ってよいかもしれない。

しかもある種の笑いには隠しがたい怨恨や復讐が含まれている場合があり、この場合には笑いは弱者に対する容赦のない勝利の歌となってしまう。微笑みではない、ひきつった、攻撃的笑いである。前述したように『トパーズ』の作者マルセル・パニョルは、「笑いは、勝利者の歌であり、笑い手の笑われる存在に対する瞬間的な、だが突然として発見された優越感の表現である」という。『ドラえもん』の「のび太」のドジとだめさ加減が誘う笑いとはまさしくこのようなものであろう。しかしこの笑いはいつのまにか自分に跳ね返ってくる。自分と一瞬違うと思い、笑う者と笑われる者が分離され、笑う者は優越的立場に立つのだが、笑われている相手が実は自分でもあることに突如気づく。のび太に哀感と同情とを覚えるようになる。

パニョルは笑いのこの機序を次のように定式化している。「笑いは両極に分離し、遠く隔てたものであるが、地球の両極のように、完全な連帯をもっている」と。一連の犯人たちの犯行はひきつった笑いをともなうものでしかない。大阪教育大学附属池田小学校児童殺傷事件の犯人で、死刑執行された宅間の場合には世の中は羨望の対象でしかない。被害者児童たちの教育大付属小のエリートというプラス面ばかりにとらわれ、同じ人間としての笑われる、弱みをもった存在との思いがまったくない。前述したように、過剰な期待という重圧の苦しみ、小学生なのに、そんなエリート校に入ったばかりに、過剰な期待が重くのしかかったり、挫折した場合の反動の大きさなどマイナス面など考え及ばないかのようである。

彼の場合「力への意志」が強い。強者必勝弱者必敗、優勝劣敗との思いが強すぎる。池田小学校の犯行はすべての「競争」に敗北したと思いこんでいる犯人という「負け犬」の道連れ自殺との側面がある。自分が拒絶されたと思いこんでいるエリート予備軍たちへの嫉妬、憎悪であり、犯行はこの復讐の毒を含んだ、ひきつった笑い、ほくそ笑みとなっている。

一方ユーモアこそ笑いの中で、自己と状況を客観視させるものである。どんな苦境にあっても、それに圧倒されない、客観的状況に呑み込まれないだけのほどよい距離感、主体的態度、自立性を保てること、これこそ人間独自の能力であろう。ユーモアにはその力がある。「ユーモアの自己保持機能」と言ってもよい。人間の愚かしさ、自己の弱点を認め、窮地や苦境をさえ見方を変え、苦境にある自己を客観視し、のたうち回る自分を面白おかしく感じる心の余裕である。苦境で自殺を思いめぐらし、残された家族の将来をあれこれ苦慮しているうちに、こんな苦労して家族のことを考えるくらいなら、一緒に苦労しながら生きている方がましだと感じる自分のおかしさ。あるいは遺書を書いているうちに、漢字を忘れ、ぼけ防止のために漢字の勉強を始めようか、などと考えている自分に気づく。このような自分のおかしさを笑えれば、苦境も小さく思えるほどに、笑えとばせるのではないだろうか。問題ととっくみあいしていると問題の大きさだけが目立つ。問題を違った観点から大きく包み込むと、小さく見えてくる。時には満天の星空を眺め、悠久の時の流れに思い悩む自己を投げ込んでみることだ。

ある雑誌のインタビュー記事の取材で、最近の一連の事件の犯人たちの心で一番欠けているものはなにか、との質問を受けた。同情心、愛他の感情、憐憫の情と言えばそれまでである。前述したように、犯罪学の父、イタリアのロンブローゾは犯罪者の素質にこの憐憫の情の欠如をあげているし、フロイトも「犯罪者の本質的特色をなすものは飽くことを知らぬ我欲と、強烈な破壊的傾向という二つのものである。そしてこの二つの傾向に共通であり、かつこれら二つが外部に現れるための条件となっているものは、冷酷さ、つまり要素を交える能力である」と述べ、強い自己中心性と激しい攻撃性、これらの発現のための条件としての冷酷さ、憐憫の情の欠如をあげている。憐憫の情の欠如のみを特徴的に示せば、ドイツの精神医学者シュナイダーの精神病質、異常性格の分類の一つ、無情性精神病質ということになる。自己と他者の弱さを自覚する、憐憫の情を感じることができること、幼児的な誇大的万能感の盲目的支配を脱していることが、ユーモアの前提となっているのではないだろうか。「危機に対し笑える者は勇者である」との言葉があるが、それは精神的視野の狭窄に陥らないだけの心の広さをも示しているのである。

落語家やお笑い芸人、少なくとも一流と言われる人が冷酷無情な殺人者になったなどという話は聞いたことがない。

共感とユーモアは心の清涼ドリンク、ビタミン剤である。少し論理が飛躍するが、次のようなことが言える、と思う（思いたい?）。阪神タイガースなどというどうしようもない弱小球団のファンは人間の弱さを許している。そのファンであることは弱さを認めている、心の広い、人の情、こころの機微に通じた者である。つまり、阪神タイガースファンに悪者はいない（とここでは言いきってしまおう。とはいえ最近のタイガースは駄目さ加減よりも常勝阪神になってしまって面白みに欠けると言ったら、贅沢すぎるであろうか）。これはもちろん半ば冗談ではあるが、一面の真理をも示している。いつも強者でありたい、優勝しなければならないなどと、常勝チームを夢想どころか、金と人気、力まかせに現実に作り上げようと妄想し、邁進するようなチームに熱狂するような心理が怖いのである。手段を選ばず、己のみが強者でよしとし、常に勝利の笑いのみを求めるようなその心はいびつで、異常であろう。勿論このようなチームは勝利の笑いを求める強者でありたい者の心理のはけ口となっているとの効用はある。しかし常に強者であることを求める心理には心の弱さが常にともなうこともまた真理なのである。問題なのはこの弱さを認めない否認の心理である。現実離れした否認からは真理は生まれず、したがって真の強者にはなりえないのである。

家庭に笑いとユーモアを、子どもに則した夢の共有を、放任ではなく、愛情をもった眼差しと厳しさがなによりも重要である。社会機能不全、文明論的問題は一朝一夕で改善される訳がない。家族機能不全こそ家族の努力次第でどうにかなる問題である。可愛い子には旅をさせろ、とのことわざが現代ほど重要性を帯びた時代はない。

8　「タテ社会」の崩壊と「レゾー型人間」の誕生、「統合型個人主義」の構築と「身体的自己」の復権

数年前に全国各地の成人式が大荒れに荒れたとの報道が新聞、テレビのマスコミで相次いでなされたことは記憶に残っている読者も多いことだろう。彼らが二一世紀最初の成人であるだけに、世間の注目を浴び、日本の将来と結びつけられ、マスコミの格好の餌食にされたとの印象も否定できない。というのもこの種の「荒れる成人式」は当時だけの現象ではなく、ここ一〇年くらいのできごとであり、成人式そのものに若者が参加しなくなってきた末の出来事であるからである。

大学でも周知のように似たような現象が起きている。学級崩壊などと数年前から初等教育において問題にされているが、大学の講義崩壊現象などは大分前から一般化している。講義時間に別のレポート作成やらの副業に精を出していたり、午睡を楽しんでいるなどというのは、いびきがうるさくないなら講義の邪魔にならないだけまだましなほうである。この手の講義参加風景はいつの時代でもそう変わらない現象である。筆者も学生時代には例外ではなかった。

しかし携帯電話の呼び出し音があちこちで鳴り、パソコンを打ち込んでいたり、なかにはウォークマンを聞いていたりするなど、現代の電子機器が教室に持ち込まれている風景はまさに現代的である。しかし問題なのは私語が多く、教官が壇上に立っても、仲間同士のおしゃべりに夢中で、マイクで第一声を出して、どうにか収まる。わかるやつがわかればいい、ということで、言うべきことを言って、時間が来たらおしまい、教室を出たいやつは出ればいいということで、大学人もあまりのことにあきれ、また常態化した現象であるので、いちいち注意していたら講義の時間がなくなってしまうので、無視してしまうことになる。あまりにこの手の無視が続くと、熱心に聞いている学生の不満も高まり、こちらも気が散って講義に集中できなくなる。しかし不思議なことに「出ていってくれ」と言われても出ていこうとしない。はじめて教官が叱責するようなことをしていたのかと気づくような学生に数人でくわし、その悪意のなさと、講義出席という場の状況に規定されない、その感受性のなさ、コンテクストを逸脱したような態度に当惑した覚えがある。

これはなにも成人式や講義だけの問題ではない。会社や企業でも似たり寄ったりの事態が発生しているのであろう、と想像している。現代若者の場に規定されない、わがままだ、成熟していない、利己的だなどと大人たちが眉をひそめ、口をそろえて批判する自由勝手さと言われるものの本態は、実はその「場」にそぐわない「脱文脈性」とでも言うべき現象であると理解した方が一般的、普遍的、統一的に現代若者の心理と行動、その背景にある世界観が理解できるのではないのかないかと思われる。そんな甘いものではない、大人が厳しく叱責すれば、ことたりる問題で、そんなに複雑な問題ではないという見解もたしかに一理ある。筆者の提唱する「生活ソフト欠乏症」はかれらの実体験の不足、受験競争への過剰適応の弊害を指摘していきているものでもある。しかしここでは拙著などでも提唱した別の側面、個人と集団との関係、日本人の従来の場の支配優位型［Sampson, 1988］、「タテ社会」［中根、1967］の崩壊とこれとは異なった集団と個人との関係、パターン（レゾー型）の登場という観点から考察してみたい。

比較文化的、民族心理学的研究によれば、自他の境界設定はすべての文化に認められる普遍的現象であるが、その仕方は千差万別である。一方ではこの境界が鮮明である。この代表が米国的個人主義である。この境界を保持し、明確な区別をすることが精神機能と社会的役割を果たす前提と考えられている。他方、逆に自他のこの境界が不鮮明で、流動的な文化圏も存在している。また個人を支配する原理に違いがある。「個人支配型」では外的力よりも成熟した個人による自律的支配が尊重され、優位である。ここでは社会的制度や組織よりも個人に重きが置かれ、前者は後者への侵害的、阻害的な対立因子と見なされがちな傾向をもっている。これに対して、この逆の支配原理をサンプソンは「場支配型」（field control）と呼んでいる。支配原理は個人が所属しているが、個人を超えた「場」にその重点が置かれている。環境、社会支配型と言ってもよいだろう。これは日本などアジア的個人主義であるという。

これは中根［1967］の指摘する「タテ社会論」とも通底する問題である。これによると日本人の集団参加は、個人の資格や個性などよりも、自ら置かれた「場」に基づいており、単一集団への一方的帰属が求められる。ここでは異なった成員の間ではタテの関係が生まれ、儀礼的秩序関係が重んじられる。

まさしく各地の成人式で起こったことはこの従来の日本人観が若者で崩壊した姿をはしなくも露呈したということに他ならない。従来の日本人の公的な場での行動は、それらしく場にふさわしい行動が重んじられ、「場違いな」行動は社会的に厳しい批判を受けてきた。場を集団的に捉えれば、完全な「入れ子型」構造として把握される。つまり日本人、男性（女性）、会社・大学、家という序列的箱の中に最終的に個人が入っていた。このようなこの場に合致した言動ということから外れること、「脱文脈性」が現代の若者の特徴となっている。一般的文脈という場を異化してしまう、「脱文脈化」である。このような入れ子型の階層構造の完全な並列化がこれに代わり、階層的箱も完全に入れ替え可能である。脱統合化された、パラダイム的豊富化というべき事態である。この中で個が完全に脱コンテクスト化され、どこと結合するかには、場の支配は存在しない。この結合は網目型であり、ネット型、レゾー的展開となる。彼らにとって、個を支配する秩序は空間的入れ子型の階層構造を有さない。情報化社会の網目において、個は拡散し、同じ言語どうしが結び付き合う。成人式はデジタル時代の申し子のような彼らに、アナログ的秩序を押しつけているようなものなのかもしれない。同じデジタル世代でもＯＳが異なれば、レゾーは形成されず、異星人、異物として排除されてしまう。彼らの世代の特徴でもある同型性へのこだわりはこの事態と関連している。

成人式の場、厳粛な秩序、式次第の流れ、上からのお仕着せの型どおりの祝辞、これをどのように脱文脈化するのかは普段の彼らの行動の延長にすぎない。まず公共空間の場を私物化する。公共の場を人目もはばからない恋人同士の二人だけの世界にしてしまった。さらにウォークマンで、いかなる場所もプライベートなオーディオ空間にしてしまった。さらには携帯電話、インターネットで公私の区別のない、階層秩序もない、単一的な情報空間としてしまった。彼ら若者の場、空間は質的に変貌してしまった。ここからは階層的秩序は生まれようもない。しかし「タテ社会」に変わるこの「網目社会」（レゾー社会）における個人は成熟した自立的個人として確立せず、相変わらず「自我の未熟と集団主義」［南、

1994］という日本人的特徴が色濃く刻印されている。成人式の会場でさわぐのも、モードも一切合切、多数の尻馬にのるだけである。

9　おわりに――個人と社会との融合をめざして――

欧米のような自由が個人の内面的決定に基づくとはいっても元来完全ではなく、現実には場の支配、影響を受けている。自他の分離や自己概念の他者の排除というが、実際は完全なものではない。本質的には自己に他者が含まれ、自己の分離も他者の存在があってのことで、両者は完全に分離され、孤立化できないものである。米国のいきすぎた自己中心主義と個人の欠如した全体主義を共に排除した第三の道を提唱している。筆者はこの第三の道を「統合型個人主義」（integrated individualism）と呼ぶことを提唱した。これは自己中心主義・利己主義という「自己型」の極端と、全体主義という「一体型」の極端を排除した、両者の重なり合う領域として図示されるものである（**図13**）。

前述したように現在の日本、とくに若者において伝統的な場の支配型、「一体型」は大きく崩壊しつつある。筆者の提唱する「（超）のび太症候群」、「生活ソフト欠乏症」、「空虚な自己」、「エゴパシー」などとも重なり合う事態である。現代は個人においても、社会においてもその目標も、価値も大きく揺らいでいる時代、不安定な時代にあるというべきだろう。この不安定さ、アノミーが現代日本の「空虚な自己」の基盤ともなっている。

自己の問題と謎が完全な自己に埋没したとき、つまりは自己中心的な自己型個人主義として完成しようとしても、不可能な点にある。これは現在の哲学の状況においても同じよ

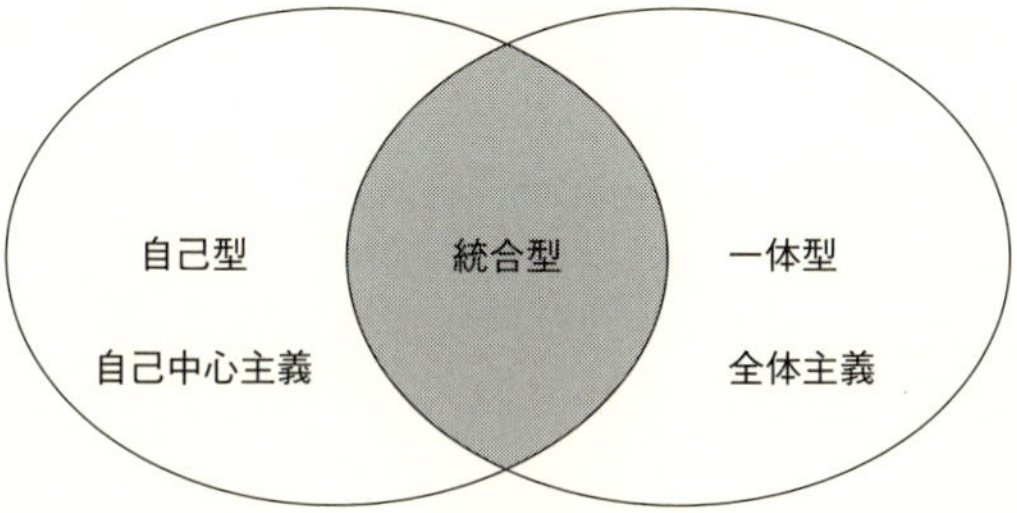

図13　「自己型」「一体型」「統合型」の関係［影山、1999］

うに思える。「主体の自己閉塞を破ろうとする「間主体性」の議論に、絶対的に他なる他の人間という設定によって新たな可能性を開いた」（港道）レヴィナスが現在注目されている所以である。

坂口の説くように個がキリスト教的枠内で発生したとすると、一神教的神の存在と個としての人間とは双極的構造をしていた。自律的人間、自己型個人主義のモデルとは万能感に満たされた人間の鏡像、全知全能のこの神ではなかったのか。とすれば「神の死」以降の自己の探究とは構造的には不安定で、破綻を免れないし、本来的に不可能なことになってしまう。自己とは他者に映った虚焦点であり、この他者もまた虚焦点に過ぎないのであろうか？　この虚なる世界をつなぎとめるのは神という不在の実在が必要なのだろうか？

あるいは場支配的な、一体型個人主義のように、日本人の従来の生き方が示すように、自然を実在するものとし、われわれは対人関係の中にからみとられた存在としてこの中で生きていく他ないのであろうか。いずれの文脈に自己を位置づけるか、どのプログラムを選択するにせよ、われわれは生物学的基盤、遺伝子のプログラムが不可欠なように、目標、理想という人生の設計図、社会的コンテクストとしてのプログラムが不可欠であることは間違いない。しかし前者のプログラムが基本的には与えられるものであるのに対して（遺伝子操作による改変も可能な時代になりつつあるとしても）、後者は決断し、選びとられるものである。必然と自由の狭間に人間は存在する。言いかえれば現実的自己は自我理想というプログラムなしには成立しえない。人は自己の空虚さ、自己が幻影であることを、仮構を括弧にくくり、擬制と知りつつ、このプログラムに合わせて自己を作り上げていくものである。自己発見とは自己探求ではなく、自己形成であることの自覚である。このプログラムが背骨となり、人間的骨格となり、グニャリとなりかけない自己に内実を与えている。このプログラムは遺伝子を第一プログラム、無意識を第二のプログラムとすれば、「第三のプログラム」と呼んでも良いだろう。近代的自我の目覚めとともに西洋において誕生した「自己」という不変な実体の存在については現代においては大きな疑問が投げかけられている。社会や人間関係の中でしか、関係的にしか、関数的な項としてしか存在しえないものである。筆者自身は「虚焦点」(『「空虚な自己」の時代』)と述べ、森鷗外なら「(ある)かのような」(Als-Ob/as if)と言うであろう。凸面鏡的虚焦点ではあるが、永遠の、無限の超越者、神無き宗教が存在しえないように、人間の精神や生、そして性においても欠かせないもので、実在するもののごとく、かのごとく扱わないと、人間自身の存在が危うくなってしまう、背骨を欠いたグニャグニャな存在になる。永遠の超越者を否定し、「神を殺した」近代人は、「自己」の存在自体を疑問視し、否定さえするまでに至った。デカルト的存在の確信の根拠が崩壊しつつある。あるいは崩壊してしまったと言ってよい。神と自己の存在を否定した徹底したニヒリズムに立脚してのみ現代人は生存可能なのか?

歪んだ形とはいえ、オウム真理教のような宗教カルトの跋扈《ばっこ》、そして前述した「自己確認型」犯罪も神と自己の存在の否定という虚無的世界観とはポジとネガとの関係にあると見てよいだろう。両者共に現代社会と文明の混迷と閉塞の産物である。その状況を打開する一つの先行的試み、モデルの代表が幾多郎と鷗外あるいは漱石ではないかという思いを筆者は抱き、現在、私自身の大きな課題であると考えている。筆者はこの問題の解決は「身体的自己」の復権が重要であることを指摘してきた。紙幅の都合でこの問題にはここでは立ち入れない。拙著を参照して頂ければ幸いである。

「統合型個人主義」、個人と社会との融合は、個や自己の誕生、社会と個との乖離という古くて新しい課題の矛盾を減少、解消する有力な方策であるに違いない。とはいえ、価値の多様化、生き方のオプション化の波は自己形成のためのモデルを単一的に提示できない時代となっている。時代、社会のこのような状況の中で、自己形成のプログラム選択をどのように選ぶか、その基準は個人の選択、決断によるものであるほかない。

人間とは運命性と自由性の狭間でしか生きられない。そこに人間の可能性と謎がある。往年の名作「セールスマンの死」は会社型人間の悲劇であると同時に、現代人一般の悲劇でもある。そこに現代的、時代的特徴が端的に現れている。現在既に定着しつつあるかに見える我が国の終身雇用制の崩壊現象はもっと顕著になると思っている。会社と個人的生き方との創造的、力動的展開は時代の要請であり、文明史論的にも避けられない事態であり、この関係は相当流動的な時代になることだけは間違いない。

（影山任佐）

引用・参考文献

安藤鶴夫　1966　『わたしの寄席』雪華社

Archer, D & Gartner, R. 1984 *Violence & crime in cross-national perspective*. Yale University Press.（影山任佐（監訳）　1996　『暴力と殺人の国際比較』日本評論社）

Ascione, F. R. 2005 *Children and animals-exploring the roots of kindness & cruelty*. Prune University Press.（森 武雄（訳）　2005　「子どもと動物虐待」『犯罪学雑誌』第71巻第6号　1991-201p.）

Baumeister, R. F. 1986 *Identity-cultural change and the struggle for self*. Oxford University Press.

Baumeister, R. F. 1987 How the self became a problem : A psychological review of historical reserch. *Journal of Personality and Psychology,* 52, 163-176.

Bellah, N. R., Madsen, R., Sullivan, M. R., Swidler, A. & Tipton, M. S.　1985　*Habits of the heart : Individualism and Commitment in American life.*（島薗 進ほか（訳）　1991　『心の習慣』みすず書房）

Blumstein,A. & Wallman , J.（Eds.）2000　*The crime drop in America.* Cambridg University Press.（影山任佐（訳）　2005　「なぜアメリカの凶悪犯罪は減少したのか?」『犯罪学雑誌』第71巻第2号 52-59p.）

Bulfinc, T.　1970（大久保 博（訳）2004　『ギリシア・ローマ神話』角川文庫）

Caffey, J.　1946　Multiple fractures in long bones of infants suffering from chronic subdural hematoma. *Am. J. Roent-genol,* 56, 163-173.

Campion, J. et al.　1988　A study of filicidal men. A*mer. J. Psychist,* 145（9）, 1141.

Ciavaldini, A.　2003　*Violences sexuelles : Le soin sous controle judiciaire.* In Press, Paris.

Cushman, P. H.　1986　The self besieged: Recruitment-indoctrination processes in restrictive groupes. *Journal for the Theory of Social Behaviour,* 16, 1-32.

Cushman, P. H.　1990　*Why the self is empty-toward a historically situated psychology. American Psychologist,* 45, 599-611.

Epstein, S.　1973　The self-concept revisited ; Or a theory of a theory. *American Psychologist,* 18, 404-416.

Farrington, D.P.（Ed.）1982　*Abnormal offenders, delinquency, and the criminal justice system.* John Wiley.

Freud, S.　1928　*Dostojewski Und Die Vatert Ötung In Die Urgestalt Der Brüder Karamasoff*. 高橋義孝（訳）　1969　「ドストエフスキーと父親殺し」『フロイト著作集3（文化・芸術論）』人文書院 412-430p.

藤岡淳子　2003　「非行と児童虐待」『臨床精神医学』第32巻第2号　161-171p.
福島　章（編）　1996　『精神分析の知88』新書館
降幡賢一　1998　『オウム法廷―グルのしもべたち』上・下巻　朝日文庫
Healy, W. et al. 1956　（樋口幸吉（訳）1963　『少年非行』みすず書房）
Heelas, P. & Lock, A.（Ed.）1981 *Indigenous psychologies ; The anthoropology of the self.* Academic Press.
Holmes, R. M. & Holmes, S. T. 2001 *Murder in America.*（影山任佐（訳）　2005　『殺人プロファイリング入門』日本評論社）
Huizinga, J. 1938 *Homo Ludens : Versuch einer Bestimmung des Spielelements der Kultur/J. Huizinga 3.* Aufl.（高橋英夫（訳）　1973　『ホモ・ルーデンス』中公文庫）
今村仁司・三島憲一・鷲田清一・野家啓一　1996　『現代思想の源流（現代思想の冒険者たち00）』講談社
今西乃子　2002　『ドッグ・シェルター：犬と少年たちの再出航』金の星社
犬塚峰子　2003　「児童相談所からみた児童虐待」『臨床精神医学』第32巻第2号　129-137p.
影山任佐　1997 a　『エゴパシー・自己の病理の時代』日本評論社
影山任佐　1997 b　『仮面をかぶった子供たち』ごま書房
影山任佐　1997 c　「空虚な自己―エンプティ・セルフ」『こころの科学』第76巻　2-8p.
影山任佐　1998 a　『普通の子がキレる瞬間』ごま書房
影山任佐　1998 b　『テキストーブック殺人学』日本評論社
影山任佐　1999　『空虚な自己の時代』ＮＨＫ出版
影山任佐　2000 a　『超のび太症候群』河出書房新社
影山任佐　2000 b　『犯罪精神医学研究：犯罪精神病理学の構築をめざして』金剛出版

影山任佐 2001『自己を失った少年たち―自己確認型犯罪を読む―』講談社
影山任佐 2004『図解雑学 心の病と精神医学』ナツメ社
影山任佐・石井利文 1995「イジメ考―攻撃性と新人類」『こころの科学』第62号 9-15p.
上山春平 1970『絶対無の探求（日本の名著47巻）』中央公論社
加藤周一 1976『日本人とはなにか』講談社
川合美保 2005『子殺しの統計的研究―父親による虐待死を中心に―』東京工業大学・大学院人間環境システム専攻・修士論文紀要
風祭 元 2002「精神医学の立場から―育児不安の究極的破綻・子殺し」『こころの科学』第103号 44p.
Kempe, C. H. 1962 Silverman, F. N., Steele, B. F. et al. 1962 The battered-child syndrome. *JAMA,* 181, 105-112.
Kernberg, O. 1975 *Borderline conditions and pathological narcissism.* Aronson.
木村 敏 1976「離人症」（懸田克躬ほか（編）『現代精神医学大系第3巻B』中山書店
Kohut, H. 1971 *The analysis of the self.* International Universities Press.（水野信義・笠原 嘉（監訳）1994『自己の分析』みすず書房）
Kohut, H. 1977 *The pestoration of the self.* International Universities Press.（本城秀次・笠原 嘉（監訳）1995『自己の修復』みすず書房）
Kohut, H. 1984 *How dose analysis cure?* Universities of Chicago Press.（本城秀次・笠原 嘉（監訳）『自己の治癒』みすず書房）
Kohut, H.（Strozier, C. B. Ed.）1985 *Self psychology and humanities : reflections on a new psychoanalytic approach.* W. W. Norton.（林 直樹（訳）1996『自己心理学とヒューマニティ』金剛出版）
近藤三男 1994「境界型人格障害の社会的・家族的背景と発症機転」『臨床精神医学』第23号 883-889p.
厚生労働省 2005『福祉行政報告例』

厚生労働省大臣官房統計情報部　1994-2005『人口動態統計』
日下部康明ほか　1979　「子殺しの3症例」『北関東医学』第29巻第2号　105p.
Landmann, M.　1974　*Philosophical anthropology*　（谷口 茂（訳）1993『哲学的人間学』新思索社）
Levin, D. M.（Ed.）　1987　*Pathologie of the modern self-Postmodern studies on narcissism, schizophrenia, and depression-*. New York University Press.
Lévinas, E.　1991　*Entre nous. Essais surle penser-à-l'autre.*（合田正人・谷口博史（訳）1993『われわれのあいだで』法政大学出版局）
Lipovetsky, G.　1983, 1993　*L'ere du vide : Essais sur l'individualisme contemporain.* Gallimard.
MacCord, J.　1982　*A longitudinal view of relationship between paternal absenceand crime.* J. Gunn & D. P. Farrington（Eds.）*Abnormal offenders, deliquency, and the criminal justice system.* John Wiley & Sons Inc.
丸田俊彦　1995　「自己愛型人格障害」『精神科治療学』第10号　273-279p.
丸山真男　1961　『日本の思想』岩波書店
真継伸彦　1974　「転形期のモラリスト・文学者」『日本の名著42巻（夏目漱石・森鷗外）』中央公論社
May, R.　1953　*Man's search for himself*. W. W. Notron.（改訳版）（小野泰 博ほか（訳）1995『失われし自己をもとめて』誠信書房）
南 博　1994　『日本人論』岩波書店
港 道隆　1997　『レヴィナス』講談社
Moore, B. E. & Fine, B. D.　1990　*Psycoanalytic terms and concepts*.（福島 章（監訳）1995『アメリカ精神分析学会精神分析事典』新曜社）
森 鷗外　1998　『かのように』文藝春秋社
森 武夫ほか　1982　『日本型・少年非行』創元社

元村直靖　2004　「被虐待児症候群」『小児看護』第27巻第9号

Mumford, L. 1952 *Art and technics*. Columbia Universiry Press.（生田 勉ほか（訳）1996『現代文明を考える』講談社学術文庫）

中根千枝　1967　『タテ社会の人間関係』講談社現代新書

NHK「14歳・心の風景」プロジェクト（編）　2001　『14歳・心の風景』日本放送出版協会

西田幾多郎　1947　「善の研究」『西田幾多郎全集第一巻』岩波書店

緒方 明　1996　『アダルトチルドレンと共依存』誠信書房

Riesman, D. 1950 *The lonely crowd*. Yale University Press.（加藤秀俊（訳）1964『孤独な群衆』みすず書房）

Resnick, P. J. 1969 Child murder by parents, a psychiatric review of filicide. *Amer. J. Psychiat*, 126 (3)、325.

Resnick, P. J. 1970 *Murder of the newborn, a psychiatric review of neonaticide, Amer. J. Psychiat*, 126, 1414.

坂口ふみ　1996　『〈個〉の誕生―キリスト教教理をつくった人びと―』岩波書店

Sampson, E. E. 1988 Indigenous psychologies of the individual and their role in personal and societalfunctioning. *American Psychologist*, 43, 15-22.

Skinner, Q. 1985 *The return of grand theory in the human sciences. Cambridge University Press*.（加藤尚武（訳）1988『グランドセオリーの復権―現代の人間科学―』産業図書

杉山志郎　2004　「子ども虐待は、いま」『そだちの科学』第2巻第4号

West, L. J. 1993 A psychiatric overview of cult-related phenomena. *Jounala of The American Academy of Psychoanalysis*, 21, 1-19.

Whitfield, C. L. 1991 *Co-dependence*. Health Communications.

安宅勝弘・小倉麻衣子・河合美保・影山任佐　2005　「子殺しの統計的研究―虐待死を中心に―」『第四二回日本犯罪学会総会抄録集』

【執筆者一覧】

◆第 1 章・第 10 章◆
影山任佐　（かげやま・じんすけ　東京工業大学大学院人間環境システム専攻・保健管理センター）
◆第 2 章◆
森　武夫　（もり・たけお　専修大学名誉教授）
◆第 3 章◆
野口善國　（のぐち・よしくに　弁護士・保護司　野口法律事務所）
◆第 4 章◆
第 1 節　高　宜良　（コウ・ウィリャン　兵庫県立精神保健福祉センター）
第 2 節　宮西照夫　（みやにし・てるお　和歌山大学保健管理センター）
◆第 5 章◆
第 1 節　田中康雄　（たなか・やすお
北海道大学大学院教育学研究科附属子ども発達臨床研究センター）
第 2 節　犬塚峰子　（いぬづか・みねこ　東京都福祉保険局）
◆第 6 章◆
生島　浩　（しょうじま・ひろし　福島大学大学院教育学研究科）
◆第 7 章◆
堀越　立　（ほりこし・りゅう　医療法人ほりこし心身クリニック）
◆第 8 章◆
河野荘子　（こうの・しょうこ　名古屋大学教育発達科学研究科）
◆第 9 章◆
第 1 節　印出井達夫（いんでい・たつお　東京都北児童相談所）
第 2 節　車谷隆宏　（くるまたに・たかひろ　大阪少年鑑別所医務課）
第 3 節　秋山　譲　（あきやま・ゆずる　福島家庭裁判所）
第 4 節　冨田　拓　（とみた・ひろし　国立武蔵野学院医務課）
第 5 節　八田次郎　（はった・じろう　元小田原少年院長）
第 6 節　沼上　潔　（ぬまがみ・きよし　東京家庭裁判所医務室）

◆シリーズ　こころとからだの処方箋◆　⑪

非行
——彷徨する若者、生の再構築に向けて

二〇〇七年六月二十五日　第一版第一刷発行

著　者　影山任佐《かげやまじんすけ》ほか
編　者　影山任佐（東京工業大学大学院人間環境システム専攻・保健管理センター教授）

発行者　荒井秀夫
発行所　株式会社ゆまに書房
〒一〇一―〇〇四七
東京都千代田区内神田二―七―六
振　替　〇〇一四〇―六―六三二六〇

印刷・製本　藤原印刷株式会社
カバーデザイン　芝山雅彦〈スパイス〉

ISBN978-4-8433-1823-2 C0311

朝日新聞外地版

昭和10年〜20年に台湾・朝鮮・満洲・中国に向けてそれぞれ発行された「外地版」を地域毎に編纂する幻の植民地史料。

★第1回配本★
1935〜1936
全4巻
好評発売中
各36,750円

A3判・上製

[監修]坂本悠一

「南鮮版」全1巻
「朝鮮西北版」全1巻
「満洲版」全1巻
「台湾版」全1巻

朝日新聞 第一面で紹介!（三月三十一日夕刊）

はじめまして! 10歳からの経済学

文・泉美智子　B5判上製カバー装オールカラー各44頁 ●各2,940円

難しい用語は使わず「もしも」という物語を通して経済の基本を学べる新シリーズの絵本です。

第Ⅱ期 全3巻 完結!

④もしも国営会社が民営化されたら　絵・石川ともこ
⑤もしも会社をまるごと買収できたら　絵・松島ひろし
⑥もしも会社が地球環境を考えなかったら　絵・サトウナオミ

好評発売中
①もしもお金がなかったら　絵・サトウナオミ
②もしも銀行がなかったら　絵・山下正人
③もしも会社がもうけばかり考えたら　絵・新谷紅葉

◎幻の伝記を読み直す中から生まれた全く新しい総理大臣評伝集

宰相たちのデッサン

—幻の伝記で読む日本のリーダ—

[編]御厨 貴　日本政治史に新しい風を吹きこんだ編者による、待望の総理大臣評伝集。伊藤博文から鈴木貫太郎まで、戦前の総理大臣を網羅。

A5並製●二、一〇〇円

サムライ異文化交渉史

[著]御手洗昭治　江戸時代、ペリーの「黒船」以前に、ロシア、アメリカ、フランス、イギリスなどの船が、日本の門戸を開こうと来航していた歴史と、その後のペリーやハリスの活動を著者の専門の「交渉学」の視点から分析。

A5並製●各二、一〇〇円

マンガ研究

[編集・発行]日本マンガ学会

私たちにとってマンガとは、かつて、なんであったのか、いま、何であるのか、そしてこれから、なんでありうるのか……。これまでにないマンガ研究総合誌。

vol.10／vol.11

A5並製●各一、八九〇円

シリーズ こころとからだの処方箋 第Ⅱ期 第一回

⑫「働く女性」のライフイベント

—サポートの充実を目指して

[監修]上里一郎

[著]馬場房子・小野公一　●三、六七五円

●働く女性のライフイベント●女性のライフイベント●働く女性のメンタルヘルスの阻害要因●家族や地域社会などの人的ネットワークによる私的な支援●公的な支援　ほか

ゆまに書房　http://WWW.yumani.co.jp/　e-mail eigyou@yumani.co.jp　〈税込〉〈内容見本進呈〉
〒101-0047 東京都千代田区内神田2-7-6 TEL.03(5296)0491／FAX.03(5296)0493